変化に適応する

ヘルシー ビルディング術

最適空間が人を活性化させる

HEALTHY BUILDINGS

How Indoor Spaces Drive Performance and Productivity

by Joseph G. Allen, John D. Macomber

ジョセフ・G・アレン、ジョン・D・マコンバー

坊垣和明【監修】長谷川圭【訳】

CONTENTS

CONTENTS

まえがき

本書の目的は?

人間にとって、住処（すみか）を見つけることは、食料や水と並んで、最も重要な欲求の1つだと言える。かつて、人間は時間の大半を戸外で過ごしていた。そのような昔、住処とは頭上に覆いがある場所を意味し、1日を外で過ごしたあとに戻ってくる場所でしかなかったのだが、そんな時代はとっくの昔に過ぎ去った。かつては〝避難所〟でしかなかった場所が、今では人が生活し、働き、学び、遊び、休み、そして力を取り戻す場所になっている。屋外で生活していた人類は、数千年のときをかけて、屋内生活種族に進化してきたのだ。

建物が人類の生活と活動の中心を占めるようになった。しかし、室内で吸い込む空気の質について真剣に考える人は少ない。あなたもきっと、大気汚染に関するニュースを見たり読んだりしたことがあるだろう。外の空気が汚れているという話は、毎日のように聞こえてくる。では、屋内の空気の汚染についてはどうだろう？ 【監修注：日本では、1990年代半ばに顕在化したシックハウスが社会的に大きな問題となった。これは、建材等から発生する化学物質によって室内空気が汚染され、さまざまな症状を訴える人が多くなったものである。このころには毎日のように報道されたが、2003年に建築基準法で規制が行われるようになって沈静化し、最近は話題になることは少ない。私たちは屋外の汚染のことを心配することが多いが、健康にとって本当に大きく影響するのは室内空気なのである。なぜなら、私たちが体内に取り入れる物質の80％が室内の空気だから。】

現代の建物のほとんどは特定の機能を満たすために設計されていて、建物の〝健康価値〟は一連の建築基準法を通じて定義されている。衛生、電気、防耐火、照明、換気などさまざまな基準が設けられているのだ。また、都市形態の歴史をひもといてみると、美観、快適さ、都市としての威厳なども重視されてきたことがわかる。【監修注：日本の建築基準法で健康に関する規定はシックハウス対応のみであり、健康価値が定義されているとは言えない。また、日本では、建築基準法や都市計画法に合致していれば何を建てても良いと考えられることが多く、街並みへの調和や都市景観への配慮などが重視されてきたとは言えない。】

　一方、私たちの誰もが、どことなく室内環境が気分や能率に影響することにどことなく気づいている。空気がよどんで息苦しい会議室や、玄関に入るなりくしゃみをせずにいられない友人宅など、思うように活動できない室内空間を経験したことがあるからだ。入るなり、「こんな場所で働きたい」あるいは「今すぐここから出してくれ」と感じてしまうオフィスビルも存在する。しかし、それらをすべてひっくるめて室内環境について論じることは、これまであまり行われてこなかった。

　ここでいい知らせを。建物を簡単に〝健康〟にする方法が存在するのである。しかもこの〝ヘルシービルディング〟戦略はビジネス戦略としても優れているのだ。なぜなら、建物を運用する際に生じるコストは、エネルギーよりも、廃棄物よりも、水よりも、そこにいる人々にはるかに多くかかるからだ。つまり、建物を健康にすれば、そこにいる人々が健康になり、能率も上がり、結果として、収益も健全になる。

　健康学、建築学、経営学を融合させることで、おそらく現代で最大規模のビジネスチャンスが見つかり、しかも人々を健康にすることができる。

　グリーンビルディング（省エネ）運動がヘルシービルディング運動へと転換していくにつれて、抜け目ないビジネスリーダーはこれら3

つの、これまではそれぞれ独立していた科学分野の土台となるエビデンスに目を向け、そこから一生に1度あるかないかのチャンスを手に入れることだろう。本書を読めばわかるが、ヘルシービルディング戦略はビジネスリーダーだけではなく、ワーカー、投資家、開発者、ビルオーナー、そして一般の人々も含め、関係者全員の利益につながる提案なのである。

ビジネスリーダーへ──あなたは全世界を相手にした才能争奪戦に巻き込まれていることを自覚しているに違いない。しかし、あなたは自分の建物を利用すれば、最高にして最も聡明な人材を集められるという事実には、まだ気づいていないのではないだろうか。また、多くを投資して才能ある人々を集めたあとは、建物をうまく管理することで、彼らのパフォーマンスを高めることができる。あなたは本書を通じて、あなたが雇った人々こそが、あなたの建物に属する最も重要で貴重な資産であることを知り、その価値を引き出す秘訣を知ることになる。「あなたは建物を人事ツールとして最大限に活用しているだろうか?」

ワーカーへ──仕事を探しているとき、人はその会社での責任、上司、給料、休暇などの詳細を知ろうとする。しかし、今こそ自分たちの健康や能率に最も強く影響する要素について考えるべきだ。その要素こそ、仕事をする場所の健康性や快適性などの性能である。あなたが身を置く室内環境を優れたものにするために、建物の管理者は何をしているだろうか? 彼らは日ごろから環境の質をチェックし、何かが〝おかしい〟ときに対策を打っているだろうか? 最低限のことをしているだけ? それとも、あなたの健康を促進するための方策を練っている? あなたは建物の声を聴いているだろうか?

投資家と開発者・ビルオーナーへ——今、グリーンビルディング運動がヘルシービルディング運動に道を譲ろうとしている。それにはまっとうな理由がある。グリーンビルディング運動は基本的に、エネルギーの節約を通じて運用コストを節約することを目的としてきた。ある試算によると、グリーンビルディングのパフォーマンスの維持に 7 兆ドルを超える不動産資本が投じられているそうだ。その投資はエネルギーや廃棄物や水などに費やされているのだが、それらは建築物の運用コストの 1 パーセントにしか過ぎない。私たちはエネルギーを節約するためにビルを建てるのではない。そこで働き、利用する人々のために建てるのだ。「あなたの投資は、ヘルシービルディングのために役立てられているだろうか？　将来性があるだろうか？」

この星に生きるすべての人々へ——建築物はエネルギーシステムや気候変動などと密接に関係しているため、私たち人間の健康にも影響する。世界のエネルギーはおもに化石燃料を使って生産されているが、そうしてつくられたエネルギーのおよそ 40 パーセント【監修注：この割合は日本でも概ね同等】を建物が消費している。一部の地域、例えばニューヨーク市などでは 80 パーセント近くにもおよぶ。したがって建物を省エネ化することで、大気汚染や温室効果ガスが減り、結果として、健康にも有利になる。「あなたの建物は公衆衛生の向上に役立っているだろうか？」

　私たち著者は、建物が人間の健康と富にとって極めて重要である理由を説明するために、健康学、建築学、経営学における 40 年にわたる研究の成果を本書にまとめた。これら 3 つの学問はこれまで別々に研究されてきたが、実際には密接に関係しているのである。われわれはヘルシービルディングがビジネスとして活用できることを証明する確固たる科学的根拠を示すと同時に、オーナー、利用者、開発者、

そして社会が建物から利益を生み出すための実践的な方法も明らかにするつもりだ。そのような価値を導き出す方法を正確に説明する。その目的のために、市場にとって重要な次の疑問に答えることになるだろう。

　　ヘルシービルディングとは、そもそも何だろうか？　ヘルシービルディング戦略がどのような形で会社の業績に関係する？　何がこの運動を推進しているのだろうか？　スマートビルディングとヘルシービルディングの関連は？　投資を利益に結びつけて価値を生み出すために何をすればいい？　この運動を世界に広げることはできるのだろうか？

　これらをはじめとした数多くの問いに答えながら、建物の潜在能力を引き出し、経済価値を生みながら人々の健康とパフォーマンスを高める方法を説明する。

第1部
ヘルシービルディングとは

第1章
あなたが私たちの話を聞くべき理由

第1の富は健康である。 　　　　　　　　　　　　——ラルフ・ワルド・エマーソン

ジョンの目覚め

　私は建てるために生まれてきた。まだ言葉も話せないころから、私はキッチンにあったトウモロコシ粉の小さな砂場のなかでトラックやブルドーザーを走らせていた。ブロックを床から天井まで積み上げては、まだ赤ん坊だった妹を喜ばせたものだ。ブロック 1 つを土台にして、どれだけ幅広く積めるだろうか？　できるだけ少ない数で天井に届くには、どうすればいいのだろうか？

　建築の才が私のDNAに刻み込まれている、と言えるかもしれない。私の曾祖父は1904年にそれまで勤めていた大きな国営建設会社を去り、ジョージ・B・H・マコンバー社を設立した。ボストンで最初の鉄骨構造のビル（現在では 79 ミルク・ストリートと呼ばれている）を建て、チャールズ川にまだ橋が架かっていなかったころにはハーバードにウェルドボートハウスも建てた。

　その後、会社は1927年に曾祖父の息子に引き継がれ、さらに1959年に私の父がその家族経営の会社を買い上げたのである。父が扱った仕事の 1 つであるイェール美術館の〝ワッフルスラブ〟フロアを見れば、彼が三次元で物事を考える才能に恵まれていたことがわかるだろう。また、父は時間を超えて考えることができたようだ。完成したと

きのコンクリートがどのような見栄えになるか、どこに強化用の鉄骨が必要になるか、合板を壊さないでうまく剥がすにはどうすればいいか（作業が終わる先を見越して）想像する必要があったのだから。

　1990年になって、私はきょうだいとともにその家族経営会社を引き継ぎ、父がやめたところから事業を再開した。私は現場打ちビル用に、一体コンクリートからなる連続的な側壁の上と下で階段が交差するような形になった型枠を設計した。簡単なことではなかったが、パズルを解くような感覚が楽しかった。父も同じような楽しみを味わっていたのだろう。

　父も私も、物理的な問題を解かずにはいられない性格をもっているようだ。私たちがこれまで携わってきた仕事には、高層アパートメント、データセンター、稼働中の病院の機械設備の総交換、あるいは壁そのものが収集品である美術館などが含まれていた。私はジョージ・B・H・マコンバー社の会長兼主要株主を 15 年務め、きょうだいとともに働いた。MIT、フィデリティ、ステート・ストリート、マサチューセッツ総合病院、小児病院、イザベラ・スチュワート・ガードナー美術館、現代美術館などのクライアントのために、ニューイングランド各地にランドマークを建設した。

　ところが2006年ごろから、ボストンの建設業界は異常なまでに競争が激しくなり、敵対的で、利益も減りはじめた。私がやりたかったのは建設だ。訴訟や債権回収ではない。そこで私たちきょうだいは 4 世代にわたる 102 年の歴史に幕を下ろし、会社を売ることにしたのである。そして私は教師として第 2 の人生を歩みはじめた。

　ハーバード・ビジネス・スクール（HBS）にやってきた私は、2 つの授業を受け持つことになった。 1 つは「不動産」。入門用の初級講座で、オフィスビルの金融、購買、そして短期売却の方法を教える。HBSの金融部門で開講され、投資という視点から不動産を扱っていた。もう 1 つのコースは「不動産の開発・設計・建築」で、ハーバー

ド・デザイン・スクールとの共同開講。主眼は「レンガと柱」、つまり建設の側面に置かれていた。もちろん、どちらもやりがいのある仕事だったが、その一方で、天井用タイルの購入やアパートメント用ビルの財政再建に、たくさんの新しい学術的発見があるはずもなかった。

そんなころ、2つの出来事があった。第1に、HBSがインドの不動産に関する経営者教育を始めたのである。そのプログラムの責任者になった私は、もちろん教えるために、しかしそれよりも重要な研究と執筆のために頻繁にインドへ行くことになった。HBSのケーススタディにおける私の主題は、北西部のグジャラートにおける水の利権から、ムンバイの非合法住宅の再開発、東部コルカタにおける低所得者層住宅の開発、そして全国規模のインフラ開発の財政にいたるまで多岐におよんでいた。

インドでは、開発推進者は、電気、清潔な水、安定した衛生サービス、あるいは道路など、信頼できるインフラの提供を国に求めることはできない。加えて、キャッシュフロー、コンクリート、安全帽、構造視覚化など、私がそれまで建築業務で慣れ親しんできたツールは、インドでは土木的なインフラストラクチャでも欠かせなかった。(アメリカでは、商用不動産や公共建築物の大半は垂直的で、高層ビルや博物館でさえ、商務省によって「一般軽量建築」と分類されている。他の分類としては重量構造物、ならびに道路、電力線、パイプライン、空港などの土木構造物があり、それらは基本的に水平的だ。発電所と製油所も重量構造物に含まれる)。

環境問題はもとより、そもそもインド政府に全国民に住宅を供給する力がないことは明らかだった。しかし、うまく工夫することで、民間の力でそれができたのである。HBSにおける私のケーススタディ「ダラビ──アジア最大のスラム街の開発」は、今では数多くの学校で教材として用いられ、『ウォール・ストリート・ジャーナル』などさまざまな報道機関で取り上げられた。その研究は、官民一体となる

ことで中所得あるいは低所得者層の住宅環境を改善できると論じたのだった［注1］。

　同じころ、私はハーバード大学環境センターとHBSのビジネスおよび環境イニシアチブにも深く関わるようになっていた。しかし私は、大気中の二酸化炭素がどのぐらいの量になればどの程度の温暖化につながるのか、などといった問題を研究してきたわけではないし、第22回気候変動枠組条約締約国会議（COP 22 ）［注2］あるいはパリ協定の実現など、政策問題について討論する資格ももっていない。なら、私はどのような形で環境イニシアチブに貢献できたのだろうか？

　次第に、私には金融と建築について考えるだけの十分な素地があることが明らかになっていった。特に、水道、衛生、道路、電力、大量輸送などに投資して何億もの人々の生活を向上するために、何兆ドルもの民間資本を第三者から調達するにはどうすればいいか、などといった問題だ。この問いに社会がうまく答えることができるかどうかという点に、公衆衛生が直接関係していることは明らかだ。

　現在、私の研究は都市と建物に重点を置いている。それにはいくつかの理由がある。第 1 に、世界の国内総生産の大半を生み出しているのが都市であるという点。第 2 に、都市が世界の温室効果ガスのほとんどを産出しているという点。第 3 に、行政単位として、都市は行動を起こしやすいという点だ。市長や市議会議員は有権者との距離が近く、より説明責任があり、都市に関係する契約、区画分け、条例などを駆使することで多くのことを成し遂げる力をもっているのである。そして最後の 4 つ目として、都市は民間投資家にとってちょうどいい大きさであるという点を挙げることができるだろう。民間投資家にも、都市の規模なら、道路、橋、発電所、携帯電話基地局のネットワークなどに投資することは可能だ。その一方で、シンガポールやイスラエルやパナマを超える大きさの国家で同じことをするのはほぼ不可能だろう。

もちろん、都市とはそこで生きて働く人々のためにある。しかし、彼らが繁栄するには有形資産が欠かせない。そこで私は有形資産の設計、金融、提供に目を向けたのである。そこにはエネルギーと輸送、水と衛生、情報およびコミュニケーション技術のインフラなども含まれる。都市の中核をなすのは、もちろん建物だ。

　ここまで来て、私は2つの悩ましいパラドックスに遭遇した。

　1つ目は「インフラのパラドックス」。世界銀行のような国際機関、インフラ投資家、あるいは学者などの会議に出ると、「インフラのパラドックス」という言葉をよく耳にする。どんな意味だろうか？

　ドイツ銀行によると、世界金融システムの確定利付部門に50兆ドルを超える金融資産（裕福な個人、年金基金、保険会社、寄付金、政府系投資ファンド）が投じられているそうだ。収益を求めてのことだが、現在のところ、利益率はわずか3パーセントほどでしかない（現在の米国長期国債の利回り）［注3］。それと並行して、数百の、もしかして数千もの、見たところ有望で、キャッシュフローにプラスをもたらし、社会に貢献するであろうインフラ関連プロジェクトが存在するのである。どうすれば資本とニーズを合致させ、それらのプロジェクトから確実に利益を上げることができるだろうか？　私はHBSで「持続可能な都市と強靭なインフラストラクチャ」というコースを開き、この問題を解くための機会、メカニズム、コントロールなどを調べた。それらの多くがリスクの認識と配分に関係している。

　2つ目のパラドックスはさらにやっかいだ。ここでは「健全な不動産投資のパラドックス」と呼ぶことにしよう。私たちの社会は、悪い建物に向けて資金を無駄に費やし、悪い建物のなかで命を無駄にしている。簡単に言ってしまえば、建物のなかの空気が私たちを病気にして、生産性を損なわせているのである。

　このパラドックスは、債務不履行、事故、キャッシュフローの問題などのように、プロジェクトを進めるうえで不確実な側面がある、な

どといったレベルの話ではない。長期的なエンジニアリング投資を適切に行うために、誰がどのような行動をとるべきなのか、という問題だ。正しい決断をするために、誰が何を選ぶべきなのだろうか？　長期的に見て、誰が健康から利益を得るのだろうか？　投資家もその利益の一部を得ることができるのか？

　最近まで、ヘルシービルディングの利点はあまりに漠然としていたので、そこに投資しようとする動きにはつながらなかった。今でさえ、貸し手、土地所有者、テナント企業、従業員などに対するインセンティブは調整されていない。しかし、最近行われた客観的かつ再現可能な数量調査を通じて、建物のエンジニアリング、オペレーション、あるいは運用のしかたが人々の認知能力、健康、生産性、幸福に直接的に影響することがわかった。

　これは、私たちの誰もが多くの時間を過ごしている建築物を中心にしたビジネスモデルを考察する斬新でわくわくする方法だと言える。具体的な健康法と金融モデルを結びつける方法だ。しかし、この点を先に進める前に、ヘルシービルディングの科学についてもっと多くを知っておくほうがいいと、私には思えた。

　だから私はジョーに声をかけたのである。

ジョーの目覚め

　ジョンと同じで、私も両親のあとを継いだと言えなくもない。

　私の父はニューヨークで殺人課の刑事をしていた。優れた刑事だったようで、1980年代半ばには年間最優秀刑事賞も受賞している。 20年間の勤めを終えて退職したとき、父は民間調査会社を設立した。父が外に出て、母が財務を管理する。そんな感じだったので、私も十代の後半から私立探偵として活動を始め、成人してからもしばらく続けていた。テレビドラマの私立探偵マグナムとは違ってフェラーリには

乗っていなかったが、私はニューヨークの5つの区を駆け回り、監視、潜入、法医学的な調査、スキップ追跡などを行っていた（スキップ追跡とは業界用語で、人々がどこで生活し、働き、多くの時間や現金を費やしているかを追跡する行為を指している。スキップのように町を転々とする人の居所を追うため、そう呼ばれるようになった）。私が探偵であった事実は、〝さほど秘密でもない秘密〟だ。しかし、念のため言っておくが、秘密でないなら調べてやろうと思って、グーグルで「ジョー・アレン　私立探偵　ボストン」と検索すると、あなたはスキャンダルに遭遇するだろう。検索でヒットするジョー・アレンは私ではないのだ！　知り合いでもない。

　私はカレッジ時代から私立探偵業を営み、卒業後も続けた。あるとき、最大のクライアントが父を彼らのセキュリティ責任者として雇い入れたことをきっかけに、私は兄弟とともに父のビジネスを引き継ぐことにした。私はその仕事が大好きだったが、心の底では自分は科学者に向いていると考えていた。だから私立探偵を続けながら、環境科学を勉強できるいくつかの大学院に願書を出しつづけた。学者になれなかった場合の担保として、FBIにも出願した。

　FBIの特別捜査官になるために、私はクワンティコに向かう寸前だった。と言うのも、FBIは私の願書が気に入ったようで、私は数時間の筆記試験も受け、合格していたのだ。それまでの人生でかかわってきたすべての人物について書いた、およそ50ページの書類も提出した（全員ではないが、それら人物の多くにFBIは接触した）。その後、次の審査に進むことになり、フィラデルフィアへ飛んでFBIの円卓に囲まれて質問の集中砲火を1日中浴びつづけた。さらにもう1回、試験を行った。長い文書を詳細に読みながら、金融詐欺の確かな証拠を見つけてつなぎ合わせるのである。この試験にも合格した。

　特別捜査官になるための最後の2つの試験は、簡単なものであるはずだった。ポリグラフテストとフィットネス検査だ。私はフィット

ネス検査に向けて数カ月前からトレーニングを続けていたので、体のほうは十分に仕上がっていた。つまり、最後の難関はポリグラフだ。

　私は落第した。私がポール・マナフォートの生まれ変わりで数々の犯罪を隠していたから落第したのだと思われるとしゃくなので強調しておくが、私が合格できなかったのは試験官の未熟さのせいだ。ポリグラフ試験を受ける人は機械に接続されてから、いくつかの質問を受ける。その後、検査官がテーブルについてちょっとした会話を始めるのが普通だ。もちろん、試験されるほうは機械につながったままなのだが、そのときの狙いは、被験者に試験はもう終わったと思わせることにある。そのため、試験官がおしゃべりを続けるのだ。私を担当した試験官は、馬鹿げた笑い話で私の心を開こうとした。私が隠しているかもしれない暗い秘密に通じる扉を開けるのが目的だ。

　「なあ、ジョー。私の知人に歯医者の友達がいるんだけど、その歯医者が知り合いのために違法に処方薬を調達しているんだ。たいした問題ではないよ。だから君も、私に打ち明けてくれ。ここだけの秘密にしておくから。君も同じようなことをしてるんだろ？」

　「とんでもない」。私は笑いをこらえるのに必死だった。

　「なあ、ジョー。私の知人に匿名で反政府系のインターネットフォーラムに参加しているやつがいるんだ。たいした問題ではないよ。意見を言うのは自由なんだし。だから君も打ち明けてくれよ。そうすれば、試験を再開することができるから。君も同じようなことをしてるんだろ？」

　そんな会話がしばらく続いた。私たちはセックスについて、ドラッグについて、ロックンロール、共産主義、その他あらゆることについて話した。どの話題でも、パターンはいつも同じ。「なあ、ジョー。私の知人に……。たいした問題ではないよ。君も同じようなことをしてるんだろ？」

　不合格だと知ったとき、当然、私は正式に抗議した。FBIの担当者も、

私の抗議に納得した。そこでFBIは、私を再審査するために、急遽イラクから最高の調査官の 1 人を呼び寄せたのだった（彼は他にやることがなかったのだろうか？）。やってきたのはいかにもFBIの捜査官といった人物だった。 2 メートルを超える大男で、しかめっ面をしている。ごついブーツを履いていて、私を精神的に追い詰めるのを（肉体的に脅かすのも）楽しみにしているようだった。

私たちは同じ試験をした。ただし、今回の相手は熟練していた。馬鹿げたシナリオを話すこともない。その男のやり方はとても威圧的だった。しかし私は平静を貫いた。試験官が立ち上がり、私の目の前、数センチの距離から怒鳴りつけてきても。彼はこう言いつづけた。「おまえがやっていることはわかってるんだ。いいかげん観念しろ！」。私はずっと、「あんたが何を言っているのかはわからないが、なんだか楽しくなってきたぞ！」などと考えていた。

私は冷静だった。罵倒も試験の一部だとわかっていたからだ。脅しに私がどう反応するかを見ているのだ。すべて終わったあと、試験官は私を部屋から送り出しながら、他の捜査官の面前でも私を罵倒しつづけた。彼が私を乱暴に建物の外に連れ出し、背後でドアをバタンと閉めたときも、私は合格したと確信していた。そのようにドアを閉めるのが最後のテストに違いない、と考えた私は「そんなことをしても動揺しないぞ」などと冷静に思っていた。きっとすぐにドアが開いて、試験官が映画『チャーリーとチョコレート工場』の最後のシーンのウィリー・ウォンカのようににこりと笑って、私が合格したことを伝えてくるのだろう。

しかし、ドアは開かなかった。私はまた不合格になったのだ。今回は、私が〝対策〟を立てていたという理由で。こんな馬鹿げた話があるだろうか。そもそも、ポリグラフにどのような対策をとることができるのか、想像もつかない。当時もわからなかったし、今も謎のままだ。しかし、その日の経験を通じて 1 つ学んだことがある。私は〝科

学〟の誤用に対して、健全な形で疑いの目を向けるようになったのだ。

　奇妙な偶然にも、私が2回目のポリグラフ試験を受けて不合格になった日は、私にとって公衆衛生分野の大学院授業の初日だった。朝にFBIのポリグラフ試験に落ちて、数時間後に大学院生活を始めた公衆衛生科の学生は、後にも先にも私ただ1人に違いない。もし私がFBIに合格していれば、私はそもそも最初の授業に出席しただろうか……。

　私はFBIの特別捜査官としても成功できたと思う。しかし、例の試験官が私をポリグラフ試験で落としてくれたことが、今では本当にありがたい。おかげで、私は自分の天職に出合うことができたのだから。偶然にも、その仕事もある意味、法医学的な調査だと言える。

　私が急成長を遂げつつあったヘルシービルディング運動の影響力と潜在力を最初に垣間見たのは、初めて〝シックビルディング〟の医学的調査にかかわったときだった。それはいわゆる「シックビルディング症候群」の特殊な事例だった。わりと頻繁に、頭痛、目の不快、めまい、アレルギー反応などが報告される、キュービクルが窮屈に並んだ大フロアではない。そのようなシックビルディングをささいな問題だと切り捨てるつもりはないが、私が出会ったのは本当に特殊な例だった。そこは病院だったのだ。しかも、4人の命が危ぶまれていた。

　場所はアトランタにあるグレイディ病院、2009年のことだった。1カ月のあいだで2つのフロアの4人の患者がレジオネラ症を発症したのだ。典型的なアウトブレイク（集団感染）だ。

　グレイディ病院でなぜ感染症が発生したのかを説明する前に、まずはレジオネラ症がどういう病気なのを知っておくべきだろう。レジオネラ症は建物のなかや周囲で感染する病気で、今でも毎年数千人のアメリカ人を苦しめている。一般的な病気で、毎年7500件ほどが報告されているが、実際の数字ははるかに大きいと考えて間違いない。過小に診断されることが多いため、報告されることが少ないのだ。しかし、

死にいたることもある危険な感染症で、患者の 10 人に 1 人は死亡する［注4］。

　レジオネラ症が初めて〝発見〟されたのは、1967年にベルビュー＝ストラトフォード・ホテルで開かれた在郷軍人集会で突発的に発生したときだ。このアウトブレイクは当時かなり話題になった。わずか数日のあいだに2000もの人が重い肺炎にかかり、命を落としそうになり、実際に 29 人が死亡した。

　この話で本当に恐ろしいのは、誰にも原因がわからなかったことだ。集会に参加していた他の 1 万人は、当然ながら自分の健康を案じてパニックに陥った。まさに『ニューズウィーク』の表紙級の出来事だった（まだインターネットがなかった時代には、『ニューズウィーク』の表紙になるのが大事件の証だった）。

　自分たちのことを「レジオネア」と呼ぶ在郷軍人の集会で集団感染が生じたため、「在郷軍人病」とも呼ばれている。数カ月におよぶ調査のすえ、米国疾病予防管理センターがようやくアウトブレイクの原因を突き止めた。会場の空調システムに生息する細菌だ。その細菌は「レジオネラ」と名付けられた。

　レジオネラは自然発生する親水性の細菌で、肺炎に似た症状を引き起こす。自然界のどこにでも存在するが、その数は多くない。しかし、水が滞り、適した温度が維持される環境では増殖して数を増やす。つまり、建物のなかはレジオネラにとってかっこうのすみかなのである。水道管の生物膜内、建物屋上の冷却塔のなか、あるいは在郷軍人集会でのケースのように空調システムの排水溝などに好んで棲み着き、増殖する。

　建物（病院など）の内部では、配管系統の〝デッドレッグ〟でレジオネラ菌が見つかることが多い。デッドレッグとは、配管システムのなかで、例えば水源を取り除くための改修工事などで切断された古い配管の末端領域のことだ。ビルの所有者のなかには、効率、費用、手

抜き、あるいは無知などの理由から、不要になったパイプを他のパイプとの接合部まですべて取り外すことをしないで、蛇口部分だけを取り除き、余ったパイプはそのままで壁だけをふさぐ者がいる。そうしてデッドレッグが生まれる。

デッドレッグは水の循環から切り離された余分なパイプで、水がそこで停滞し、ぬるい温度を保ちつづける。レジオネラの繁殖にとって完璧な条件がそろっているのだ。もう1つ重要な点は、デッドレッグは建物の給水システムに用いられる消毒剤（通常は塩素）が届きにくいため、レジオネラが〝安全に〟繁殖できるということ。そこから細菌を主要な給水系に送り出し、汚染を広げていくのである。

しかし、水のなかにレジオネラがいるからといって、人が必ず病気になるわけではない。レジオネラ症は、レジオネラ菌を吸い込むことで発症する。つまり、建物のどこかにレジオネラがいても、それ自体は問題ではない。レジオネラがエアロゾル化したり、微少な水滴の形で空気中を漂ったりすると危険なのだ。在郷軍人集会での例では、レジオネラ菌はエアロゾルの形で空調システムに入り込み、会場全体に広まったことが問題だった。

この出来事以降、私たちは空調システム内のレジオネラ菌を厳格に監視するようになった（少なくとも、大部分は。それでも、22人が被害に遭った2017年のディズニーランド、336人が罹患して10人が死亡した2014年のポルトガルのケースなど、何度もアウトブレイクが発生している）。商業ビルの場合、ある程度まとまった量の水がエアロゾル化されることはほとんどない。例外は、シンクで飛び散る水やトイレを流したあとに発生するスプレー状の水ぐらいだろう（実際にスプレーが生じる）。だが病院は違う。病院には水がエアロゾル化する機会が他のビルよりもはるかに多い。シャワーがあるからだ（ホテルもそうで、実際に数多くのアウトブレイクがホテルで発生している）。

レジオネラ症についての説明はこれぐらいにして、アトランタのグ

レイディ病院に話を戻そう。病院の配管内の水を調べたところ、実際に感染が発生した2つのフロアでレジオネラ菌が見つかったのだ。

　誤解のないように言っておくが、グレイディ病院で起こったことは決して珍しいことではない。病院も含めたあらゆる建物で、レジオネラは普通に見つかる。実際、ある調査によると、アメリカ国内の病院の90パーセント近くでレジオネラ菌が見つかったそうだ［注5］。またレジオネラ症という病気自体も珍しいものではない。すでに述べたように、アメリカで毎年数千人が感染するのである。グレイディ病院の例で何が特殊かというと、1カ月のあいだに2つのフロアで4件もの感染が発覚したことだ。これはアウトブレイクとみなせる。

　グレイディ病院の幹部チームはことの重大さをすぐに理解した。高濃度の消毒剤を使って給水システムを一気に洗浄するなど、いくつかの方法でフロア内のパイプからレジオネラ菌を根絶やしにしようとしたがうまくいかなかったので、病院は環境コンサルタント企業として知られるエンバイロンメンタル・ヘルス&エンジニアリング社を頼ることにした。その会社に、私は公衆衛生学部を卒業後に就職していたのである。

　私たちの任務はアウトブレイクをせき止めること。わかりやすいゴールだが、達成するのはたやすいことではない（だからこそ、病院は私たちを雇ったのである。チームのみんなに困難な仕事があると伝えるたびに、そのような仕事はとんでもなく難しい、複雑すぎるなどと不満が返ってきたが、もしそれらが簡単な仕事であるなら、私たちが依頼されることもなかったに違いない）。そのころはもう学位を取得していたので「博士」と呼ばれていた私は、会社のオーナーとともにジョージア州アトランタへ飛ぶことになった。アウトブレイクを止めるために。

　そのための荷造りをしていたとき、賢い妻が私にこう言った。「あなた、レジオネラ症について、いったい何を知っているの？」。鋭い

質問だ。彼女の言うとおり、この点が最大の問題だった。私は公衆衛生を学んだのではあるが、論文は家庭あるいはオフィス用製品に含まれる毒性の難燃性化学物質をテーマにしていた。レジオネラ症に関しては大学院の「環境衛生入門」ゼミの一環として 30 分ほどのレクチャーを受けただけだ。その私が、人々の命が危機にさらされている病院へ向かって、アウトブレイクを止めるというのである。無謀なことだろうか?

　いや、そんなことはなかった。確かに、私はレジオネラについて十分な教育を受けていなかったかもしれない。しかし、暴露およびリスク評価という専門分野で豊かな知識を有していた。あなたは「それがどうした?」と思ったかもしれない。つまりはこういうことだ。私は化学的および生物学的危害の発生源の評価に関して、高度に訓練されていたため、それら有毒物質がどのような経路で建築物内の空気、水、ほこりに混ざるのか、熟知していた。もちろん、それらがどうやって人の体内に入るのか、体に入ったら何が起こるのか、暴露源を減らすにはどうすればいいのかも知っていたのである。のちになってわかったのだが、この知識こそがレジオネラ症の調査に——あるいは他のシックビルディング症候群の調査でも——うってつけだったのだ。

　私は妻にこう話した。「大丈夫。僕は暴露とリスクの科学手法を、水中の細菌という新しい問題に応用するつもりだ」。この言葉を、妻ではなく、むしろ自分に言い聞かせていたと言える。「大丈夫だ」。私は自分を説得するために、頭のなかでもう 1 度繰り返した。あまりにも大きな責任がのしかかっているので、私は本当に〝大丈夫〟でなければならなかった。

　しかし、私の考えは正しかったようだ。この点は当時も今も変わらない。ときがたつにつれて、新たなツールも使うようになったが、私が実際にやってきたことはあまり変わっていない。暴露およびリスク評価という科学の基礎をシックビルディングに応用してきたのである。

商業用オフィスビルで発生した乳癌の流行にはじまり、花崗岩製の調理台が放散するラドンの調査にいたるまで、さまざまな問題を法医学チームなどと協力しながら解決した。米軍基地における幼児 11 人の死亡事件の原因を調べたこともあるし、2010年ごろ数年間にわたってアメリカの南西部を悩ませた「中国製乾式壁」問題の調査を率いたりもした。

　話をグレイディ病院に戻そう。アトランタへ向かう飛行機のなか、私は新しいボスの横に座っていた。前日から、1970年代以降にレジオネラについて書かれた重要な論文は 1 つ残さずすべて読んでいた。私のボスも何十年にもわたってシックビルディングの多くを見てきた人だ。私たちは当時も今も、かなり強力なチームだと言える。飛行機がアトランタに着陸したとき、私たちの頭のなかにはすでに 1 つの計画があった。アウトブレイクを止めるだけではなく、2 度と起こさないための方策が。

　機密事項が多く含まれるので、グレイディ病院で私たちが施した措置について詳しく説明することはできない。これまで述べてきたのも、一般に公開されている情報ばかりだ。しかし、これだけは言える。私たちはアウトブレイクを止めることに成功した。局所的な水フィルターの使用、給水系統に対するショック処理、恒常的な二酸化塩素水処理システム、水質の指標となるpH値、温度、細菌数などといった要素の徹底的な監視、そして何より、温水ヒーターと水循環システムのアップグレード。つまり、私たちは多角的な戦略を用いたのだ。さて、その際の費用は？　100 万ドル以上 500 万ドル未満だ（これ以上具体的な数字を明かすことはできない）。しかし、病院の 2 フロアを数カ月にわたって閉鎖した場合の人的被害や収益減に比べれば、安いものだろう。

　私たちが対策に乗り出した瞬間から数年後に契約が終わるまで、新たな被害は 1 度も生じなかった（私の知る限り、私たちが去ったあ

ともアウトブレイクは発生していないはずだ）。もちろん、これは私たちだけの功績ではない。私たちをサポートしてくれるチームがいた。たくさんの関係者や学者も協力してくれた。例えばグレイディ病院の管理者、看護師、感染管理の専門家、水を除染するプロ、医師などだ。そして、ここで誰よりも強調すべきは建築エンジニアだろう。

　建築エンジニアと施設管理者こそが、私たちの健康を守る真のヒーローだ（私は「あなたの建物を管理する人々は、医者よりもずっとあなたの健康に貢献する」と言うのが口癖になっているが、その理由を読者もまもなく知ることになる）。グレイディ病院では、私たちは疾病の巣窟となっている配管計画とヘルシービルディングの憎き悪玉が潜んでいる床下のパイプの配管図を読み込むことに悪戦苦闘し、長い時間を費やした。

　グレイディ病院での仕事に、私は誇りをもっている。私にとって、大きな成長の機会だった。私は暴露およびリスク評価という科学を学んだが、学校では身につけられなかったものがある。建築学という点ではきちんとした教育を受けていなかったのだ。しかしグレイディ病院での経験を通じて、私はシックビルディングの問題を解くには、建築学と健康学の両方に長けていなければならないことがわかった。このレジオネラ症の調査以後の数年、私は建築エンジニア、機械エンジニア、毒物学者、疫学者、統計学者、暴露およびリスク評価の専門家などのチームの一員になったり、そのようなチームを率いたりしながら、数々の複雑なシックビルディング問題を解決した。そうやって実際の現場で、建築学を学んでいったのである。

　学問の世界ではどの査読付き論文を読んでも「さらなる研究が必要」などと悠長なことが書かれているが、その点、コンサルティング業界にいる者は迅速だ。彼らが問うのは「今、この病院にいる人は安全なのか？」。その時点で手元にある情報だけをもとに、決断を下さなければならない。私の場合、どの仕事でも最終チェックとして自分にこ

う問いかけることにしている。「もし私の娘や妻がこの建物のなかで働いているとしたら、私は使用を推薦できるだろうか？」。その答えが「ノー」の場合、私はその建物の全面使用を決して許可しなかった。

現在、ハーバード大学の教授として、私は私自身の公衆衛生学の習得の際に欠けていたものを補うために建築学と健康学を融合させた講座を開き、公衆衛生学の学生に建物の大切さを教えている。私が学生だったときには決して教わらなかったことだ。また、私がコンサルティング業で学んだ時間感覚も、今も失わずにいて、同じことをチームにも求めている。私の研究室の壁にはこう書かれている。「君の研究が世界にどんなインパクトを与える？」。私たちは数多くの論文を発表し、たくさんのクラスを教え、頻繁にゼミを行う。しかし、私たちの自己評価の基準は、世間に与えるインパクトでなければならない。

キャリアを通じて、私は新しいツールやスキルを手に入れてきた。それらのうち、最も重要なのが本書のテーマである〝経営学〟だ。グレイディ病院でのレジオネラ症の発生が、私が暴露およびリスク評価学で受けてきた教育の力強さを教えてくれた。同じように、別の病院で発生したもう1件のレジオネラ症対策が、ヘルシービルディングの経済に目を向けることも重要だと私にわからせてくれた。

この件に関しては、名前も、場所も、日付も明かすことができない。私は専門知識をもつ証人としての立場があり、詳細はすべて伏せなければならないのだ。そのため、クライアントの権利を守るために、ここでは名前や場所を伏せて、ごく大ざっぱに説明するにとどめる。

状況はグレイディ病院と同じだ。ある病院でレジオネラ症が発生した。今回は死者も出た（これはレジオネラ症のアウトブレイクではそれほど珍しいことではない。多くのケースを総合すると、病院ではレジオネラ菌に暴露した人の40パーセントがレジオネラ症を発症する。これがいわゆる発病率だ。発病した人は10パーセントの確率で死にいたる。これが死亡率である［注6]）。

グレイディ病院のときのように、私は専門家として事態を把握し、病院にアドバイスをするよう依頼を受けた。そのときまでに、私はいくつかのレジオネラ症のアウトブレイク調査やその他のプロジェクトを率いていた。つまり、すでにシックビルディング問題の調査でキャリアを積んだベテランだった。私はその病院が行った対策とデータを再チェックし、病院が適切な是正措置を行ったことを確認した。

　その病院は患者の遺族を相手にした訴訟を数百万ドルで和解した。しかし、次に起こったことに、私は驚いてしまった。その瞬間が今でも頭を離れない。その出来事が本書を書こうと思った一番の理由でもある。

　まず人が死んだ。そして病院は和解金として数百万ドルを支払ったばかりだった。私を含め、調査にかかわった数多くの専門家にも数十万ドルを費やしていた。良心的な公衆衛生学者（およびビジネスパーソン）として、私はその病院に予防的なレジオネラ菌リスク管理計画を提示した。以前も数件の病院内アウトブレイクにかかわったことがある。グレイディ病院に提示した計画も功を奏し、4年以上1度も院内感染が発生していない。だから私はその病院に、私たちが協力している限り、そこでレジオネラ症がまた発生することはないだろうと請け合った。

　私が提示した管理計画の価格は2万ドル。たった2万ドルだ。すでに何百万ドルもの費用がかさんでいるのだから（それにひどいマスコミ報道のせいで病院のブランド価値も傷ついていたのだから）、私は所属していた会社のオーナーに病院が私の提示した計画を買うのは間違いないと伝えていた。実際のところ、私たちは2万ドルは安売りだと考えていた。「中身に釣り合っていない」と。それでも、その管理計画はのちに全国の病院に売ることができるはずだと考え、価格を抑えたのである。

　しかし、その考えは間違っていた。驚いたことに、病院は私たちの

提示に渋い顔をしたのだ。なぜか？　値段が高いというのだ。そんなことありえるだろうか？　私は唖然とした。公衆衛生学者として、私には病院側の態度が理解できなかった。人を死なせたばかりの病院が、数百万ドルを支払ったばかりの病院が、同じことを絶対にふたたび起こさないための計画書に2万ドルを出せないはずがないではないか。

　後にわかったのだが、私はどうやら建物とビジネスにおける意志決定の経済的な側面に楽観的すぎたようだ。あれこれと詮索してようやく、私は数百万ドルの和解金を実際に支払うのは保険会社であること、その一方で、2万ドルのリスク管理計画は病院の出費になることを知った。

　目から鱗が落ちる思いだった。死亡した患者の遺族に和解金を払ったのは病院ではなかったのだ（もちろん高額な保険料を支払っているのだから、間接的に病院が和解金を出したことにはなるのだが、彼らの保険料を決める数多くの要因のなかで、今回のケースは大きなバケツの小さな水滴みたいなものだろう）。では、2万ドルは？　病院側の予算にとって、2万ドルはかなり高額な項目になるらしい。そして、彼らにはそれだけの余裕がなかったのである。結局のところ、〝患者の健康〟は病院運営者の責任ではない。それは医者と看護師の仕事だ〟ということだろう。

　ここまでの話でわかるように、利害が分断しているのが問題なのだ。その病院では施設チームの目的とビジネスの目標が食い違っていて、ビジネスと保険会社のあいだに利害の分断が生じていたのだ。

　もちろん、利害の分断は病院だけで起こることではない。ヘルシービルディングに関する話では、いたるところで目にする現象だ。不動産の投資家、オーナー、開発者、テナントなど、それぞれが異なるゴールを目指しているため、ヘルシービルディング戦略への取り組みに悪影響が出るのである。この点については本書を通じて何度も言及することになるだろう。加えて、利害の分断を乗り越えてすべての関係者

に利益をもたらす方法もいくつか紹介する。

　私は利害の分断がヘルシービルディング戦略の採用を妨げた現場を何度も見てきた。これこそが、私が健康の研究をビジネスと結びつけることに多くの時間を費やすことに決めた第1の理由だ。

　だから私はジョンに声をかけたのである。

研究を実践に

　私たちは数年前からビジネスリーダーたちと協力関係を結び、対話を続けてきた。話をするたびに、リーダーの多くは健康とビジネスの世界で利用可能な情報やツールが数多く存在する事実に、言い換えれば、学術界では基本的だとみなされているとても有益な情報が外の世界ではまったく知られていない事実に驚くようだ。

　例を1つ紹介しよう。ジョーはある会議で「グリーンビルディングとグローバルヘルスとSDGs（持続可能な開発目標）の結びつき」というタイトルで講演を行ったことがある。その講演では、建物こそが私たちの目指す持続可能な都市化の中心であるという事実を科学データに基づいて示し、内容的には室内衛生から環境衛生まで、すべてをカバーしていた。環境衛生との関連で、ジョーは建物が大気汚染の主犯であり、なぜなら建物が使うエネルギーの大半は化石燃料から来ているからだと説明した。この話は、屋外の大気汚染の基本や、これまで最もよく研究されている大気汚染物質の健康作用と深く関係している。その物質こそが $PM_{2.5}$ だ。

　講演の終わりに、建物用の空気フィルターを販売する会社の幹部がジョーに質問した。その人物は真顔でこう言ったのである。「$PM_{2.5}$ が健康を損なうことを示すデータはそもそも存在するのですか？」

　私たち公衆衛生の世界にいる者にとって、この質問は宇宙飛行士に「月が地球のまわりを回っている証拠はあるのか？」と尋ねているよ

うなものだ。$PM_{2.5}$ に関する科学論文を集めれば、文字通り 100 階建てのビルを満たすことができるだろう。医療系論文検索エンジンのPubMedだけでも、$PM_{2.5}$ と健康の関係について書かれた論文が7000点近くもリストに含まれていて、過去数年間は毎年1000以上の論文が発表されている（1 日に 3 本のペース）。$PM_{2.5}$ について、すでにわかっていることをいくつか紹介しよう。

・全世界における肺癌による死亡の 5 パーセントが粒子状物質（PM）に起因している［注7］。
・$PM_{2.5}$ が 10 $\mu g/m^3$増えるごとに、死亡率も 7 パーセント増える［注8］。
・長期的に$PM_{2.5}$ が 10 $\mu g/m^3$増えるごとに、入院率も 4 パーセント高くなる［注9］。

　例えば、現在アメリカにおける環境暴露限界値は 12 $\mu g/m^3$に設定されているが、過去数年のロサンゼルスにおける年間平均値は 13 $\mu g/m^3$から 19 $\mu g/m^3$とされている。北京やニューデリーでは$PM_{2.5}$ の濃度が1200$\mu g/m^3$を超えている（大気中の汚染物質の量、つまり濃度は一般的にこのような形で表記される。「 1 立方メートルの空気中に 10 マイクログラムの$PM_{2.5}$ が含まれている」と解釈する）。【監修注：日本の環境基準（環境基本法）は、1 年平均値 15 $\mu g/m^3$以下、かつ短期の 1 日平均値 35 $\mu g/m^3$以下となっている。】
　ジョーは 20 秒は開いた口がふさがらなかった。しかし、そんな経験をしたのは、それ 1 回きりではない。もう 1 つ、同じぐらいショッキングな例を紹介しよう。毎日のように何百万もの子供たちの健康の管理を担っている人の例だ。
　2018年、米国教育省長官のベッツィ・デヴォスが「 60 ミニッツ」のインタビューで、本書の読者なら椅子から滑り落ちるような発言を

したのだ。「私たちは学校の建物ではなく、生徒たちにもっと多くのお金を使うべきです」[注10]。

　信じられない！　学校の建物と生徒のあいだには何の関連もないとでも言いたいのだろうか！　校舎が学童たちの健康に、考え方に、成績に影響することを証明した研究が 200 件以上も報告されているのである［注11]。驚くべき数字も明らかになっている。【監修注：ここから章末までの、子供への投資を否定するような論調には違和感がある。「将来を担う子供たちへの投資はもちろん、それに劣らずその教育の場である学校建物にももっと多くのお金を使うべきだ」との意味で捉えたい。前後関係が不明なので明確ではないが、長官発言もこのような趣旨ではなかったかと推察する。】

・認知テストを通じて、換気の悪い教室では生徒の「注意力」が 5 パーセント下がることがわかった。研究者は、その影響は学生が朝食を抜いた場合と同等だと説明している［注12]。

・4000人を超える 6 年生を対象にした調査で、換気効率の低さ、湿気、あるいは不適切な換気はどれも呼吸器疾患の増加を引き起こすことが明らかになった。換気が不適切だと欠席日数も増える［注13]。

・3000人以上の 5 年生を相手にした調査によると、換気効率の高い教室で生徒たちの数学能力、読解力、科学スコアが上がる［注14]。

・ニューヨーク市の学童 100 万人近くの試験結果を調べたところ、試験に落ちる確率は華氏 75 度（摂氏 23.9 度）の日よりも華氏 90 度（摂氏 32.2 度）の日のほうが 14 パーセント高くなることがわかった。研究者の計算では、その影響でニューヨーク市の平均的な学童が留年なしに学校を卒業できる確率は 2.5 パーセント低くなる［注15]。

・"フォーカス" 照明（1000ルクス・6500K）の下で 1 年間勉強した 3 年生は、普通の照明の下で学んだ生徒たちよりも朗読が上達した

（普通の照明下の 17 パーセントに対し、フォーカス照明下では 36
パーセントの上達）[注16]。
・およそ 300 人の学童を調べたところ、採取したサンプルの 99.5
パーセントでマウスアレルゲンが見つかった。また、マウスアレルゲ
ンに多く接触した生徒ほどアレルギー症状や肺機能の低下を頻繁に示
した [注17]。

　科学的な知識に乏しいのはデヴォスだけではない。ほとんどの人が
そのような科学データ（エビデンス）を知らないし、そのことを責め
る必要もない。しかし、デヴォスはそのようなデータを知っていてし
かるべき組織のリーダーなのである。そして、本書を読んでいるあな
たも、デヴォスと同じようなポジションにいるに違いない。人々の健
康やビジネスに影響する重大な決断を下さなければならない立場にい
るのに、健康学、建築学、経営学の 3 つを有益に活用する方法を理
解していないのだろう。
　ここで紹介した 2 つの例は人の愚かさを明らかにしているが、その
ような事態になったのは私たち学者の責任だ。そう、笑われるべきは
私たちのほうなのだ。私たちは科学データの上にあぐらをかいて、他
の人々がそのデータを使おうとしないと言って笑っている。しかし実
際には、それらのデータのほとんどが意味不明な専門用語、注釈、不
確かな言い回しに満ちた「屋外および室内空気中の微小粒子（$PM_{2.5}$）
あるいは粗大粒子（$PM_{10-2.5}$）に被曝したヒト単球細胞に由来する炎
症性サイトカインの誘導と細胞毒性」などというタイトルの文書とし
て、ほこりまみれの学術雑誌という金庫のなかで眠っているのである。
そのような論文は学者にとっては面白くて有益だ。不可欠でもある。
そのようなものを読みたいと願う。もちろん、ここで科学的研究の意
義を過小評価するつもりはない。私が言いたいのは、そのような情報
が現場の人々によって活用されていないという状況は、不思議でも何

でもないということだ。科学に携わる私たちのほうがもっと努力して、難解な学問をわかりやすい言葉と実践可能なアドバイスに翻訳しなければならない。

　本書を通じて、私たちはこれまでの過ちを正すつもりだ。あなたに代わって、私たちが学術論文やビジネスのケーススタディを読んだ。私たちが携わってきた豊かな科学的成果を現場で働く人たちの手にもたらすことが、本書の目的だ。未来の教育省長官が、あるいは建物にいる数多くの人々の健康や生産性を管理する立場にある人物が、「私たちは建物ではなく、人に投資すべきだ」などと言うことが、もう二度とないように。

本書の構成

　強調しておくが、学術論文について説明することだけが私たちの目的ではない。建物空間に関連するプロジェクトのリーダーとして現場で集めてきた長年の知識も紹介し、それらのデータや情報を活かす方法を明らかにするつもりだ。それらを活かせば、あなたも建物を健康という観点から最適化しながら、同時にビジネスとしても利益を高めることができるだろう。

　本書は 2 部構成の形をとっている。第 1 部はヘルシービルディングとは何か、をテーマにしている。

　第 1 章では私たちがどうして協力して本書を書くことになったのかを説明し、健康とビジネスという 2 つの分野を融合させることの意義について論じた。

　第 2 章では、私たちの誰もが遭遇している困難や機会を明らかにする。業界を形づくり、改革させる巨大な力について論じることなしに健康や建物の役割について討論するのは無駄なことだ。そこで、私たちの世界を、ビジネスを、建物を、健康を形づくる 10 の世界規模

の大変化について説明する。

1　人口の変化

2　都市の変化

3　リソースの変化

4　気候の変化

5　民間セクターの役割の変化

6　健康の定義の変化

7　建物の変化

8　仕事の変化

9　技術の変化

10　価値観の変化

これらすべてが 1 つの点で結びつく。その点こそ、ヘルシービルディングだ。

グローバルな潮流に従い、私たちは寄り道せずに迅速に、ヘルシービルディングをビジネスに結びつけるという本書の最大の目的に移ることにする。

第 3 章では、室内環境こそが人間の健康と生産性にとって主要な決定要因である証拠を示し、建物内で働く人々に重点を置くビジネス戦略を通じて業績も上げることができるという事実を明らかにする。

第 4 章では、さらに、建物をあなたのために働かせる方法にも言及する。

第 5 章で、あなたは換気というたった 1 つの要因だけで企業全体の業績が上がることを知るだろう。また、そのような価値を生み、成果を上げる方法も学ぶことになる。

これら世界規模の 10 大変化を理解し、ヘルシービルディングをまっすぐにビジネスに結びつける方法を知れば、あなたは「他に大切

なことは？　次に何をすればいい？」と思いはじめるに違いない。誰もがそう思うのだから、あなたもきっとそうだろう。

第2部では、ヘルシービルディングを所有することの意味を論じながら、「ヘルシービルディング戦略」を運用するためのツールを紹介する。

第6章では「ヘルシービルディングの9つの基礎」のベースとなる科学に光を当て、健康学と経営学のツールと知識をあなたの手の届くところにもたらし、あなたに今日から9つの基礎それぞれに応用できるアドバイスを与える。

第7章では、私たちが建物に設置する製品とそれらの健康への作用について説明する。

第8章では、ヘルシービルディング認証システムとその経済、さらにヘルシービルディングの認証の定義において最優先されなければならない要素について考察する。

第9章では、測定しないものは改善できないことを認識したうえで、ヘルシービルディング戦略の影響を追跡するためのツールとなる「健康効率指標」略してHPI、「重要業績評価指標（KPI）」、さらには最新のセンサー技術へと話を進める。

本書を締めくくる最後の2章は、ヘルシービルディング運動を通じて勝ち組を増やしていくことを主題にしている。

第10章では、ヘルシービルディング運動を通じた健康性の向上を建物の外にまで広げるつもりだ。建物、エネルギー、健康、気候、レジリエンスの結びつきを観察しながら、不動産の社会的パフォーマンスの計測や気候変動に立ち向かうための意志決定などとの関連で生まれるであろうビジネスの機会や困難を見ていくことにする。

第11章は、「今はどうする？」あるいは「次は何をする？」などを問いながら、ヘルシービルディング運動を旗艦プロジェクトからビジネスへと発展させる方法を模索する。そして最後の締めくくりとし

て要点をまとめ、誰もがヘルシービルディング運動から利益を得ることができる事実を明らかにするつもりだ。

第2章
世界と建物と人間を変える世界規模の大変化

私たちは建物をつくるが、そのあとは建物が私たちを形づくる。

——ウィンストン・チャーチル

　世界は変化を続ける。そしてその中心に建物がある。影響力は甚大で、建物にかかわる今日の決断が、次の数世代の人々の健康を左右するほどだ。上記のウィンストン・チャーチルの有名な言葉は、今の時代にこそふさわしい。

　この言葉は建築業に携わる者の多くが知っている。あなたも聞いたことがあるかもしれない。しかし、この言葉を発したとき、チャーチルは社会に対する都市や建築の影響を大げさな言葉で言い表したわけではないという事実は、きっと知られていないだろう。結局のところ、チャーチルは天然資源が豊富で、自然もまだ汚染に対抗できる時代（少なくともまだそう思われていた時代）に生きていたのだ。当時の汚染や都市化は、現在ほどの規模に達していなかったため、そのことを問題とする状況にはなかったのである。

　実際には、チャーチルは自分に深く関係しているもっと具体的なことについて考えて、この言葉を口にしたのだった。彼は議事堂が英国政府を、つまり人の集まりを形づくったと言ったのである（つまり、「建物が私たちを形づくる」の「私たち」は人全般ではなくて政府を指す）。要するに、この逸話は英国議会に関する話に過ぎない。しかし、それでもとても興味深い。後に明らかにするが、あなたにとっても知って

いて損のない話だ。それまで、もう少し辛抱してもらいたい。

　英国議会は上院（貴族院）と下院（庶民院）の２つに分かれていて、両院ともウェストミンスター宮殿の両端にそれぞれの本会議場をもっている。1943年、下院本会議場はドイツ軍の電撃戦のターゲットになり、ドイツ空軍が投下した焼夷弾によって破壊された。1943年以前の英国下院本会議場の様子を知らない読者（ほとんどがそうだろう）のために言っておくと、そこはとても窮屈な場所だった。議員たちは肩が触れあうほどの距離で並んで座り、政敵たちと膝をつき合わせていたのだ。そして、首相が中央に立つ。全員が座るスペースもないほど、狭くて窮屈だった。

　しかし、その狭さがよかったのである。その部屋では、どこにも逃げたり隠れたりする場所がなかった。自分の意見を他の議員に面と向かって言うしかない。敵も味方も、目に宿る恐れや自信を見ることができた。息を嗅ぐことができた。当然ながら、会議はとても騒々しかった（ヤジも盛んに飛んだ）。

　その本会議場を、ドイツ空軍の焼夷弾ががれきに変えたのだ。すぐにもっと大きくて広い議場をつくろうという話が持ち上がった（とりあえず全員が座れる場所を！）。そのときに生まれたのが、半円形に座席を並べた広い議場というアイデアだった。

　そして、チャーチルの有名なひとことにつながるのである。「私たちは建物をつくるが、そのあとは建物が私たちを形づくる」。チャーチルは建物が討論を、社会を、議員たちを形づくってきたことに気づいたのだ。下院の狭い部屋がイギリスをつくりあげたのだ、と。だから、半円形のアイデアに断固として反対した。

　さて、この話をアメリカの下院本会議場と比べてみよう。

　そこは広くて豪華だが、イギリスのような親密さはない。チャーチルが毛嫌いした半円形だ。ボクシングのリングのようなイギリスの国会とは大違いで、アメリカの議場は礼節をわきまえた快適な議論を促

図 2.1　かつての英国議会の様子　i.Stock.com/whitemay

すが、裏を返せば、各自が他人と距離を置いているということ。後ろのほうにいる人は演説者から 100 フィート（約 30 m）ほど離れている。演説者の信念、恐れ、やる気などが見えるはずもない。建物が議論を形づくるのである。

　目の前にいない人の悪口を言うのは簡単だ。だから私たちは子供のころに、「面と向かって言ってみろ」などと言ったのである。目の前にいる人の目を見ながら厳しい言葉を浴びせるのは、よほどの覚悟と度胸がなければできることではない。部屋の端から端へのほうが（あるいはオンラインのほうが）、よほど言いやすい。要するに、アメリカの下院本会議場のほうが隠れて悪口を言いやすい環境なのだ。

　イギリスに話を戻すと、チャーチルが勝った。英国下院本会議場は以前と同じ形で再現された。今もボクシングのリングのような姿をしているし、全員分の座席もない。 80 年たった今も、その建物が国家を形づくりつづけているのである。

私たちは建物をつくるが、そのあとは建物が私たちを……私たちの健康を、ビジネスを、生きる星を形づくる。今、10 もの巨大な変化が世界を再構築しようとしているが、その中心を占めるのが建物なのである。

最初の4大変化──人口の変化、都市の変化、リソースの変化、気候の変化

　考えてみよう。私たちの惑星には 70 億もの人が生き、その数は 90 億にも迫りそうな勢いだ。しかも、かつてないほどに年老いつつある。全世界の人々が健康になって平均寿命が大幅に延び、人口分布の形がすっかり様変わりしてしまった。1900年のアメリカでは、65 歳以上の人口はわずか 4 パーセントに過ぎなかった。それが今では 16 パーセントにまで増え、2050年ごろには 20 パーセントになると言われている。イタリア、フランス、ドイツなど、ヨーロッパのいくつかの国では、すでに 65 歳以上の人口比が 20 パーセントを超えているし、日本にいたっては 28 パーセントだ。さらに印象的なのは、寿命の上限の伸びだろう。世界的に見た場合、100 年前の時点で 80 歳を超える人はほとんどいなかった（ 0.2 パーセント）が、このままのペースでいけば2050年までに 4 パーセントを上回るだろう［注1］。

　住む場所も移動している。現在、人類の歴史で初めて、都市部に住む人々のほうがそうでない人よりも多くなった。その影響のわかりやすい例として、インドを見てみよう。インドでは2050年までに 4 億もの人々が都市へ移住すると予想されている［注2］。 4 億だ！　ざっくり見積もって、これから2050年まで 2 カ月ごとにパリぐらいの大きさ【監修注：人口約 220 万人】の都市が増えていくような話だ。たくさんの建物が新たに必要になる。現実問題として、それだけの人々を受け入れるのに不可欠なインフラストラクチャの 70 パーセントか

ら 80 パーセントがまだつくられていない［注3］。

　インドやその他の世界でそのような需要に応えられるだけの天然資源は存在しない。単純な話、私たちは地球がもつシステム容量をすでに使い果たしたのだ。かつて私たちは、汚染物質をどんどん大気や水に垂れ流して、それらが拡散するのを眺めながら、これで問題は解決したと考えていた。しかし「拡散が汚染の解決策」だった時代はとっくに過ぎ去った。このやり方に最初に警鐘を鳴らしたのは、レイチェル・カーソンが1962年に著した『沈黙の春』（新潮社）だった［注4］。

　それからおよそ 60 年が過ぎ、私たちは新たな警報を受け取った。今回は、私たちの天然資源の消費と地球の生命維持能力の変化を告げる警報だ。あなたも、現在の人類は 1.5 個の地球を消費しているという話を聞いたことがあるかもしれない。アメリカだけに話を限れば、地球 4 個分と言える。ハーバード大学の高名な生物学者であるE・O・ウィルソンは著書『Half Earth（半分の地球）』のなかで、消費や開発のしすぎが引き起こした生物の多様性の損失は未曾有の大災害であり、それに対処するためには、今すぐ地球の半分を保全しなければならないと説いている［注5］。そう聞いて、これは自然のために自然を原始的なままにしておこうという環境愛の話だと考えたかもしれないが、そうではない。ウィルソンの考えでは、人類の存亡の問題なのだ。要するに、絶え間ない汚染物質の排出、天然資源と空間の使いすぎなど、資源の過剰消費をこれ以上維持できないということだ。

　しかし、天然資源の授業を受けるために、あなたは本書を買ったのではないだろう。建物に興味があるから、この本を買い求めたはずだ。そこで、ここからが本題。おそらく誰も驚かないだろうが、資源の枯渇に建物が大いに関係している。その一方で、ヘルシービルディングが枯渇への対抗策として重要な役割を果たせるのだ。地球上のあらゆる産業のなかで、建築物が最も多くの資源を消費している［注6］。その建物が用なしになったとき、利用されている天然資源はどこへ行く

のだろうか？　そのほとんどはゴミとして捨てられる。1 回だけ使われて、永遠に捨て去られるのだ。毎年、アメリカ国内で建物の解体により生じる廃材は、廃棄物処分場送りになるゴミ（都市固形廃棄物）の総量よりも多い［注7］。

　最初の 3 つの巨大変化——人口増加、都市化、リソース（資源）消費——が組み合わさったときの影響は、4 つ目の変化である「世界的な気候の変化」によってさらに悪化する。ここでも建物が中心的な役割を演じる。全世界で消費されるエネルギーのおよそ 80 パーセントが化石燃料を燃やして得られたものであり、そのうちの 40 パーセントを消費しているのが建物だ。つまり、エネルギーの生産で生じる大気汚染や温室効果ガスを、建物が間接的に増やして（エネルギー効率の極めて高いビルの場合は減らして）いるのである［注8］。

　気候の変化は社会の力学、人口移動、エコシステム（生態系）、農業に変化を促し、最終的にはさまざまな健康被害を引き起こす。バラク・オバマが大統領だった 8 年間、科学顧問を務めたジョン・ホルドレンが、ハーバード大学環境センターで最近開かれたイベントでこう要約している［注9］。

・気候は変化している。

・その原因は人間の活動である。

・影響はすでに現れている。

・悪影響はシステムに組み込まれている。

・将来的な影響の強さは、私たちが今やることに左右される。

　総合すると、最初の 4 大変化——人口の変化、都市の変化、リソース（資源）の変化、気候の変化——は人間支配が環境に影響を与える〝時代〟が引き起こした結果である。そのような産業革命以降の時代は「人新世（アントロポセン）」と呼ばれている。人間の活動が地球

の生命維持機能に深刻な影響を与えているのだ。そのため、私たちは建築環境が自然環境に、さらには私たち自身の健康にどう影響するのか、考え方を改めざるをえないのである。

5つ目の巨大変化──民間セクターの役割の変化

　最初の 4 つの巨大変化がもたらす脅威を先読みし、対策を打つのは政府の仕事だと考えられるかもしれない。論理、科学、費用便益分析、課税、債券発行、世論などを駆使して、必要とされるインフラストラクチャ──道路、橋、電力、水、衛生、公園など──をつくり、仕事、家庭、学校、病院、芸術など、健全な市民社会のために誰もが求めるものを創造するのである。

　しかし、政府に、特に米国連邦政府にそのようなことを行う実力が欠けていることは、否定のしようがない。ブラジルにはじまり、ナイジェリア、マレーシア、イタリアにいたるまで、政治的な膠着状態が続き、理想と現実の隔たりの大きさを浮き彫りにしている。アメリカも政治的な行き詰まりのため、とっくの昔に行うべきだったインフラストラクチャへの投資がいまだにできずにいる。それらが不可欠であることや、経済投資として健全であることは両党間で広く合意が進んでいるにもかかわらず、だ。そのようなインフラ投資がボリビアやエチオピア、あるいはミャンマーなどでも必要なのに、予算が足りずに手つかずのまま。その一方で、デリーや上海の汚れた空気が毎日たくさんの人々を病気にしていることをレポートする記事が主要メディアを賑わせている。この星を汚れたスラムに変えたくないのなら、民間セクターは状況を改善するために何に投資すればいいのだろうか？　その答えは「やれることはたくさんある」だ。それを本書を通じて明らかにする。

6つ目の巨大変化──健康の定義の変化

　昔は「病気のない状態」が健康とみなされていた。しかし世界保健機関（WHO）は「健康とは、肉体的、精神的及び社会的に完全に良好な状態であり、単に疾病又は病弱の存在しないことではない（厚生労働白書より）」との見解を発表した［注10］。正しいことに、最近ではそのような考え方で健康が定義されることが増えてきたようだ。ビジネスもそこに入り込んできた。企業は従業員のための〝病気の予防策〟だけでなく、〝健康の増進策〟にも同じように価値があると気づきはじめた。科学や医学の世界では〝病因〟つまり疾患の原因から、〝健康生成〟つまり健康の創出と増進に研究の重点が移った、と言われている（「健康生成論」という用語は英語でサルートジェネシスと呼ばれ、医療社会学者のアーロン・アントノフスキーが初めて用いた）［注11］。これは大きなPRあるいは人事戦略であり、多くの企業では価値観の中心に健康が陣取る。ただし、その原動力はあくまで経済的な関心だ。

　考えてみよう。世界で指折りの医学系学術誌に数えられる『ジャーナル・オブ・ジ・アメリカン・メディカル・アソシエーション』で発表された論文のなかでハーバード大学のアシシュ・ジャーらが、アメリカは国内総生産のじつに 17.8 パーセントを医療関連費に費やしていると報告している。これは他の高所得国 10 カ国の 2 倍の数字だ。【監修注：わが国の医療費は、2018年度で43兆円余、国内総生産に占める割合は約7.9％（厚生労働省データ）。】それなのにアメリカ人だけが平均以上に健康だ、というわけではない（多くの健康結果は明らかに悪化している）［注12］。アメリカの場合、人々のほとんどでヘルスケアが雇用と結びつけられていて、雇用主が費用を負担する（多くの場合、従業員 1 人あたりの年間費用が 1 万4000ドルから 2 万ドルを超える）ので、企業には従業員を健康に保つことが強力な経済的理由になるの

だ［注13］。

　したがって、企業が健康対策やウェルネスプログラムに多大な資金を費やすのは当然のことだと言える。ところが驚いたことに、従業員の健康と生産性を高めるためにそれほどの取り組みを行っていながら、多くの企業では、その際のウェルネス戦略に建物という観点がまったく欠けているのである！　しかし、この点でも変化の兆しが現れてきた。ハーバードとグーグルが代表例だろう。

　2016年、ハーバード・ビジネス・スクールとハーバード大学T・H・チャン公衆衛生大学院が合同セミナーを開催した。ハーバード大学にしては珍しいことに、2つの異なる専門大学院から数多くの卒業生、教職員、研究者、専門家を招いた（そのようなことは毎日のように行われているはず、と考える人が多いが、実際にはめったにないことで、開催するには多くの労力が必要だった）。「健康の文化」というコンセプトに、ビジネスと衛生の両分野がどのような形で貢献できるかを探ることが目的だった。その際、健康の文化は「ビジネスリーダーシップに必須」とみなされた。ロバート・ウッド・ジョンソン財団がスポンサーを務めたそのセミナーには、CEOと学者たちが集まり、消費者の健康、従業員の健康、地域社会の健康、環境の健康の4つの点で、ビジネスがどのような形で健康を推し進めることができるかを話し合った［注14］。本書の著者の2人も参加していたし、私たちが毎日協力している企業の多くからも幹部クラスが出席していた。

　セミナーは大成功だった。おもな成果の1つとして、「Improving Your Business through a Culture of Health（健康の文化を通じたビジネスの改善）」という名の大規模オンライン・オープン講座を挙げることができる。目的は、健康の文化をつくる方法を知りたいと願う世界のビジネス関係者に無料で講座を提供することにあった。

　講座は2018年の春にスタートし、大きな成功を収めた。9週間にわたってハーバード大学の著名な専門家たちが何千ものオンライン学

生を相手に授業を行ったのだ。コースは、健康がビジネスの業績をど
う改善するのか、という問いに関するさまざまな側面を網羅していた。
その際、建物についても言及されたが、中心的なテーマになることは
なかった。

　しかし、それも変わりつつある。健康文化の構築運動はヘルシービ
ルディングを主題の 1 つに加え、私たちはヘルシービルディングを
中心に据えたエグゼクティブ教育プログラムをハーバード大学で開始
した。また、このテーマを「アドバンスド・リーダーシップ・イニシ
アチブ」などといった他のプログラムにも組み込むようにもなった。
しかし何より大切なのは、その知識が学生、つまり次の世代のリーダー
たちにも伝わるという事実だろう。ハーバード大学デザイン大学院と
ハーバード大学Ｔ・Ｈ・チャン公衆衛生大学院のあいだで、共同学位
（ジョイント・デグリー）プログラムも新たにつくられた。さらには、
私たち執筆陣は互いのキャンパスで〝ホーム＆アウェイ〟のレクチャー
も行うようになった。ジョンがジョーの公衆衛生の学生に不動産金融
について教え、ジョーがジョンのビジネスの学生にヘルシービルディ
ング学を教えるのである。ここで大切なのは、数百人におよぶ未来の
エグゼクティブあるいは設計や健康分野のリーダーたちがヘルシービ
ルディングの影響力の理解を深めながら、厳格な科学と包括的な金融
ツールの両方を学んでいるという事実である。

　このような変化は、学問の世界の内側だけで起こっているのではな
い。主要なグローバル企業でも起こりつつある。

　グーグルほど、優れた職場環境をつくることに長けている企業は
他にないだろう。そうやって同社は、毎年のように有能な人材を集
め、すばらしいイノベーションを世に送り出しているのである。だか
ら、エリック・シュミットがジョナサン・ローゼンバーグとともに
『How Google Works―私たちの働き方とマネジメント』を書いたと
き、私たちは非常な関心をもって読んだ［注15］。世界中の読者と同

じで、私たちも、グーグルを創業したセルゲイ・ブリンとラリー・ペイジとともに働いた人物から洞察を得たいと願っていた。

　読んでわかる。グーグルの成功の〝秘密の源〟は……人間だった。より具体的には、特定の種類の人々への注力だった。シュミットらはその人々のことを「スマートクリエイティブ」と呼んでいる。

　同書の最初の章で、スマートクリエイティブから最大限のパフォーマンスを引き出す方法として次の文を読んだとき、私たちはどれほど喜んだことだろう。「21世紀においてビジネスを成功に導く唯一の方法は偉大な製品をつくりつづけること。そのための唯一の方法は、スマートクリエイティブを呼び寄せ、彼らを大いに成功できる環境に置くことである」。同書は（残念ながら）建築物について具体的に触れているわけではないが、人々が働く環境こそが大切であるというメッセージを発信している。

　その他の発表記事なども、グーグルは建物とそこで働く人々が健全に繁栄するイノベーティブなビジネスの中心であると、はっきりと指摘している。例を挙げよう。カリフォルニア大学バークレー校の学生や技術者を招いて行ったプロジェクト会議の席上、ペイジは何かを示すために、自分のパーティクルカウンター（微粒子計測器）を取り出した（おわかりだろうか？　ペイジは〝自分用の〟パーティクルカウンターをもっているのだ。言い換えれば、ペイジは自分で使うために大気の質を測る計器をもっていて、それをいつも持ち歩いている！）。グーグルの話では、その後ペイジは人々の前でカーペットを手でたたき、空中に漂う粒子の数が一気に増えたことを示した。言いたいことはこうだ。私たちは誰もが、そのように潜在的に有害な細かいほこりの雲のなかを歩いているのである。要するに、環境が重要ということだ［注16］。

　ペイジが示した粒子の数は衝撃的で、その事実が意味するものは、誰の目にも明らかだった。目撃者にはグーグルの不動産およびワークスペースサービスのチームも含まれていた。創業者が社外の人々の前

で空気の質をテーマにしたのだから、それが最優先課題の1つであるということを、当然ながらチームも理解した。「グーグルの不動産チームにとっては、建物が製品で、そのなかの人々はユーザーに相当する」と、グーグルの最高サステナビリティ責任者のケイト・ブラントは説明する。「私たちの目標は、私たちの惑星を、そして未来の居住者の健康と幸福を優先しながら、徹頭徹尾、持続可能性を高めつづけることだ」[注17]

　CEOがパーティクルカウンターを持ち歩けば、誰にでもことの重大さが明らかになるだろう。グーグルでは変化の兆しが文字通り空中に漂っているのである。

7つ目の巨大変化──建物の変化

　耳障りな騒音で満たされたうるさい世界から、高級車の運転席に座ると騒音がピタリとやみ、外からは何も聞こえてこない──あなたもそんなテレビコマーシャルを見たことがあるだろう。この宣伝が伝えたいメッセージは、その車が〝密閉〟されているということ。そこは外の世界から、外界に潜むあらゆる危険から、守られている。

　そのように密閉するのにはいくつかの理由がある。1つはもちろん、車内の静粛性を高めるため。もう1つは車内からの空気の〝漏れ〟を防いで、エアコンの効果を高めるためだ。しかしそこには意外な副作用が潜んでいる。車内にある汚染物質に逃げ場がなくなるので、内装材から発生する潜在的に有害な物質や、乗員から生じる二酸化炭素が車内にたまってしまうのだ。車内の空気の二酸化炭素濃度が、建築物内で許されている濃度の4倍から5倍にまで高まることも、珍しくない[注18]。あなたも、家族や友人と長時間のドライブをしていて眠くなったことがあるだろう。眠気の原因は、車内で高まった二酸化炭素濃度だ。だから、運転中に眠くなったら窓を開ければいいと、

よく言われるのである。

　建物とて同じことだ。人間と同じで、建物も呼吸する必要がある。しかし自動車でもそうであったように、私たちは過去 40 年にわたって、空気の出入りをせき止めることばかりに力を注いできた。

　過去 100 年以上にわたって、建物内にもたらすべき新鮮な空気の量を正確に計算する努力が行われてきた。しかし1970年代後半のエネルギー危機のころから、私たちはエネルギーを節約するために、建物の気密性を高め、換気量を下げる方向へ力を注ぐようになった。漏れを少なくすることが、家庭で、オフィスで、学校での目標になった（詳しくは第 4 章で）。

　この努力で、私たちはかなりの成功を収めた。1970年代に建物のエネルギー危機の緩和に力を尽くしたエネルギーエンジニアの先駆者たちは称賛に値する。しかし、彼らは健康を専門にする学者たちにも意見を求めるべきだった。建物を密閉することで、自動車と同じようなことが起こった。汚染物質が室内にたまったのである。そしてその結果、シックビルディング症候群として知られる現象が生まれた。もし、あなたが建物のなかで気分が悪くなったら、それはエネルギー危機を乗り切るためには空気の流入をふさげばいいと考えたエネルギーエンジニアたちのせい、ということになる。

　シックビルディング症候群が文献やニュースなどで指摘されはじめたのは1980年代の初頭だった。【監修注：日本では、建築基準法で換気量を 30 m^3／人と定め、これが遵守されたため、シックビルディング症候群は顕著な問題とならなかった。アメリカでは、換気量を日本の 1/4 程度に緩和していたことが空気汚染を助長したと考えられる】

　では、シックビルディング症候群とは何なのだろうか？　『メリアム＝ウェブスター』辞典の定義がとても優れている。「現代の気密性の高いオフィスビル内でワーカーが頻繁にかかる一連の症状（頭痛、

倦怠感、目のちらつきなど）のことで、室内空気汚染（ホルムアルデヒドや微生物など）が原因だと考えられている」[注19]

　この定義に、私たちから以下の点を付け足したい。

・シックビルディング症候群にかかるのはワーカーだけではない。訪問者もかかることがある。
・シックビルディング症候群が起こるのは〝現代の〟ビルだけではない。どの建物でも発生する。
・気密性の高さが原因であることが多いが、水漏れのせいで発生するカビやレジオネラ菌など、他の要素も建物をシックビルディングにすることがある。この点については第6章の「ヘルシービルディングの9つの基礎」で詳しく説明する。
・ホルムアルデヒドや微生物は室内空気汚染の例ではあるが、それ以外にもシックビルディングを引き起こすたくさんの原因が存在する。
・シックビルディング症候群は劣悪な環境にいる時間の長さと関係していると考えられる。ただし、そのような環境を去ったあとに発症することも多い。

8つ目の巨大変化──仕事の変化

　商業用不動産サービス大手のJLL社の南北アメリカCEOであるグレッグ・オブライエンが8つ目の巨大変化の本質を次のように簡潔に言い当てている。「おもにデジタル革命に後押しされて、従業員の仕事のしかた、時間、場所の本質が劇的に変わりつつある」[注20]。ギグ経済（インターネットを通じて単発的に仕事を請け負う働き方）は拡大を続け、フレックスタイム制や在宅勤務を認める会社も増えてきた。〝ホテリング〟を実施する会社も現れ、そこでは従業員が自分専用のデスクをもつのではなく、毎日出社したときに、その日のデス

クが割り当てられるのである。

『ハーバード・ビジネス・レビュー』に掲載された「Thriving in the Gig Economy（ギグ経済で繁栄する）」という記事のなかで、ジャンピエロ・ペトリリエリ、スーザン・アシュフォード、アミー・ヴゼスニエフスキーが北アメリカおよび西ヨーロッパだけでおよそ 15 万人の従業員がパートタイムあるいは独立請負業者として活動していると報告している［注21］。どのタイプの従業員がこれに最も該当するか、考えてみよう。同記事の著者はマッキンゼーのレポートを引用している。それによると、知識労働者とクリエイティブワーカーが、つまりグーグルなどが全世界で奪い合いをしているスマートクリエイティブたちが、フリーランス経済で最も急成長を遂げている分野を構成しているそうだ［注22］。そして偶然にも、スマートクリエイティブたちは建物によって最も業績を左右されやすい高価なワーカーなのである。彼らのパフォーマンスを高めれば、あなたのビジネスも飛躍する。

では、どうやって彼らを守ればいいのだろうか？ 2017年、ハーバード大学で行ったプレゼンテーションで、米国労働安全衛生評議会の会長であるジョン・ハワードがこの種のワーカーについて調査するのは難しいと嘆いた。どこにいるかもわからないワーカーを、どうすれば、調べたりサポートしたりすることができるだろうか？ 米国職業安全衛生管理局も、雇用主が臨時ワーカーに対して職業安全衛生法が求める要件のすべてを満たしていない恐れがあると指摘している［注23］。確かに、特定の作業にかかわるワーカーを社内に置かないことや、彼らを一時的にしか雇用しない形を通じて、リスクを海外移転している会社もあるかもしれない。その場合、彼らの労働環境を整備する責任は誰がもつのだろうか？ 職業安全衛生管理局は人材派遣会社と雇用会社が共同で責任を負うと公表している。公平な考えだ。しかし、派遣会社を経由せずにギグ経済で働いているたくさんの人々はどうなるのだろう？ この点について、まだ答えは見つかっていない。

また、ホテリングやオープンフロアプランなど、最近広まりつつある新しいタイプの働き方にはどう対処すればいいのだろうか？　どちらのやり方を用いても、会社はスペースを最大限に活用できるようになる。結果、資金を大いに節約できる。従業員 1 人あたり、平均的な 250 平方フィート（約 23 平方メートル）を用意するより、100 平方フィート（約 9 平方メートル）でやりくりしたほうが、間違いなく安上がりなのだから。また、個室や小部屋ではなく 1 つの大きな空間・部屋にして維持すれば、廊下やたくさんの壁、ドア、排気や吸気設備に費やしていた資金も節約に回せる。それに、仕事の多くは自宅や喫茶店などからでも処理できるため、オフィスにはたまに行くだけでいい。

　しかし、そこにはリスクがともなう。やり方を間違えば、才能ある人材が去って行ったり、生産性が下がったりする。最近、ハーバード・ビジネス・スクールのイーサン・バーンスタインとスティーブン・ターバンが発表した記事が世間の注目を集めた［注24］。オープンフロアプランに移行したある企業の本社で働くワーカーを調べたところ、移行前の予想に反してワーカー間の交流が減り、電子メールの使用が増えたのである。

　研究から、個人で異なる働き方に合わせながら、彼らの日々の仕事の変化を考慮に入れたうえで、バラエティ豊かな労働環境を提供することが、オープンフロアプランをうまく活用する鍵であることが研究結果からわかっている。要するに、静かな書庫などで仕事をするのを好む人もいれば、騒々しい喫茶店のような環境が好きな人もいるし、同じ人でも静かに集中する時間が必要になるときもあれば、他の人と協力したいときもある、ということだ。そのような環境をつくるため、最も頼りになる存在が建物なのである。そして建物には高い要求が課せられる。きれいならいい、というわけではない。

　企業はそのような〝劇的な変化〟を指をくわえて見つめているだけ

ではない。誰もが予想できるように、企業も戦略的に対処しようとしている。それに気づいたJLLのオブライエンは私たちにこう言った。「この変わりつつある労働世界は、不動産に関する決断にも影響するようになった。企業は〝ヒューマンエクスペリエンスを重視〟するワークスペースを通じて、つまり従業員の健康と幸福を中核とした労働環境を通じて変化に応じようとしている」[注25]

9つ目の巨大変化——技術の変化

これまで、建築業界が建物について話すとき、語られるのは逸話や主観的な調査の結果ばかりだった。建築家や開発者がクローズアップされ、彼らの考案した美しいデザインの話や、建物が人々を幸せにしてくれるなどという個人的な話が強調された。ジョンが同僚と共同で執筆したハーバード・ビジネス・スクールのケーススタディで取り上げたある開発者の仰々しい言葉をここで紹介しよう。「幸運を呼ぶヴェーダ建築は世界最古の建築システム。建設および設計方法の知識は自然法則に逆らうことなく、自然の摂理と完全に調和している。自然の摂理は自然の知性から来る普遍的な原則。人類の生理から銀河宇宙全体にいたるまで、ありとあらゆるものに完璧な秩序をもたらす」[注26]

マーケティング用の売り文句としては悪くないのかもしれないが、反論するのも難しい。「自然の摂理と完璧に調和している」建物など設計したくない、と思う者がいるだろうか？　しかし、その調和は確かなデータで裏付けされているのだろうか？　数値はある？　検証できる？

答えは「イエス」だ。環境センサーやウェアラブル技術の低価格化が進んだおかげで、人や環境のパフォーマンスを極めて具体的そして客観的に測れるようになった。質の話をするだけでなく、数値も示せ

るのだ。建築も〝ビッグデータ〟の時代に入ったのである。メタゲノム技術の発展のおかげで遺伝学は一気に進歩し、個々の遺伝子よりもDNAのほうがはるかに興味深い存在であることを私たちに教えてくれた。それと同じように、建築学も新しい技術のおかげで進化しようとしている。斬新なセンサー技術が、目に見えないものを見せてくれる。私たちはリアルタイムで、建物や室内の環境の変化を刻一刻と理解できるようになったのだ。かつて、建築物の評価は（多くても）1年に1回行われるのが普通で、その結果に応じて修正が行われた。それが今では、ビル管理システムと直接つながった環境センサーを用いて、室内環境の変化にいつでも自動的に対応できるのである。

　問題は、そのような新しい〝スマートビルディング〟は本当にスマートで、しかも健康なのか、という点だ。大企業は、スマートビルディングはスマートで健康だと考えている。「自動運転車が現実になった今、人々は暖房や空調という基本だけでなく、その他の点でも建物と交流できるものと期待している」。シュナイダーエレクトリック社のデジタルビルディング部門で最高技術責任者を努めるレベッカ・ボールの言葉だ。「モノのインターネットと人工知能が利用者の体験を感知し、より健康な環境をつくる調整能力を建物に授けた」［注27］。最高技術責任者が健康について語るということ自体が市場へのシグナルであり、無視すべきではないだろう。

10番目の巨大変化——価値観の変化

　10番目の巨大変化は、投資の世界における「環境・社会・ガバナンス（ESG）」への注目の高まりだ。ESGは次のような考え方にもとづいている。投資決断は経済的な側面のみをもとに行われるわけではなく、究極的には価値観に関する決断であると言える。もし、悪いことをする会社（タバコ会社や大規模汚染を引き起こす会社）に投資す

るなら、私たちはそれら企業が引き起こす損害に加担していることになる。逆にいいことをする会社に投資すれば、それらがもたらす利点に貢献したと言える。単純な話だ。

　投資家たちは自分たちの投資がいいことをする会社に向けられるのを望んでいる。比較的少ない額を投資する個人投資家の話をしているのではない。個人投資家としては、われわれはすでにESGを考慮に入れた投資を行ってきたし、あなたもそうしているのかもしれない。そのような控えめな投資も、数が集まれば影響力を発揮できるものと期待しながら。個人投資家の投資が影響力を発揮できるかどうかは定かではないが、その一方で、大型の投資機関がESGについて話しはじめれば、企業は間違いなく姿勢を正し、耳を傾けるだろう。ここで言う大型の投資機関とは、ノルウェーの政府系ファンドや日本政府の年金投資基金など、グローバルに数兆ドル規模の投資決断を行う大型年金基金や国営の投資ファンドのことだ。『ハーバード・ビジネス・レビュー』の記事で、ロバート・エクルズとスヴェトラナ・クリメンコが、2018年時点で1715の投資会社（合計運用資産 81.7 兆ドル）が投資決断の際にESGを重視すると答えたと報告している［注28］。

　6 兆ドルを超える資産運用を誇る投資業界最大手のブラックロックが2018年に、同社のポートフォリオに名を連ねる会社すべてのCEOに手紙を送り、業界に激震を起こしたのも同じ理由からだ。その手紙には、基本的に「あなたの社会的目的を教えろ」と書かれていた［注29］。その後まもない2019年に、世界有数の大企業──アップル、JPモルガン・チェース、ウォルマートなど──を代表するビジネスラウンドテーブルに加盟しているおよそ 200 人のCEOたちが集まって、会社の目的を再定義するための話し合いをもった。目指すところは？　株主優待時代の終わりだ。CEOのグループは声明文をしたため、株主価値の創出に加えて、企業は「従業員にも投資し、環境を保全し、サプライヤーとも公正で倫理的に取引しなければならない」と

発表した［注30］。

これはすごいことだ。想像してみよう。 200 もの世界有数の大企業の経営者たちが、従来の四半期業績ではなく、むしろ長期的なESGに重点を置く時代が来たと宣言したのである。

これで動きに弾みがついた。セールスフォースのCEOであるマーク・ベニオフがフォローアップ論説でこう述べている（セールスフォースの使命は「いいことをやって繁栄する」）。「すべてのCEOと企業が、自らの責任は会社のキャンパスの内側だけで終わるのではないと気づいたに違いない。株主価値だけでなく関係者への価値にも注目して初めて、会社はより大きな成功を手に入れ、コミュニティはより平等になり、社会はより公正で、地球はより健康になる」［注31］

では、このことは建物にどう関係してくるのだろうか？ それを理解するには、過去 20 年のグリーンビルディング運動を振り返ってみるのが好都合だろう。かつて、〝グリーンな〟ビルを建てるのは最先端かつ進歩的なことだった。ところが今では、グリーンビルディングは多くの市場でただのビジネスになりさがってしまっている（グリーンビルディング運動については第 8 章を参照）。神の見えざる手がグリーンビルディングを要求した。それらが優れた投資対象だったからだ。そして市場は反応した。それが今、見えざる手が次は健康な人々と健全なビジネスに投資する番だと合図している。これを受けて、不動産市場は疑問を抱いた。「不動産資産の社会的パフォーマンスとは何だろう？」と。すると、社会的なパフォーマンスを改善すると、それが財務報告書にも反映されることがわかった。建物をよりよくすれば、健康が増進され、それが結果的に経済価値として数字に表れるのである。この点については第 10 章で詳しく述べる。

ソリューションとしてのヘルシービルディング

　本章の冒頭でも述べたように、建物に関する今日の決断が次の数世代の人々の健康を左右する。紹介した 10 の巨大変化において、建物がその震源になる。この点は否定のしようがない。また、ヘルシービルディング戦略がそれら巨大変化がもたらす困難の数々を解決する手段になることも確かだ。これを解き明かすことが大前提であり、本書ではそれを示すことを約束する。ヘルシービルディングは史上最大級の健康機会、そしてビジネス機会なのだ。この言葉は決して誇張ではない。

第3章
なぜ90パーセントを無視するのか?

現代社会では、屋外で過ごす時間が1日の最もわずかな部分で、多くの場合、数に現れないほど小さい。そこからわかることは、人間は基本的に屋内種であるということだ。

——W・R・W・オット

「私たちはなぜ90パーセントを無視しているのか」——ジョーはプレゼンテーションをするとき、ほとんどの場合この問いかけで始める。人々に自分たちが生活したり仕事をしたりする建物が健康や業績にとってどれほど大切か、考えてもらうためだ。ジョーの言う90パーセントには2つの意味がある。時間とお金だ。

まず時間から見ていこう。調査研究を通じて、北アメリカとヨーロッパでは人々は時間の90パーセントを室内で過ごしていることがわかっている［注1］。この数字は完璧に割り出されたものではない——職業によってはもっと外にいることが多い場合もあるし、子供たちは大人よりも多くの時間を外で過ごす傾向がある——が、この90パーセントという数字は、あなたが想像するよりも正確だと考えていい(場所や季節によっては、90パーセントですら低すぎる数字だ。ジョーがアブダビでの講演で90パーセントと発表したとき、聴衆から笑い声が聞こえてきた。アラブ首長国連邦では、多くの人にとって99.9パーセントのほうが納得できる数字だろう)。

この数字は、人生に置き換えたほうがわかりやすい。40歳になる

とき、私たちのほとんどは 36 年間を室内で過ごしてきたことになる。あなた自身の年齢に置き換えてもいい。自分の年齢に 0.9 をかけてみよう。それがあなたにとっての室内年数だ。もし私たちが幸いにも 80 歳になれたなら、72 年間を室内で生きてきたことになる！ 生涯のほぼすべてが屋根の下なのだ。天窓に特化したビジネスを行っているデンマークのヴェラックス社が私たちのことを「インドア世代」と呼んだが、まさにその通りだ [注2]。室内年数という点から見ることで、室内環境が私たちの健康に大いに影響することが直感的にはっきりとわかるだろう。

　では、自分たちがどこで時間を費やしているかを調べて、90 パーセントの内訳を明らかにしてみよう（ここでの数字はアメリカでの調査をもとにしている点を指摘しておく。具体的な数値は国によって異なると考えられるが、基本的な事実は世界で共通する）。普通、私たちは時間を自宅、オフィス、車、その他の室内空間（レストラン、店舗、ジム、飛行機など）に区分けする。しかし、子供たちの区分けはまったく違う。高校を卒業する時点で、子供たちは 1 万5600時間を学校で過ごしたことになる（ちなみに、ハーバード大学教授のジャック・スペングラーの指摘によると、学校は人が人に室内で生活することを強いる 2 つの施設の 1 つだそうだ。もう 1 つは刑務所である）。

　ときに私たちは、この 90 パーセントという数字を挙げるだけでヘルシービルディング運動を推し進めることができるとすら考えることがある。この数字を聞いたあとも、室内環境が健康に影響しないなどと考える者がいるだろうか？ 何しろ、私たちはこの広い世界で過ごす人生の 3 分の 1 を、たった1つの"寝室"という小さな空間で費やすのである。寝室という空間で！

　室内時間をどうとらえるべきか、風変わりだがとても役に立つ考え方を紹介しよう。ポートランド州立大学でエンジニアリングとコンピュータサイエンス分野の学部長を務め、秀でた建築学者であるリッ

チ・コルシが次のように鋭いコメントを残している。「一部の種類の
クジラが水中で過ごすよりも多くの時間を、アメリカ人は室内で過ご
している」[注3]

　信じられるだろうか？　クジラが水面に姿を現している時間のほう
が、私たち陸上生物の人間が屋外で過ごしている時間よりも多いのだ。
納得するのは難しいが、本当のこと。クジラの生態を調査するとき、
私たちはクジラが水面で呼吸する空気を調べようとはしない。私たち
が調べるのは、彼らが多くの時間を過ごす水のなかだ。

　しかし、人間に関してはまったく逆のことをしている。私たちは多
くの時間を室内で過ごしているのに、屋内ではなく、屋外の空気の質
を重点的に調べてきた。新聞でもニュースサイトでも、ほぼ毎日のよ
うに屋外の汚染についての記事が見つかる。しかしあなたは建物内の
健康に関する記事を読んだことがあるだろうか？

　法規制も、主に屋外環境を対象にしている。アメリカにはクリーン
エア法というものがあって、米国環境大気質基準として 6 種の大気
汚染物質の上限を定めている。微小粒子（$PM_{2.5}$ と PM_{10}）、鉛、オゾン、
二酸化硫黄、二酸化窒素、一酸化炭素の 6 つだ [注4]。他の多くの
国でも、屋外大気汚染については同じような基準を設けている [注5]。

　では「室内空気質基準」は？　そんなもの存在しない。唯一、そ
れに似たものとして、職業安全衛生管理局（OSHA）が定めた法的強
制力をもつ、室内における汚染物質に対する暴露上限値を挙げるこ
とができるだろう。しかし、これで一安心、というわけにはいかな
い。OSHAの定めた上限が健康を守る役に立つと考える専門家は、ほ
とんどあるいはまったく存在しないのだ。OSHA自身も、この点を認
めていて、ウェブサイトにこう記している。「OSHAは、OSHAが定
める許容暴露上限（PEL）の多くは最新のものではなく、ワーカーの
健康を確実に守るには適していないことを認める」[注6]。その理由
は、OSHAが1970年につくられた組織であって、多くの化学物質の〝許

容、暴露上限は1968年のレポートにもとづくものであり、しかも、当時すでに存在していた効果に乏しい制限は新法の適用を免れたからである。また、1970年以降にOSHAが新たに制定した許容暴露上限はわずか 16 項目でしかない。最後に定められたのは2006年で、六価クロムを対象にしていた。呼吸器腫瘍、ぜんそく、肌荒れ、肝臓や腎臓の問題を引き起こす有害な重金属だ。OSHAの許容暴露上限は私たちを守ってくれない。正直なところ、何かがOSHAの〝許容〟上限を超えているオフィスビルがあるとすれば、そこは本当に何かが間違っていると言える。【監修注：日本では、環境省が大気汚染に係る環境基準（二酸化イオウ（SO$_2$）、一酸化炭素（CO）、浮遊粒子状物質（SPM）、二酸化窒素（NO$_2$）、光化学オキシダント（Ox）およびベンゼン等、ダイオキシン類、微小粒子状物質（PM$_{2.5}$）など）を定めている。また、室内空気質については建築基準法、建築物衛生法（建築物における衛生的環境の確保に関する法律）、学校環境衛生基準等で各種物質（例えば、建築物衛生法では、浮遊粉じん、一酸化炭素、二酸化炭素、温度、相対湿度、気流、ホルムアルデヒド）の濃度基準が定められ、厚生労働省は化学物質室内濃度指針値（ホルムアルデヒドなど 13 物質）を設定している。建築物衛生法では、一定の基準を満たす「特定建築物」において、2 カ月以内毎に 1 度の室内空気環境測定とその結果報告を義務付けている。このように、日本では屋外、屋内ともに明確で厳しい基準が設けられ、それを順守する環境が整えられているといえる。】

なぜ90パーセントを無視するのか？ パート2──コスト

　私たちが見逃している 2 つ目の 90 パーセントは、建物を運用する費用に関連する。そこにいる人々のことだ。ほとんどの企業は予算の 90 パーセントほどを人件費として計上している。この数字はおも

に給料と福利厚生、そして第4章で見るように、彼らの生産性によって決められている。

　不動産の3‐30‐300ルールは、グローバルに活動する施設管理会社のJLLが考案して広めた［注7］。この数字は公共料金、家賃、そして人件費という3要素の、会社1平方フィートあたりの相対費用を示している。会社は電気や暖房などの公共料金に3ドル支払うごとに、家賃に30ドルを、給与に300ドルを費やす、という意味だ。この数字から、換気などの公共料金をケチりながら、最も高価な資産＝人が最適な状態で働けなくするのは馬鹿げたことだと実感できる。

　このルールは経験から割り出されたものではあるが、さまざまな実例からおおかた正しいことがわかっている。例えば、全米ビル協会が発表した『2018 Office Experience Exchange Report（2018年オフィス経験交換レポート）』によると、民間セクターのオフィスビルの場合、1平方フィート（約0.1平方メートル）あたりの合計賃貸料は平均30.35ドルで、公共料金は平均で2.14ドル、従業員1人あたりの（廊下やロビーも含めた）総面積は288平方フィート（約26.8平方メートル）だそうだ［注8］。オフィスは狭くなる傾向があるので、1人あたりの面積は250平方フィート（約23.2平方メートル）ぐらいが標準になるだろう。マサチューセッツ州を例に見てみると、広告販売員、税務代行業、コンピュータ関係のユーザーサポート係など、典型的なオフィスワーカーの大部分の場合、米国労働統計局によると、給与は年間およそ6万5000ドルになる［注9］。これに雇用主が支払う他の費用を加えると、従業員1人につき総負担額は年間7万5000ドルにおよぶ。これを250平方フィートで割ると、1平方フィートあたりの負担額は300ドルだ。3‐30‐300ルールは大ざっぱな経験則ではあるが、並ぶ額は適切だし、役に立つ。職業によっては支出が増える。給与が増えると、生産性の影響が大きく、エネルギーの節約の影響は小さくなる。

現代人が時間の大部分を室内で過ごすという話の流れでもすでに指摘したように、ここでも建築業界は 90 パーセントを見落としている。支出の大部分を占める〝人〟だ。金融の専門家は支出の 10 パーセント、つまり賃貸料と公共料金に注目しがちだ。誤解のないよう言っておくが、これらの費用もとても重要だ。しかしこれまでは、そこばかりに目が向けられていた。こう考えてみよう。全世界で数兆平方フィートのオフィス空間が登録されているグリーンビルディング運動は、基本的に 10 パーセントのごく一部——エネルギー費用、廃棄物、水など、全体の 1 パーセントほど——をさらに小さくするために存在してきたのだ。

　なぜ 1 パーセントにこだわったかというと、それがわかりやすかったから。わかりやすい点は 2 つある。 1 つは、エネルギーの節約に投資したときの見返りが計算しやすいこと。例えば、エネルギー回収機能をもつ換気扇に投資した場合、オーナーはその導入費用を数年後には回収できると計算できる。電卓すら必要ないほど、単純な計算だ（エネルギーモデルの専門家が気を悪くするかもしれないので付け足しておくが、真の意味で〝単純〟なわけではない。エネルギーモデルの構築にはかなり洗練された専門知識が必要になる。しかし、健康などを数値で表すよりもはるかに容易に算出できることは確かだ）。

　もう 1 つは、ビルはエネルギーと廃棄物と水を基準にしたほうが計測しやすい点。あなたが今いるビル、あるいは所有または管理している建物について考えてみよう。その建物が毎年だいたいどのぐらいの量のエネルギーを消費するか、少し調べればかなり正確に知ることができるはずだ。ビルのエネルギー消費量を知りたければ、いくつかの、あるいはたった 1 つのセンサーを使えばいいし、光熱費の請求書を見ることもできる。つまり、確かなデータを用いて投資収益率を計算できるので、取引や資金繰りがしやすいし、成果を保証することもできる。実際にエネルギーサービス企業が毎日やっていることだ。

しかし、あなたのビルでコストの 90 パーセントを占める人のほうはどうだろう。建物のなかにいる人々の健康を、どうやって〝計測〟すればいいのだろうか？　どうすればフロアの、あるいは部屋の健康を測れる？　簡単なことではない。難しいから、進歩もなかった。エネルギーは測定できる。だから管理もできる。一方、人々については無視してきた。そのため、これまで機会を逃してきたのである。この点について、本書の著者の 2 人はしばらくのあいだずっと考えてきた。第 9 章で、建物内の人々の健康を測るツールを明らかにする。

　その必要もないだろうが、念のため指摘しておくと、90 パーセントという数字は大きな機会の存在を意味している。簡単に言うと、〝健康と富にとって室内環境は重要だ〟ということ。

　この点さえ理解していれば、もう本書を閉じてもかまわない。

健康に対する室内環境の3つの攻撃

　基本は理解できたので、ここからは室内環境とその健康作用について大ざっぱに見ていくことにする（経済的な影響については第 4 章で論じる）。本章の残りのページでは、科学的な調査からわかったことを説明し、暴露やリスクを最小限に抑えるための考え方を明らかにする。

室内攻撃 1 ──屋外大気汚染の隠れた秘密

　驚きの事実をここで紹介しよう。〝屋外〟で問題になる大気汚染のほとんどは、〝屋内〟でも生じうるのである。これこそ、屋外大気汚染の隠れた秘密だ。

　信じられない？　それを証明するために、少し計算してみよう。

　今、ロサンゼルスにいると想像しよう。ロサンゼルスでは主要な大気汚染物質として知られる$PM_{2.5}$の屋外濃度が 20 $\mu g/m^3$に達するこ

とがある。ちなみにPMは「粒子状物質」という意味で、基本的には空気中を漂う粉塵だと思えばいい。「2.5」はその粒子が 2.5 μm（ミクロン）以下の大きさだということ。この大きさが重要で、2.5 μm 以下だと、肺の最も深い部分にあって呼気の交換を行っている肺胞と呼ばれる組織にまで入り込んでしまう。もっと大きい粒子は鼻の粘膜や呼吸器系の上部で引っかかるので、鼻をかんで追い出すこともできるし、吸い込んだものは肺が粘液線毛エスカレーターという仕組みを通じて口に運んでくるので、唾液といっしょに飲み込めば無害になる。「μg/m^3」は 1 立方メートル（m^3）の空気内に存在するPM$_{2.5}$の量を、マイクログラム単位で表している。

　外の大気汚染がどの程度まで家やビルに入り込むのか、正しく知る人はほとんどいない［注10］。誰にでも予想できるように、侵入率、つまり外の汚染物質が建物のなかにどれぐらい入るか、という問いには数多くの要素が関係している。わかりやすい要素として、築年数、漏れやすさ【監修注：隙間の量】、開閉できる窓の有無（実際に開けられることがあるかどうか）、換気と空気フィルターの種類などを挙げることができる。しかしそれら以外にも、風向きや気圧など、気象条件も大いに関係してくる。住宅への侵入に関連するさまざまな要因を調べたところ、侵入率の推定中央値はおよそ 50 パーセントほどになる［注11］。商業用の建物ではおもにMERV 8 フィルターが使われていて、ここでもPM$_{2.5}$の除去率は同じぐらいになると考えられる（MERVとはフィルター性能を示す単位として考案されたもので、Minimum Efficiency Reporting Value：最低捕集効率、を意味する）。

　これらの事実をロサンゼルスの例に応用すると、外気の汚染具合から見て、同市では平均して屋外汚染物質の半分が室内にたまっていると考えられる。数字にすると 10 μg/m^{3}だ。

　次に、どのぐらいの量の空気を私たちが呼吸しているのか、知る必要がある。私たちの体に毎日入り込む汚染物質の総量を知るためだ。

表3.1　屋外大気汚染の隠れた秘密

	汚染物質濃度	呼吸量	滞在時間	汚染物質の1日吸入量
屋外	20 μ g/m³	0.625 m³/時間	2.4時間 (24時間の10％)	30 μ g/日
室内	10 μ g/m³	0.625 m³/時間	21.6時間 (24時間の90％)	135 μ g/日

公衆衛生の分野では、この量のことを「1日量」と呼んでいる。人は1時間に1000回ほど呼吸を行う。1時間につき平均して0.625m³、1日に換算すれば15 m³の空気を吸い込む計算になる［注12］。

　これで、室内に入り込んでいる外の汚染物質の〝量〟と私たちが毎日吸い込んでいる空気の〝量〟がわかった。次は、私たちが〝どこで〟空気を吸っているかを知る番だ。それには、本章の冒頭で紹介した「私たちが多くの時間を過ごす場所」のデータが役に立つ。私たちは時間の90パーセントを室内で過ごしているのだから、毎日21時間が室内、残りの3時間弱が屋外で生活していることになる（多くの人では1時間にも満たないだろう）。

　ここからは単純な計算だ。これらを掛け合わせれば、私たちは〝屋外〟汚染物質のほとんどを〝室内〟で吸い込んでいるという直感に反する主張が正しいことがわかるだろう。この例では、室内で吸い込む屋外大気汚染物質の量は、屋外で吸い込む量の4倍にもおよぶ。これが真実なのだ！

　連日のように、メキシコシティ、ソウル、ニューデリー、北京などの外気がひどく汚染されているというニュースが報じられている。実際、そうした土地の空気は汚れていて、危険でもある。典型的なニュースには、汚れてかすんだ空気のなかを防塵マスクで鼻と口をふさいだ親子が手をつないで歩いている写真などが添えられている。しかし、その親子が室内に入ったあとの話を伝えるニュースを、あなたはきっと見たことがないだろう。「屋外大気汚染の隠れた秘密（実は屋外汚

染物質の大半を室内で吸い込んでいるという）」がニュースになることは決してない。しかしこのままでは、室内で防塵マスクをつけたままソファに腰掛けている家族の写真を添えた屋外大気汚染のニュースが伝えられる日が、いつかやってくるかもしれない（公衆衛生の専門家としてひとこと添えておくと、そのような紙製の防塵マスクは本書が対象としているタイプの汚染には効果がないので、ソファで着用するならN 95 マスクがいいだろう）。

室内攻撃 2 ──室内汚染源

　室内には外から入ってくる汚染物質だけでなく、室内の汚染源もある。実際、頻繁に引用される米国環境保護庁の試算によると、一部の汚染物質は室内で屋外の 3 倍から 5 倍の濃度に達する。多くの粒子状物質では、その数は 10 倍以上になることもある［注13］。

　室内で汚染濃度が高まるのは、私たちがエネルギーの節約という理由で建物の気密性を高め、新鮮な空気が入り込むのを制限したからだ。私たちは部屋を密閉した。すると、においが気になってくる。そこでスプレーやキャンドルや芳香消臭剤を使って、不快なにおいを少しでもよくしようとするのだ。そのようなスプレーに、一連の有害成分が含まれていることは気にもとめずに。さらに、脇の下にデオドラントを塗り、オーデコロンや香水をふりかけ、香料入りのシャンプーで髪を洗う。そうやって、自分でつくったむっとする密閉空間で懸命ににおいをよくしているのだ。言うまでもなく、建物そのものの材料や家具なども、私たちの密閉住宅や密閉オフィスで汚染物質を排出している。

　室内汚染物質にはさまざまな種類がある。そのうちのいくつかは、あなたもすでに知っているに違いない。一方、あなたがこれまで考えたこともないものが汚染源になることもある。おそらく最もよく知られている室内汚染物質は揮発性有機化合物（VOC）と呼ばれる一連

の化学物質だろう。さまざまな製品に成分として含まれ、その名のとおり揮発する。VOCは数多くの化学物質の総称で、塗料（VOCが揮発して染料が残る）、建材、表面クリーナー、ホワイトボードマーカー、家具、さらにはドライクリーニングからも放出される。住宅では、洗濯用洗剤、ドライヤーシート（乾燥機用のシート状柔軟剤）、ソファ、石けんなどからも生じる。発癌性があることから最も恐れられているVOCの1つに数えられるホルムアルデヒドは、家具やフローリングの材木を貼り合わせる目的で使われていて、それがガスになって家庭やオフィスの空気に混ざる。有名な例としては、ランバー・リクイデーター社が2015年に中国から輸入販売したフローリングがホルムアルデヒドを発散して問題になった（2019年、同社はこの問題で投資家を誤解に導いたという理由から、3300万ドルで和解に応じた）[注14]。【監修注：日本で、ホルムアルデヒド等のVOCが社会的な問題になったことは既に示した通りである。】

　ガソリンに由来するBTEX化合物（ベンゼン、トルエン、エチルベンゼン、キシレン）も、一連のVOCとして悪名が高い。車のなかで息をすると、BTEXを吸い込むことになる。また、自宅に隣接する形でガレージがある家庭では、ガレージからBTEXが住宅内へ流れ込む[注15]。オフィスや学校などでも、吸気口や開いた窓が道路や駐車場に面していれば同じことだ。放課後のお迎えの時間、スクールバスが校舎横でエンジンをかけたまま待機していたりすると、校舎内のベンゼン（ならびにホルムアルデヒドと粒子状物質）の濃度が高くなる[注16]。もし、大通りに囲まれた地区に住んでいるのなら——渋滞が頻繁に起こるのなら特に——あなたの生活にもBTEXが入り込んでいるに違いない。

　VOCはパーソナルケア製品にも含まれている。香水、ローション、手指消毒剤、シャンプー、デオドラントなどから揮発する。コルシとアティラ・ノヴォセラクがテキサスの高校生を対象にして行った調査

では、調査したすべての教室で若者向けデオドラントスプレー「アクセ」に由来するVOCが見つかった［注17］。

　VOCにはリモネンのような物質も含まれる。リモネンはオレンジにも含まれる甘い香りの化学物質なのだが、家庭用の洗剤などに香料として添加されている。そう言われても危険な印象はしないが、リモネンがオゾンに反応すると、ホルムアルデヒドと粒子状物質が生じるのである［注18］。つまり、建物のなかには外から入ってくるものだけでなく、室内で発生する粒子【監修注：粒子状物質または粉じん、日本ではこの方が一般的、以下同】もあるということだ。

　VOCがオゾンと反応することだけが室内粒子の発生源ではない。他の例として、喫煙を挙げることができる。ろうそくに火をつけても、コンロで炒め物をしても、粒子が生じる。「住宅における微生物および環境化学物質の発生に関する」研究の一環として、デルフィン・ファーマーとマリナ・ヴァンスンの研究チームが感謝祭用のディナーの調理中に発生する粒子をシミュレートしたところ、室内の粒子濃度は屋外最大値の 10 倍にもおよぶ恐れがあることがわかった［注19］。

　私たち人間の体も無関係ではない。私たちの誰もが、チャールズ・シュルツのコミックに登場するピッグペンのように粉じんをまき散らしている（コミック『ピーナッツ』を知らない人のために一応説明しておくと、ピッグペンとは登場人物の 1 人で、いつも汚れていて体のまわりにほこりを漂わせている）。歩くとき、ソファに座るとき、洗濯物をたたむとき、私たちはさまざまなものの表面に付着していた粉じんをふたたび空気に戻し、身のまわりに目に見えない粉じんを漂わせているのだ。

　いちばんの問題はそのような粒子を吸い込むことだが、それ以外にも食事（摂取）、手と口の接触、さらには肌（皮膚吸収）を通じて体内に入り込む。この点に関してデンマーク工科大学に所属するガブリエル・ベケーやチャーリー・ヴェシュラーらがすばらしい研究を行っ

ている。問いは「私たちは皮膚を通じて呼吸しているのか？」[注20]。被験者は一般的な室内汚染物質で満たされた部屋のなかで数時間を過ごした。身につけていたのはパンツだけ。つまり、ほぼ全身の肌が露出していたのだが、頭にかぶったフードから〝きれいな〟空気を吸っていた。その後、彼らは尿を採取して、化学物質やその代謝産物が含まれていないか、検査したのである。数日後、彼らは実験を繰り返した。ただし、今回はフードなしで。化学物質が体内に侵入するさまざまな経路の重要性を相対的に明らかにするためだ。その結果、驚いたことに、いくつかの可塑剤では（さらにはニコチンも）皮膚を通じた吸収が呼吸と同じぐらい重要であることがわかった。要するに、私たちは間違いなく「皮膚呼吸をしている」のである。研究チームはさらに、衣服がバリアの役割をすることもあるし、汚染源になることもある事実を見つけた。問題となる化学物質が含まれていれば、衣服がそれらを皮膚の近くに保ち、長い時間にわたり暴露源として作用することになる。逆に、部屋のなかにいくつかの汚染源があるとしても、衣服が清潔なら暴露量を抑えることができる。単純に肌の露出が減るからだ。

　建物と汚染暴露について考えるとき、建築界では「室内空気質（IAQ）」の話題になることが多い。最近、略語のIAQは室内環境におけるあらゆる危険を意味するために使われているが、この点は修正が必要だ。IAQよりも適しているのはIEQ（Indoor Environmental Quality）だろう。IAQよりも包括的な「室内環境質」を意味している。なぜIEQのほうが適しているのだろうか？

　VOC以外にも、考慮しなければならない室内汚染物質はたくさんあるし、呼吸以外にも暴露経路【監修注：体内に取り込まれる経路】が存在する。例えば、重金属の鉛が古い塗料や水道管に見つかることがあるし、靴に付着して家のなかに入ることもある。鉛は摂取を通じても、浮遊した粒子を吸い込むことによっても体内に入り込む。あるいはミシガン州のフリントで起こった予防できたはずの災害のように、

飲み水の形で人の体に入ることもある。IAQは範囲が空気に限定されるので、そのようなケースでは用語として使えない。

　また、家具やカーペットなどにも人体のホルモンシステムに大混乱を引き起こす恐れのある物質が多く含まれている（製品由来の毒性物質については第 7 章を参照）。そのうちのいくつかは準揮発性有機化合物（SVOC、半揮発性有機化合物）【監修注：SVOCは沸点が高い（240 〜 260℃から 340 〜 360℃）有機化合物であり、VOCよりはガス化しにくい】と呼ばれている。SVOCは多能なVOCと考えられるかもしれない。SVOCはガスになることもあるし、空気中を漂うほこりに付着することもある。床や壁のほこり、皮膚や衣服の粒子に含まれていることもある。そのような性質を、専門用語では「パーティショニング」と呼ぶ。SVOCが空中に漂うか、ほこりに付着するかは、それらの物理的および科学的性質、あるいは気温、湿度、空気中のほこりの多さなどの環境条件に左右される。

　SVOCは、人体への侵入方法という意味でも多才で巧みである。肺と皮膚はもちろんのこと、私たちが何かを食べるときや唇に触れたときなどにも、手の表面から少量が口に入り、それが消化管を通じて体内に侵入する。私たち専門家は、そのような手と口の接触による移動を「偶発摂取」と呼んでいる。あなたは、1 日に 100 ミリグラムものハウスダストがそのよう形で〝偶発的に〟摂取されていることを知っていただろうか［注21］？　そう言われると、自宅やオフィスのハウスダストについて、少し違う見方をするようになったのでは……？

　すべてひっくるめると、私たちがオフィスで、自宅で、車のなかで使っている製品は、あるいはそれを使った行動は、どれも室内の汚染を助長していて、私たちはそれを絶え間なく吸収しているのである。部屋の空気の質、つまりIAQだけが問題なのではない。もっと大きな意味の室内環境の質、つまりIEQが問題なのだ。そして、そのような環境をつくり、あるいは緩和するという点で、建物が重要な役割を果

たしている。

室内攻撃3──隣の人は何をしている?

　ここまで、あなたの健康を脅かす2つの要素について論じてきた。室内にある汚染物質の発生源と、外から室内に入ってくる汚染物質だ。しかし多くの人の場合、室内の健康は3つ目の要素によっても脅かされる。いくら屋外の汚染物質が入ってくるのを防いでも、室内の汚染源を慎重に減らしても、もう1つの要素も気にかけなくてはならない。あなたの〝隣人〟だ。

　高層住宅や多世帯住宅に住んでいる人は誰もが、隣人が料理しているときのにおいに悩まされたことがあるだろう。建物のなかの空気がアパート間で循環しているからだ。あなたも、お隣さんは何をしているんだ、と不思議に思うことがあるに違いない。何しろ多くの建物で、室内の空気の平均して9パーセントが近隣世帯から来ているのだ（古い多世帯住宅の場合、35パーセントにまで増えることもある）［注22］。

　今度エレベーターや階段で隣人を見かけたら、「自分は本当に彼らの空気を吸っているのだろうか?」と考えてみよう。彼らがタバコを吸うなら、あなたもタバコを吸っている。彼らがネコを飼っているのなら、あなたもネコを飼っている。彼らのラミネートフローリングがホルムアルデヒドを発散しているのなら、その一部をあなたも吸っているのだ。

　隣人問題は、多世帯住宅だけに限られたことではない。ここで言う〝隣人〟とは、あなたの室内環境質を脅かす隣接空間のすべてを総称していると考えるべきだ。したがって、商業用建物の場合は隣にあるビルが隣人と呼べる。ある建物の排気が、隣接するビルに直接送り込まれているケースも決して少なくない。レストランから勢いよく吐き出される空気が隣のビルの吸気口に流れ込んだら、明らかに油っぽい

においがするし、隣のビルで改修工事が行われたら、新鮮な木材のにおいがあなたのビルに充満する。どちらも建物と建物のあいだで空気の交換が行われている証拠だ。

　この問題の典型例は、吸気口が車道や駐車場に面接しているビルだろう。吸気口の近くで車がアイドリング状態で停まっていると、汚染物質がずっと流れ込み、建物全体に効率よく振り分けられてしまう。今度、地元の街で建物を見回してみよう。驚くほど多くの建物で、通りや駐車場に面した場所に吸気口があることに気づくだろう。

　ジョーのお気に入りの例では、あるオフィスにいる人々がときどきネズミのようなにおいが漂ってくることに気づいた。オーナーが害獣駆除会社を雇って調べさせたが、ネズミなどが棲み着いている証拠は見つからない。そこで、自分たちが活動する空間も徹底的に調べたのだが、やはりネズミのにおいの原因は見つからなかった。そこで隣の建物に目を向けた。そのときに気づいたのだが、彼らのオフィスビルの吸気口は路地に面していて、隣のビルが同じ路地に排気していた。そのビルでたまたま動物を使った毒物学の研究が行われていて……マウスとラットを何百匹も飼っていたのである。

リスクを理解する

　私たちの健康は3つの攻撃に脅かされている。あなたは、もう勝ち目はない、今後は山奥や完全に密閉されたドームのなかで生きるしかないと思っているかもしれない。しかし諦めるのはまだ早い。いい知らせがある。そのような攻撃を弱める力が、あなたの建物には備わっているのだ。

　これらの攻撃が私たちにどのような影響を与えるか、また私たちの建物がどのように役立つかを理解するためには、暴露科学の基本的な概念を理解する必要がある。汚染物質の〝濃度〟、暴露の〝時間〟、あ

るいは暴露の〝頻度〟などの組み合わせが、健康にどう悪影響を及ぼすかを知らなければならないからだ。そのうえで、健康被害を防ぐ方法を考えるのである。

　例えば、ガソリンスタンドで給油すると、BTEX化合物にさらされることになるが、これは短時間で頻度も低い。給油している時間は高濃度のベンゼンを浴びるが、時間も短いし回数も少ないので、全体としてのリスクはとても低いと言える（ガソリンスタンドに行かない電気自動車のオーナーや、ガソリンスタンドで働いている人では話が違ってくる）。

暴露とリスクの連鎖を断ち切るために建物を利用する方法

　公衆衛生の分野では、健康に作用するさまざまな建築要因を理解するために、「暴露関連疾患の概念モデル」と呼ばれるモデルを利用する。ジョーにそのモデルの存在を教えたのは、かつてはジョーの博士論文の指導をしていて、今はボストン大学の公衆衛生学部で学部長を務めているマイケル・マクリーンだ（私たち執筆陣はこのくだりを面白くすると約束するが、2人とも学者なので概念モデルについても説明する義務がある。あとできっと役に立つので、少し複雑でも今は我慢してほしい）。

　考え方はとても単純で、実際に役に立つ本当に優れたモデルだ。そのモデルでは図 3.1 の左から右へと順を追う。建物のなかにある汚染源から始めて、それらの個人の暴露、それにより引き起こされる恐れのある健康被害へと、いくつかの段階をへて進んでいく。それの何が役に立つのだろうか？　人が触れる前に連鎖を断ち切ることができれば、健康被害のリスクもなくす、あるいは少なくとも最小限に抑えることができるからだ。このモデルで大切なのは、すでにその名称に表

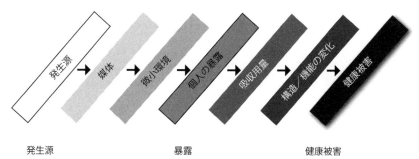

発生源　　　　　　　　　暴露　　　　　　健康被害

図 3.1　暴露関連疾患の概念モデル

れているように、暴露関連疾患を対象にしているという点だ。言い換
えれば、健康に関係する他の要素、例えば遺伝などは考慮されていな
い。だからこそ、このモデルは私たちの使う建物に応用しやすい。環
境だけが対象になっているからだ。この点が、建物が連鎖を断ち切る
役に立つ理由でもある。

　より具体的に理解するために、1 つの例を順を追ってみていくこと
にしよう。興味を引いてもらうために、数年前に起こったとても有名
な事例を紹介する。

「あなたの調理台には何が潜んでいる?」

　2008年、『ニューヨーク・タイムズ』が「あなたの調理台には何が
潜んでいる？」という警告的なタイトルの記事を発表した。花崗岩で
できた調理台はラドンを放散するという〝特ダネ〟を報じたその記事
は全国に衝撃を与えた［注23］。ラドンとは何で、何が問題なのだろ
うか？　ラドンとは放射性のガスで、肺癌を引き起こす 2 番目の原
因だと言われている物質なのだ。

　地中の花崗岩に由来するウランの自然崩壊によって発生するどこに
でもあるガスだ。建物との関係では、土壌を通り抜けて亀裂などか
ら地下室に入り、私たちの住む家全体に広がる恐れがある。そして

『ニューヨーク・タイムズ』の記事によると、人々の自宅にある花崗岩もラドンの源だというのである。

リスクという観点から、ラドンは興味深い物質だ。他の環境汚染物質とは違って、私たちはラドンに対して極めて高い値を〝許容〟しているのである。数字で言うと、米国環境保護庁は他の汚染物質のリスクは 100 万分の 1（10^{-6}——10 のマイナス 6 乗）リスクに規制しようとするのだが、ラドンの場合は家庭の空気 1 リットルあたり 4 ピコキュリー以下に維持することを目指す。これは非喫煙者ではおよそ 100 人に 1 人（10^{-2}）が、喫煙者ではじつに 10 人に 1 人（10^{-1}）が肺癌を発症するレベルである。要するに、ラドンに対して、他の環境汚染物質よりもはるかに高いリスクが許容されているのである。

暴露関連疾患の概念モデルに話を戻して、ラドンを用いてモデル図 3.1 の他のボックスを説明してみよう。『ニューヨーク・タイムズ』が指摘したように、花崗岩の調理台がラドンの発生源になる。次のステップは媒体【監修注：伝達物質】だ。公衆衛生の分野では、空気、水、ほこりなどをそう呼ぶ。ラドンはガスとして花崗岩の調理台（汚染源）から放出されて、空気（媒体）に混ざる。

モデルで次に取り上げるのは微小環境。どこでその汚染物質に遭遇するか、ということだ。花崗岩はほとんどの場合キッチンにあるが、ガスは家中に広がるので、キッチン、寝室、地下、あるいは家の外など、さまざまな場所がラドンに触れる微小環境になる。この点は重要だ。暴露場所になるさまざまな微小環境を理解することが、リスクを知る前提になるからだ。

モデルの次の段階である「個人の暴露」では、私たちが滞在している場所（微小環境）と空気（媒体）に含まれる汚染物質濃度を比較する。専門用語さえ度外視すれば、とてもわかりやすい話だ。めったに触れることがないのなら、（例えばガソリンスタンドのBTEXのように）汚染物質といえども深刻な健康被害を引き起こすことはないのだ

から。

　花崗岩の調理台から生じるラドンの場合、当然ながら発生源のキッチンで個人の暴露量が最も多くなると予想できる。しかし、暴露の頻度や時間の長さはどうだろう？

　「私たちが多くの時間を過ごす場所」のデータによると、人がキッチンで過ごすのは全時間のおよそ 2 パーセントである一方で、寝室で費やす時間は 34 パーセントにおよぶ。つまり、キッチンはラドンの濃度という点では最も高いとしても、暴露の時間や頻度という点でかなり低いと考えられる。

　ここで、建物の役割という点で興味深いデータを紹介しておこう。セントラル空調方式を備えた家庭では、花崗岩の調理台があるキッチンでもラドン濃度が他の部屋よりもさほど高くならない。なぜだろうか？　中央制御された空調システムの場合、家屋内のあらゆる部屋から空気を吸入し、冷やし、冷えた空気をふたたび家中に送り届けるからだ。その仕組み上、セントラル空調方式はキッチンの高濃度のラドンを吸い込み、他の部屋からの空気と混ぜてから、各部屋に分配する。その結果、キッチンでのラドン濃度が低くなるが、他の部屋では高くなる。ほとんど使わない部屋のラドンを多くの時間を過ごす部屋に運ぶのだから、暴露という観点から見た場合、キッチンよりも寝室のほうが重要になると言える（商業ビル、病院、学校などでも、換気システムが汚染物質を効果的に拡散してしまっていることが少なくない）。

　以上が概念モデルの左半分だ。ここまでを理解できれば、私たちの介入先を絞ることは容易だ。調理台が発散するラドンに対する個人的な暴露量を減らしたいなら、発生源を除去するか、フィルターや換気を通じて空気（媒体）の汚染濃度を下げるか、滞在時間を減らせばいいのである。実際のところ、建物関係における暴露について考えるときには、このモデルを使わざるをえない。ところが、潜在的な危険が発生源からどう移動して、どこで暴露を引き起こすかなどという点は

考えもせずに、潜在的な危険が存在しているという事実だけをもって
して、リスクがあると主張されることがあまりにも多い。

（概念モデルの右半分は汚染物質が人体に侵入したあと何が起こ
るかに関連していて、本書の扱う範囲を超えている。毒物学の入門
講座では、この右半分は、absorption（吸収）、distribution（分布）、
metabolism（代謝）、excretion（排出）の頭文字をとって、ADME
と呼ばれている。モデルの最後の1つ前のボックスは「構造と機能
の変化」で、これは吸収量、つまり体内に入り込んだ物質量だけが問
題なのではないことを示唆している。むしろ、吸収された物質が生体
内の何らかの構造や働きに変化を促し、それが健康を害する恐れがあ
るのだ）

さて、調理台には何が潜んでいる?──何も潜んで
いない!

「調理台のラドン」パニックのその後がどうなったのかを説明しな
いまま、この章を終えるわけにはいかないだろう。『ニューヨーク・
タイムズ』が記事を発表したあと、ジョーがプロジェクトチームを率
いて、彼が以前勤めていたコンサルティング会社の同僚たちとともに
一連の調査を行った。

その後に行われたいくつかの科学的調査も、基本的にはこの暴露関
連疾患の概念モデルの考えにもとづき、最初のステップとして家庭の
調理台から空中に放出・流動するラドン量の計測が行われた。予想ど
おり、一部の花崗岩の調理台からラドンが発生する事実が確認された。

しかし、そこから先のことを『ニューヨーク・タイムズ』の記事は
見落としていた。記事は、ラドンが花崗岩の調理台から発生するとい
う発見を報じただけで、概念モデルの他の点についてはまったく念頭
に置いていなかったのだ。記者がインタビュー相手に選んだ〝専門

家〟が概念モデルを考慮していれば、彼はジョーのチームと同じ結論にいたっていただろう。ジョーのチームは 100 万件の花崗岩調理台の購入および設置を想定して、家庭内の換気量や人々が多くの時間を過ごす場所などのデータも計算に含めた。その結果、想定シナリオの99.99パーセントで、発生するラドンの濃度は典型的なアメリカの家屋で土壌から発生するラドン濃度よりも低かったのである。査読論文では、結論として次のように書かれている。「本研究の結果が、家庭にある花崗岩の調理台が有意なラドン暴露を引き起こす可能性はごくわずかであることを証明している。EPAが潜在的環境ハザードの規制に用いるリスク上限（ 10^{-5} 〜 10^{-6} ）にもとづけば、この〝ささいな〟リスクは許容できるものである」[注24]

　花崗岩製の調理台を捨てようと思っていたあなた、考え直したほうがいいだろう。【監修注：日本でもラドンは存在し、汚染される可能性はある。しかし、台所で花崗岩が使われることはほとんどないこと、地下室が設けられることもまれである、という 2 点からラドン汚染のリスクは小さい。しかし、地下室を設ける場合など、コンクリートのクラック（割れ目、隙間）から漏れ出てくる可能性があることには留意しておく必要がある。また、中央式の空調設備が住宅で用いられることも多くはなく、ある部屋の汚染物質が全室にばらまかれるリスクは小さい。しかし、事務所や病院で中央式空調が用いられている場合、ある部屋で発生した汚染物質（細菌やウィルスも含む）が他室に搬送されて汚染が拡大する（細菌やウィルスの場合、それがもととなる疾病が集団発生する）リスクは高まる。】

前に進むチャンス

　ここまで、あなたが多くの時間を過ごす建物が、あなた自身の健康に影響することを明らかにしてきた。第 4 章では、健康とパフォーマンスを最適にするための具体的なステップについて論じ、それが収

益の向上にどうつながるのか明らかにする。

　ここでおさらいしておこう。7兆ドル分もの不動産機関投資がグリーンビルディングのパフォーマンスに投じられていることは、すでにまえがきで指摘した。本書の執筆時点で、全世界には100を超えるグリーンビルディング委員会があり、何百万平方フィートものオフィス空間がグリーンであるというお墨付きを得ている。本章を通じて私たちは、（エネルギー、廃棄物、水などに関連する1パーセントのコストに注目する）グリーンビルディングから（建物費用の90パーセントを占める〝人〟に重点を置く）ヘルシービルディングへと方向転換をすることで、目の前に巨大なチャンスが開けることを示した。ユナイテッド・テクノロジーズ社の元最高サスティナビリティ責任者で、今はアーバン・グリーン・カウンシルのCEOを務めるジョン・マンディックが、この課題を次のように簡潔にまとめている。「私たちが健康にフォーカスすることで、どれほど速く前に進めるか、あなたには想像できるだろうか？」［注25］

　そこで第4章では、建物から健康と富を高める力を引き出す最も迅速で手軽な方法を明らかにする。

第4章
建物を働かせる方法

私は、外からの普通の空気は、何度も呼吸されて取り替えられていない密室の空気ほど不健康ではないと納得させられた。

——ベンジャミン・フランクリン

　企業は全世界で人材の奪い合いを繰り広げている。最高に優れた人材を集め、会社につなぎ止めておくために、何ができるだろうか？　それに、雇い入れた人々に最高のパフォーマンスを発揮する機会を与えるには、どうすればいいのだろう？　この問いに建物が大いに関係してくることがわかっている。建物こそが雇用と維持における差別化要因であり、従業員の生産性を最適に保つ鍵となる。では、個人的に見た場合、どんな環境で人は〝最高の自分〟になれるのだろうか？

　第3章で、室内で過ごす時間が健康に大きく影響することに加え、建物内の人的資本がビジネスコストの最大の要因であることを確認した。したがって、あなたのビルを管理する人物は、医者などよりもあなたの健康に強い影響力をもつと言える。そして、その人物はあなたの最高財務責任者と同じぐらい強い影響力を会社の収益にも発揮すると考えていい。

　そこで当然、「建物を私たちのために働かせるには、具体的には何をすればいいのだろう？」という疑問がわく。その答えは文字通り、私たちの〝鼻先〟にある。

　立ったままのミーティング、在宅勤務、従業員ボーナス、エンゲージメントプログラムなど、ワーカーの生産性を高めるためのヒントや秘訣については数多くの本が書かれている。しかしそのリストには必

ず、最も単純なことが欠けている。生産性に対する空気の質の影響だ。

　大切な要素として、人々に供給する新鮮な空気の量について見てみよう。ジョーが携わってきた何百件ものシックビルディングの医学的調査の多くで、問題の根源は不適切な換気であることが証明されている。実際、たとえ換気が根本的な原因でなくても、すべてのケースで問題を解決するために、換気を徹底的に調べる必要があった。

　ここで私たちが換気という場合、それは建物に取り込まれる新鮮な空気の量、つまり外気換気量を指している。数十年におよぶ研究の結果、換気が室内での健康を左右するおもな要因であることがわかっている。しかし、そんなことは何百年もの昔から言い伝えられてきたのだから、数十年もの研究は必要なかったはずだ。例えば、ベンジャミン・フランクリンはこう告白している。「私は新鮮な空気を敵とみなし、自分がいる部屋のあらゆる隙間を細心の注意を払って閉じてきた。しかし経験から、それが間違いだとわかった。私は、外からの普通の空気は、何度も呼吸されて取り替えられていない密室の空気ほど不健康ではないと納得させられた」[注1]

換気と認知機能──COGfxスタディ

　知識労働者の生産性を測る有益な指標となる認知機能に対して、空気の質がどれほど影響するかを調べるために、ジョーのヘルシービルディング研究チームが調査を行った。私たちはオフィスワーカーをシラキュース・センター・オブ・エクセレンスに集めて、2週間のうちの6日、私たちとともに高度に管理された疑似オフィスで過ごしてもらった。いつもの場所の代わりに、このオフィスに出社してもらい、9時から5時の平常業務をこなすとともに、コンセプトは単純ながらとても精巧にデザインされたCOGfxスタディ（認知機能テスト）を課した［注2］。

この調査の何が独特で興味深いかというと、被験者には伝えていなかったが、オフィス空間内の空気の質を毎日少しずつ変えていたのだ。檻にいつも違うものを入れるというのは、動物実験でよく用いられる手法なのだが、今回はそれを人間相手にやってみたということになる（あなたが「人間をモルモットにしたのか」と心配するといけないので付け加えておくと、この研究はハーバード大学の倫理審査委員会の監視下にあり、公衆衛生の研究という枠組みで参加者は保護されていた。研究プロトコルのすべては委員会により審査され、承認されている。参加者は誰一人としていかなる時点でも、健康を損なう事態には陥らなかった）。

　1日の終わりに、被験者たちがまだオフィスにいる状態で認知機能テストを行う。ニューヨーク州立大学アップステート医科大学のユーシャ・サティシュ率いるチームが開発し、すでに何千もの人々相手に利用されてきたテストで、認知機能の9分野のパフォーマンスを測る。次のリストを見れば、どれも知識労働者にかかわる貴重なスキルであることが納得できるだろう。

1　基本活動レベル
2　応用活動レベル
3　集中活動レベル
4　タスクオリエンテーション
5　危機対応
6　情報探索
7　情報使用
8　アプローチの幅広さ
9　戦略

　比較する相手は自分自身。他人との能力差は調べなかった。各自の

スコアがどう上下するか、という点にのみ関心があったからだ。大切なのは、これが二重盲検と呼ばれる調査だったことだ。参加者も、データを分析する者も、毎日部屋の空気が変えられていることを知らなかった。

では、私たちは毎日、空気の何を変えたのだろうか？　私たちは 3 つの要素が認知機能にどう影響するか調べた。換気、揮発性有機化合物（VOC）、二酸化炭素の 3 つだ。明言しておくが、特殊な条件やめったにお目にかかれないVOCをテストしたのではない。これら 3 要素について、どのビルで遭遇してもおかしくないようなレベルを設定してテストした。換気を例に見ると、現在の標準の倍量を換気すると何が起こるかなどを調べた。

換気量が多く、VOC濃度が低く、二酸化炭素が少ない、つまり最適な室内環境（次の図 4-1 の「グリーン＋」）にいる場合、9 つの認知機能領域のすべてにおいて、高次認知機能の劇的な改善が見られた。

この点をよく考えてみよう。オフィスに取り込む空気の量を増やすだけ——ほとんどのオフィスで簡単にできること——で、知識労働者の高次認知機能が数値に表れるほどはっきりと向上するのである。この結果を見たとき、アーバン・グリーン・カウンシルCEOのジョン・マンディックはその経済的意味をすぐに悟った。成果が表れるまで 1 年以上かかることもある会社ぐるみの業績向上プログラムなどとは違って、COGfxスタディを採用して実際に応用するのに学習期間は必要ない。そこにいるだけでいいのだから。さらに、都合のいいことに、換気量を増やすだけで建物内のVOCと二酸化炭素を低く抑えることができるのである。

この結果は、実際にはそれほど大きな驚きではないだろう。ベンジャミン・フランクリンに限らず、私たちの誰もが、室内環境でパフォーマンスが低下するのを経験したことがあるはずだ。あなたも日中に飛行機に乗ったら、疲れてもいないのにすぐに眠ってしまった経験があ

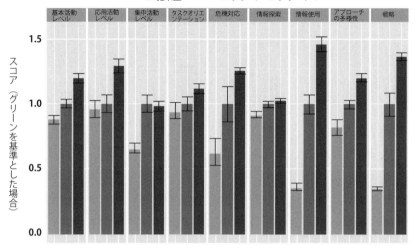

図4.1　3種類の建築条件における9つの領域の認知機能テストのスコア。出典：
Allen et al., "Associations of Cognitive Function Scores with Carbon Dioxide,"
Environmental Health Perspectives 124, no. 6 (2016): 805-812, figure 1.

るのでは？　その理由は、ほとんどの飛行機はゲート脇で駐機中に換
気システムが作動しないからだ。人の多い会議室で眠くなったこと
は？　多くの場合、換気が不十分なのだ。あなたは意識を汚れた空気
に、においに、室温に、そして……時計に向けてしまう。会議が終わっ
てドアが開いたとき、あなたは室内の命が息を吹き返すのを感じる。

　このように誰もが経験していることの影響の大きさを数値に置き換
えることが、私たちの調査の目的だった。私たちは誰もが知っている
ことを研究する学者だと言えるかもしれない。カジノはもうずっと前
から換気の大切さに気づいていて、客が長い時間眠くならずにゲーム
テーブルやスロットマシンの前に座っていられるように、どんどん新
鮮な空気を部屋に送り込み、気温も低めに保っている。

　COGfxスタディの結果は2015年に公表されるやいなや、不動産関
連の報道で大きく取り上げられた。『ウォール・ストリート・ジャー

ナル』は「室内空間が健康を増進することを科学者が証明」と、『ニュー
ヨーク・タイムズ』は「もっとグリーンで、もっと健康な職場」と見
出しを載せた。昔から屋外環境に重点を置くことが多い『ナショナル
ジオグラフィック』でさえ、「建物が健康を増進する 5 つの驚きの方
法」と題した記事を載せたほどだ。COGfxスタディは『ニューズウィー
ク』でも記事になった。同誌があえて選んだのは「オフィスの空気が
あなたを殺す」という恐ろしいタイトルだった。ウォータークーラー
の横に立つ死神の写真を添えて。こんな話をしているのは、自分たち
の研究が話題になったことを自慢したいからではない。ヘルシービル
ディングのよさを客観的に計測するという考えが、一般にも広く浸透
しつつあることを明らかにするためだ。ヘルシービルディングという
考えは、もはや学者だけのものではないのである。

　不動産業界からの関心が高かったため、ジョーは『ハーバード・ビ
ジネス・レビュー』に、研究成果を簡潔にまとめてヘルシービルディ
ングの経済的利点を説明した記事（「オフィスのよどんだ空気は生産
性を下げる」）を書いた［注3］。企業経営者たちに、室内空気と知的
生産性の間につながりがあることを伝えるのが目的だ。しかし実際の
ところ、私たちは調査結果にまったく驚いていなかった。過去 30 年
以上の研究を通じて、室内にもたらされる新鮮な外気の量（つまり換
気）が健康にとって極めて重要であるという事実が、何度も何度も証
明されてきたからである。一連の研究は、しっかりと換気することが
シックビルディング症候群を減らし、欠勤率を下げ、感染症予防にも
効果的であることを明らかにしている［注4］。

最低限では足りない

　換気とは、正確には何を意味しているのだろうか？　換気が公衆衛
生にそれほどまでに役に立つなら、どうして建物は慢性的に換気不足

なのだろう？　そのヒントを見つけるために、歴史をひもといて、私たちがこれまで何をしてきたのか、今後何ができるか、探ることにしよう。ウィリス・キャリアが1902年に空調設備を発明したとき、私たちが働く方法、時間、場所が一変した。最新の機械は、建物内への外気の取り込み方、屋外汚染物質のフィルター除去、除湿（または加湿）、気温の調整、建物利用者への空気の供給方法などを制御する。何より重要なのは、外気を取り込む方法だけではなく、取り込む〝量〟もコントロールしているという点だ。

　読者のなかにも知っている人がいると思うが、どのぐらいの量の外気が建物に供給されるべきかを示す業界基準が存在する。アメリカ暖房冷凍空調学会（ASHRAE）という基準設定機関が定めた。しかし、そのような基準について詳しい人でさえ、それらに重大な欠陥があることに気づいていない。

　ASHRAEの規格は「許容室内空気質のための換気」と呼ばれている［注5］。ここで重要なのは「許容」という単語だ。〝健康な〟室内空気質でも、〝適切な〟空気質でもない。その名が示すとおり、受け入れられる最低限を規定したに過ぎない（ASHRAE自身が、最低限の規格であることをいち早く認めている）。

　考えてみよう。私たちは健康と生産性にとって換気が何より大切なことを知っているのに、私たちが１日を過ごす空間は——多世帯住宅からオフィス、レストラン、学校にいたるまで——最低限の規格にしたがって換気されているだけだ。その最低限を上回る換気をすることが有益である事実が、たくさんの研究を通じて明らかになっているというのに。そのような許容基準を許容するわけにはいかない！

「エネルギーか健康か」は間違った選択

　どうしてこんなことになってしまったのだろうか？　そこには100

年もの年月が関係している。過去数十年で、〝許容〟される最低換気量は増えたり減ったり変動を続けてきた。目的は、エネルギーの消費量と快適さの適切なバランスを見つけること、言い換えれば、建物の気密性と新鮮な外気の量を最適にすること。ASHRAEも、この点については考えがまとまらないようで、過去30年にわたり独自の規格が〝健康にもとづく〟ものなのかエネルギーだけを念頭に置いた規格なのか、内部で議論を続けてきた（最近の考えでは、健康にもとづく規格だそうだ）。

　ASHRAEは数十年前から「快適線図」【監修注：より正確に言うと、「湿り空気線図」上に示された快適範囲】を公表している。この図が示す基準は、現在問題となっている粒子、重金属、二酸化炭素などといった空気に含まれる化学物質の多くが、まだ簡単には計測できなかった時代に制定された。その目的は、単純に気温と湿度の目標値を定め、暑い日や寒い日があるとしても1年の大半で気温と湿度をうまく調整できる設備をつくるヒントを、エンジニアに与えることにあった。

　機械による空調が始まってから約100年、その目標値は人間の知覚を、つまり「暑い（寒い）」や「ここはじめじめしている（乾燥している）」といった感覚を頼りにしていた。しかし、センサー技術やデータ管理方法が進歩したおかげで、私たちは吸い込む空気のなかに何が入っているかもわかるようになったし、それらの影響は「寒くてちょっと震えてきた」や「汗が出ない」以上のものであることも知ることができた。ところが、建物も同じように進歩をするべきだったのに、してこなかったのである。

　私たちはエネルギー効率を上げるために、100年にわって健康を犠牲にしながら換気量を増やしたり減らしたりしてきた。その結果、どこにたどり着いたのだろうか？　ASHRAEは、商業ビルの場合、1人につき、1分ごとの換気量としておよそ20立方フィート（20 cfm/person）（約0.56立方メートル＝33.6 m^3/h）を推奨している。【監修注：

日本では 1 時間値を用いる、日本の基準（建築基準法、建築物衛生法）は中央式空調設備を有する建物で 30 m³/h。】COGfxスタディの一環として、20 cfm/personと 40 cfm/personにおけるパフォーマンスの違いを調べたところ、40 cfm/personで一連の知的生産性がはっきりと改善することがわかった。

　ASHRAEによる現状の許容室内空気質規格にはもう 1 つ大きな問題がある。この規格が標準とみなされているので、ほぼすべての建物が最小値を目指して〝設計〟されているのだ。そして実際には、この最低基準すら満たせない建物も多く見つかる。つまり、ASHRAE規格は室内空気質の単なる許容値であるだけでなく、設計基準でもあるが、運用基準ではないのである。そのため、オープン初日のドアが開いている時間は最小限の許容レベルが満たされているが、次の日はどうかわからない、というビルがあまりにも多い。

　この点を数字で理解するために、換気の尺度として二酸化炭素を見てみよう（室内の二酸化炭素の大半は人間の呼吸に由来している）。ASHRAEの最低基準を満たしている場合、オフィス内の二酸化炭素濃度は 1000 ppm（パーツ・パー・ミリオン、百万分率）だと想定できる。しかし、多くのオフィスで頻繁にこの数字を上回る数値が計測されている。アメリカで〝問題が報告されていない〟100 棟のビルを調査したところ、95 パーセンタイル（少ない方から95％、多い方から5％のビル）の二酸化炭素濃度がおよそ1500 ppmだった［注6］。この数字は、多くのビルで二酸化炭素濃度が最低換気量の1000 ppmを超え、ビルの 5 パーセントでは基準の 1.5 倍を上回っていることを示している。

　換気量の少なさは、オフィスビルに限ったことではない。学校でも二酸化炭素濃度が1500 ppmを超えることが多い［注7］。具体的な例を挙げると、ローレンス・バークレー国立研究所のマーク・メンデルらがカリフォルニア州の 28 の小学校で 162 の教室を調べたとこ

ろ、平均の二酸化炭素濃度が1500 ppmを超えていた（ある地区では平均値が2500 ppmに近かった）［注8］。カリフォルニアだけが異常なのではない。テキサスでも、調査を行った 5 校に 1 校で、ピーク時の二酸化炭素濃度が3000 ppmを超えていた［注9］。同じような結果を、数十の他の調査も示している。すべてをひっくるめると、学術的に「問題アリ」とみなすことができる。アメリカでは 90 パーセントほどの学校が最少の換気量も満たせていないのだ。【監修注：日本の学校の基準（学校環境衛生基準）は1500ppm。日本でもこの基準を守れない学校は多い。特に、最近、熱中症対策等で学校の教室へのエアコン設置が進んでいるが、エアコンがつくと確実に窓開け換気の機会は減り、換気設備が設置されない教室では大半が基準を守られていないと考えられる。】

　同じことがあなたの寝室にも、車にも、ほとんどの飛行機にも言える。ちなみに、飛行機もASHRAEの換気規格を運用基準ではなく、設計基準とみなしている。ジョーのチームは米連邦航空局お抱えの研究教育拠点の 1 つとして、飛行機客室内の空気の質を調べたことがある。その結果、搭乗時には二酸化炭素の最高値が2500 ppmにまで上昇することがわかった（航行中は1500 ppm）［注10］。昼間でも搭乗後に眠くなるのは、この高い値のせいかもしれない。この結果よりも興味深いデータがある。COGfxスタディの結果を見たジョーのチームは、今度はパイロットとフライトシミュレータを使って、同じような調査をしてみたのだ。現役の旅客機パイロットにシミュレーション用のコックピットに入ってもらい、空中衝突の回避、エンジンの出火による緊急の離陸中止、エンジンの 1 基が停止した状態での着陸など、21 種類の高度な操縦をやってもらった。そしてその際に、コックピット内にさまざまな濃度の二酸化炭素を送り込んだのである。すると、コックピットの二酸化炭素濃度が高まると、パイロットは難しい操縦で失敗しやすくなることがわかった［注11］。

　要するに、私たちは 1 日中、最低限の許容換気量も満たしていな

い部屋にいて、そのせいで能力が引き出せないでいることが科学的に証明されたのだ。

換気量を増やすことによる利益への影響

ここからは換気の科学と知的生産性（おもに集中と情報の活用と戦略）の測定を組み合わせることで、ビジネスにどのような影響を与えることができるか、見ていくことにする。そのためにまず、ヘルス・アンド・ウェルス（H&W：健康と富）という会社があると想像してみよう。次ページに示す表が、その架空の会社の損益計算書だ。

知識労働者が中心の他の会社と同じで、H&W社でも総経費の3分の2以上を給与が占めている。第3章で紹介した3‐30‐300のルールに従って、給与が300万ドル、賃料は30万ドル、そして公共料金は全体のわずか0.5パーセントに過ぎない3万ドルと想定できる（サービス業者のなかにはもっと高い比率を誇る企業も存在するが、この例では収益を給与の2倍と想定している）。

グリーンビルディング運動の初期、多くの企業がエネルギーの効率に目を向けた。もちろん、それ自体は価値のあることではあるが、エネルギー効率を高めたところで、典型的なオフィステナントにとって、利益には大きな差をもたらさない。

例えば、H&W社がかなりの省エネに成功して、公共料金（その大半がエネルギー費）が20パーセント減ったと考えてみよう。それを示すのが表4.2だ。

その結果として得られる利益（税引後純利益）の変化は0.5パーセントにも満たないのである。オフィスの管理者にはただでさえやることが多いのだから、その程度の節約にしかならないのだったら努力するだけ無駄だ、と彼らの多くが考えるのも当然のことだろう。

そこで、給与関連項目に注目してみよう。結局のところ、給与が他

表4.1　ヘルス・アンド・ウェルス社（H&W）の損益計算書

ベースラインとなる前提		
従業員数	40	
平均給与	$75,000	
収益に対する給与の比率	50%	

	ベースライン	収益比
収益	$6,000,000	
給与	$(3,000,000)	50.0
賃貸料	$(300,000)	5.0
公共料金	$(30,000)	0.5
その他支出	$(1,000,000)	16.7
税引き前純利益	$1,670,000	27.8
税（30%）	$501,000	8.4
税引後純利益	$1,169,000	19.5

表4.2　エネルギーの節約を加味したH&Wの損益計算書

ベースラインとなる前提	
従業員数	40
平均給与	$75,000
収益に対する給与の比率	50%
（X）　もしも？	影響
運用コスト（エネルギー）	-20%

	ベースライン	運営費の変化		（X）　ヘルシービルディングを選ぶことで生じる変化 ベースライン＋省エネ
収益	$6,000,000			$6,000,000
給与	$(3,000,000)			$(3,000,000)
賃貸料	$(300,000)			$(300,000)
公共料金	$(30,000)	-20%	$6,000	$(24,000)
その他支出	$(1,000,000)			$(1,000,000)
税引前純利益	$1,670,000			$1,676,000
税（30%）	$501,000			$502,800
税引後純利益	$1,169,000			$1,173,200
変化				0.36%

を圧倒して最大のコスト項目なのだから。

　まずコストの面から考えて、従業員が十分な換気量のおかげで少し元気になったと想像してみよう。その場合、欠勤が減ると考えられる。そう考えるのはただの妄想なのだろうか？　それとも、欠勤が減るという科学的根拠は存在する？

表 4.3　欠勤日の減少を加味したH&Wの損益計算書

ベースラインとなる前提	
従業員数	40
平均給与	$75,000
収益に対する給与の比率	50%
（X）　もしも？	影響
給与効果：健康*	-1%

*マークの項目がこのモデルの新項目

	ベースライン	（X）　ヘルシービルディングを選ぶことで生じる変化		ベースライン＋ヘルシービルディング
		運用コストへの影響	給与効果：健康	
収益	$6,000,000			$6,000,000
給与	$(3,000,000)	-1%	$30,000	$(2,970,000)
賃貸料	$(300,000)			$(300,000)
公共料金	$(30,000)			$(30,000)
その他支出	$(1,000,000)			$(1,000,000)
税引前純利益	$1,670,000			$1,700,000
税（30%）	$501,000			$510,000
税引後純利益	$1,169,000			$1,190,000
変化				1.8%

　実は証拠が見つかっているのだ。メリーランド大学の環境衛生学の教授であるドン・ミルトンが、健康的な建物では、病気が理由の欠勤が毎年 1.6 日少なくなると証明した［注12］。では、この研究で言う「健康的な建物」とは何を意味しているのだろうか？　その通り、換気量の多さだ。

　この事実をよりよく理解するために、毎年 250 日の出勤日があるとしよう（週 5 日を 50 週間で 250 日）。四捨五入してワーカー 1 人につき病欠日が 2 日減ると考えると、これは年間出勤日の 1 パーセントに相当する。ここで「給与効果：健康」を加味した損益計算書（表 4.3 ）を見てみよう。それを見れば、この 1 パーセントが架空のH&W社にとって何を意味しているかがわかる。

　このような控えめな計算でも、病欠日を減らすことで得られるコストの節約額は、公共料金の合計額に相当するのである。節約は利益に

つながるため、この時点ですでに純利益がほぼ2パーセントも増えたことになる。

　想像してみよう。この2パーセントに上乗せして、すでに証明されている知的生産性――おもに集中力、情報操作、戦略――の上昇がもたらされるのである。つまり、もうけに直結する時間も、顧客との契約も、サービスの販売数も増えるのだ。どのビジネスにとっても、見過ごせない違いだ。他の研究を通じて、室内の空気の質をよくすることで、認知機能の向上に加えて、生産性も2パーセントから10パーセントは上がると推測されている［注13］。

　H&W社の場合、生産性が最低レベルの2パーセントしか上がらなかったと想定してみよう。それが表4.4の「生産性の向上」だ。〝換気〟というヘルシービルディングのたった1つの項目を改善するだけで、事業には9パーセントという大きな利益増がもたらされるのだ。

　まだ終わりではない。換気量を増やすとエネルギーの消費量が増える。この点をないがしろにしていては、省エネ推進者がこれまでの分析に納得しないだろう。では、換気量を倍にすれば、エネルギーのコストにどれだけの差が生じるのだろうか？　ジョーのヘルシービルディング研究では、アメリカ全土の気候や建物のタイプを考慮に入れて換気量を 20 cfm/personから 40 cfm/personに上げたときのエネルギーコストをモデル化した。その結果割り出された数字は、極端に暑いまたは寒い気候の最悪のシナリオで1人当たり年間 40 ドルの増額だった（その建物がエネルギー効率の高い技術を備えている場合は、1人当たり年間で1桁の数字にまで下がる）［注14］。

　私たちの例では、H&W社はエネルギー効率を高める工夫をしないまま換気量だけを 40 cfm/personに増やしたため、1人当たり年間 40 ドルの出費になったと考えよう。結果、年間1600ドルの運用コスト増につながる。それでもまだ、テナント会社にとっては、換気量を増やすことが大きなプラスにつながることがわかる。

表 4.4　生産性の向上を加味したH&Wの損益計算書

ベースラインとなる前提	
従業員数	40
平均給与	$75,000
収益に対する給与の比率	50%
（X）　もしも？	影響
給与効果：健康	-1%
収益効果：生産性の向上*	2%

*マークの項目がこのモデルの新項目

	ベースライン	運用コストへの影響	給与効果：健康		生産性の向上：健康		ベースライン＋ヘルシービルディング
					（X）　ヘルシービルディングを選ぶことで生じる変化		
収益	$6,000,000				2%	$120,000	$6,120,000
給与	$(3,000,000)		-1%	$30,000			$(2,970,000)
賃貸料	$(300,000)						$(300,000)
公共料金	$(30,000)						$(30,000)
その他支出	$(1,000,000)						$(1,000,000)
税引前純利益	$1,670,000						$1,820,000
税（30%）	$501,000						$546,000
税引後純利益	$1,169,000						$1,274,000
変化							9.0%

　最後に、このモデルには利益を共有する余地もある点に注目しよう。例えば、経済的なプラスを大家と分け合うと想定してみる。大家と利益を共有することで、最初の建設費、テナントスペースの何を誰が支払うか、運用コストの分配などで調整の範囲が広がる。

　この例の場合、生産性の向上により増えた収益、人々が健康になったことでできた節約、エネルギーコストの増加などを理由に、家主は賃貸料に 10 パーセントの〝上乗せ〟を求めることができるかもしれないが、会社はそれでも利益を 8 万ドルドル以上増やすことができるのである。最初の純利益が 110 万ドルほどでしかなかった会社にとっては、かなり大きな額だ。この例が示すように、家主との利益分配は可能であるし、それを通じて、第 1 章で紹介したような「健全な不動産投資のパラドックス」をなくしてウィン・ウィンの関係を築くことができる（第 5 章で不動産業界における利害の分断について

表 4.5　すべてのコストと利益を含めたH&Wの損益計算書

ベースラインとなる前提	
従業員数	40
平均給与	$75,000
収益に対する給与の比率	50%
（X）　もしも？	影響
運用コスト（エネルギー）＊	$40/人/年
給与効果：健康	-1%
収益効果；生産性の向上	2%
＊マークの項目がこのモデルの新項目	

	ベースライン	運用コスト への影響	給与効果：健康		生産性の向 上：健康		ベースライン＋ヘル シービルディング
収益	$6,000,000				2%	$120,000	$6,120,000
給与	$(3,000,000)		-1%	$30,000			$(2,970,000)
賃貸料	$(300,000)						$(300,000)
公共料金	$(30,000)	$(1,600)					$(31,600)
その他支出	$(1,000,000)						$(1,000,000)
税引前純利益	$1,670,000						$1,818,400
税（30%）	$501,000						$545,520
税引後純利益	$1,169,000						$1,272,880
変化							8.9%

（X）　ヘルシービルディングを選ぶことで
生じる変化

深く掘り下げ、なぜこの種の交渉を通じた価値の分配がやっかいで、なおかつ重要な問題なのか論じることにする）。

　すでに述べたように、換気量を増やすことで 2 パーセントから 10 パーセントほどの収益増が期待できることが、調査を通じて明らかになっている。では、生産性と健康の向上で得られる収益増が、これまで想定した 2 パーセントではなくて、3 パーセントだったとしたらどうなるのだろうか？

　その結果は衝撃的だ。なぜか。（おもに換気のために）エネルギー支出を増やし、しかも（健康な空気を取り入れるために建物をデザインして設備も整えたので、大家はより裕福なテナントを集めることも、特別な設備を理由に追加料金を求めることもできるので）家賃が高くなったとしても、それでも知識労働者が中心のコンサルタント会社は、

表 4.6　関係者に利益を分配した場合のH&Wの損益計算書

ベースラインとなる前提	
従業員数	40
平均給与	$75,000
収益に対する給与の比率	50%
（X）　もしも？	影響
運用コスト（エネルギー）	$40/人/年
給与効果：健康	-1%
収益効果；生産性の向上	2%
賃貸料の値上げ*	10%

*マークの項目がこのモデルの新項目

	ベースライン	（X）　ヘルシービルディングを選ぶことで生じる変化			ベースライン＋ヘルシービルディング
		運用コストへの影響	給与効果：健康	生産性の向上：健康	
収益	$6,000,000			2% $120,000	$6,120,000
給与	$(3,000,000)		-1% $30,000		$(2,970,000)
賃貸料	$(300,000)	10% $(30,000)			$(330,000)
公共料金	$(30,000)	$(1,600)			$(31,600)
その他支出	$(1,000,000)				$(1,000,000)
税引前純利益	$1,670,000				$1,788,400
税（30%）	$501,000				$536,520
税引後純利益	$1,169,000				$1,251,880
変化					7.1%

純利益を 10 パーセント以上—— 116 万9000ドルから 129 万3880ド
ルへ——も増やせるのである。

　このような大ざっぱな「仮定」分析は、不動産業界では一般的に行
われている。カーペットの交換、屋根の改装、ロビーに大理石、共用
スペースにデイケアセンターの開設、ガレージに自動車用充電器の設
置など、家主は頻繁に、さまざまな改善について決断しなければなら
ない。このような 1 回限りの投資が特定できる形で家賃の増加に反
映されることはめったにないが、テナント側は窓や仕上げや騒音など
の要素がどれぐらいの価値をもち、賃貸物件の魅力にどれほど影響す
るかある程度把握できる。家主や投資家はそれらの計算をしながら、
どの要素を採用してどれを除外するかを決める。家主やテナントが行
うそのような計算において、私たちが行ったヘルシービルディングの

表 4.7　生産性と健康の向上をすべて加味したH&Wの損益計算書

ベースラインとなる前提	
従業員数	40
平均給与	$75,000
収益に対する給与の比率	50%

（X）　もしも？	影響
運用コスト（エネルギー）	$40/人/年
給与効果：健康	-1%
収益効果；生産性の向上*	3%
賃貸料の値上げ	10%

*マークの項目がこのモデルの新項目

	ベースライン	運用コストへの影響		給与効果：健康		生産性の向上：健康		ベースライン＋ヘルシービルディング
						（X）　ヘルシービルディングを選ぶことで生じる変化		
収益	$6,000,000					3%	$180,000	$6,180,000
給与	$(3,000,000)			-1%	$30,000			$(2,970,000)
賃貸料	$(300,000)	10%	$(30,000)					$(330,000)
公共料金	$(30,000)		$(1,600)					$(31,600)
その他支出	$(1,000,000)							$(1,000,000)
税引前純利益	$1,670,000							$1,848,400
税（30%）	$501,000							$554,520
税引後純利益	$1,169,000							$1,293,880
変化								10.7%

利点の数値化も考慮に入れるべきだと、私たちは主張したい。

　ここで例として示した数字は、直感的でつじつまが合っている。しかし読者のなかには、「本当にそんなに収益が増えるのか？」と疑っている人もいるだろう。もしも、換気を超える健康と幸福に関する客観的な対策が証明され、実際に応用もできるとしたら、どうだろうか？

　次章以降、不動産という荒々しい世界でさえ、それが可能であることを明らかにする。

第5章
価値の創造と収穫

組織化はプロセスであり、組織はそのプロセスの結果である。

———エリノア・オストロム

　換気だけをとってみてもそれだけすばらしい効果があるのなら、な
ぜ市場はもっとヘルシービルディングの価値を引き出そうとしないの
だろうか？　その答えは利害の分断にあると考えられる。「テナント
であるあなた方の生産性を上げるために、どうして家主である私が光
熱費を余分に支払わなければならないのだ？」。このような断絶は商
業用ビルだけに見られることではない。学校や市役所のような公共の
建物、大学や病院のような施設、あるいは集合住宅も例外ではない。
誰もが克服すべきだと思うし、克服できるとも思えるが、そこにはな
かなか乗り越えられない壁があるのだ。

　このあたりの事情を本当に理解するために、建物に関する意志決定
に誰が関係してくるのか、ひとまずおさらいすることにしよう。ヘル
シービルディング運動に市場が反応しない理由は複雑に入り組んでい
るが、次の4つの要因に帰結できる。情報、惰性、既存のプレーヤー
（既得権益者）、利害の4つだ。

　情報は説明するまでもないだろう。室内の空気が健康になればどれ
ほどの影響が生じるか、人々は単純に知らないのである。この点につ
いて、本書がこれまで論じてきたので、ここからは他の要因について
考えることにしよう。

惰性——複雑な数兆ドル規模の市場

　不動産業と建設業は世界最大級のビジネス分野かつ投資対象だ。全世界でおよそ 9 兆ドルが新規建設に費やされていて、この額は増えつつある。アメリカの国内総生産の半分に相当するほどの額だ［注1］。住宅、商業用ビル、空港、道路、発電所などは、数百兆ドル規模の資産に相当する。持ち家のある人にとっては、その家が最大の資産だ。その一方で、この業界は非常に複雑でもある。どの建築計画にも、承認当局、建設業者、設備業者、内外装業者、住宅ローン業者など、たくさんの事業者がかかわっている。他の業界と違うのは、建築物は完成したら容易には動かせない点だ。建物は車や携帯電話などよりも輸送がはるかに難しい。

　それに高額でもある。セントルイス連邦準備銀行の発表によると、アメリカ国内における住宅の平均販売価格はおよそ 40 万ドル（中央値は 19 万ドル）［注2］。しかし、高層オフィスビル、空港、発電所などになると、〝10 億〟ドルを超えるのが普通だ。また、つくられる建物はほとんどの場合で唯一無二。建てる場所もまちまちなら、クライアントも自分なりの要求をしてくる。比較的安価な建売住宅やファストフード店舗や倉庫は別だが、高層オフィスビルや大型建築物が他のビルとうり二つなどということはめったにない。最後に、家やビルは長持ちするという特徴もある。携帯電話や自動車やコンピュータと違って、新しいモデルが出たからといって古い建物が〝引退〟に追い込まれることはない。アメリカで持ち主が住んでいる住宅の半数以上が1980年以前に建てられたもので、平均年齢は 37 年だ［注3］。

　これらの要素が作用し、多大な資本が集まり、細分化していて（たくさんの小さなプレーヤーが群がっていて）、リスク回避的な業界ができあがっているのである。それらのプレーヤーのあいだで惰性が働くため、業界は身軽さを失っている。この状況を打開するには、不動

産および建築市場をいくつかのおもな領域に切り分けて、それぞれに
適切な対応を見極めていくのがいいだろう。

　まずは地理的条件。その構造物は先進国にある？　それとも開発途
上国？　都市？　農村？　土地の所有権は法的に確認されている？
されていない？　人口密度の高い汚れた都会？　開けてきれいな環
境？　これらがすべて、ヘルシービルディングへの投資について考え
るときのヒントになる。

　次に使い方。全世界で最も数が多い建築物は一戸建て住宅だ。それ
に集合住宅、オフィス、小売店舗、サービス施設、産業（倉庫）が続く。
数多くの政府機関や非営利団体がオフィスや住宅を所有している。そ
の他にも、病院、教室、図書館、裁判所、研究所、刑務所などを所有
していることも多い。さらに道路、橋、パイプライン、水処理場、発
電所、港、空港など、大型のインフラもある。これらの資産すべてが
それぞれ独自の特徴をもち、構造も、見た目も、内装も、駐車場需要
も違う。もちろん、換気やエネルギー需要も同じではない。

　読者のなかには、オーナーのタイプと建物のタイプのあいだに共通
項が多いことに気づいた人もいるだろう。実際、業界や投資分野でお
もに用いられるオーナーの分類は建物のタイプにもとづいていて、大
ざっぱに言うと、「一戸建て住宅」、「多世帯住宅（アパートやマンショ
ン）」、「一般建築（オフィスビルなど）」、「博物館・大学・学校・病院」、
「庁舎（地方の公民館からペンタゴン（米国国防総省）にいたるまで）」
に分けられる。そして最後のグループが「非居住・非建物の土木構造物」
だ。道路、発電所、運河、橋などである。繰り返しになるが、一戸建
て住宅のオーナーの考え方はペンタゴンのそれとは違う。ペンタゴン
の視点は有料道路の運営者のそれとも違う。したがって、健康な室内
空気の大切さも、健康な室内空気が大切であると認める能力も、室内
の空気を健康にするために支払う能力も、それぞれ異なっているので
ある。

既存のプレーヤー――動機を理解する

　以上のような分類は、建設業者、オーナー、投資家、金融業者がマーケティング計画を立てる際に役に立つだろう。しかし、イノベーションがどのように起こるか、ベストプラクティスがどう発展するか、空気の質に関する意志決定に何が影響するかを理解するには、建築業界のもう1つの特徴のほうが重要になる。業界の付加価値システムの仕組みを知っていなければならないのだ。それを理解することが、戦略や戦術に役立ち、旧態依然としたプレーヤーをどこへ排除し、変化に対する耐性をどう克服するかを知る鍵になる。

　業界の付加価値システムは、サプライチェーンやバリューチェーンと呼ばれることもある。例として農業を見てみよう。農業では次のような生産の流れがある。

　　種を買う　→　農家が植え、栽培し、収穫する　→　穀物を保管する
　　→　穀物を工場へ送る　→　朝食用シリアルを生産して箱に詰める
　　→　箱を店舗に出荷する　→　店が棚に並べる　→　人々がシリアル
　　を買って消費する

　この例では、生産が左から右へ、上から下へ、現金が右から左へ、下から上へと流れる。人々が店に代金を支払い、店がメーカーに支払う。メーカーは農家に支払いを行う、という流れだ。例えば朝食用シリアルの消費量はほぼ一定であるため、食品産業のシステムは継続的に流れる（ただし季節により育つ穀物が違うため、保管は必要）。

　しかし、サプライチェーンははるかに複雑になることがある。例えば、農家がある時点で農地を買ったり借りたりすることもあるだろうし、肥料や農薬、農耕機具（農機具）や燃料を買うこともあるだろう。チェーンのどこかで借金をしているかもしれない。それらすべてで契

約が結ばれるため、弁護士、保険会社、銀行、ブローカーなどに対する支払いも発生する。コーンフレークがあなたの食卓に上るまでに、それだけのことが行われているのである。

続けて、新しい大きな高層オフィスビルについて考えてみよう。大ざっぱに言うと、主要プレーヤーを率いるのは開発者あるいはプロモーターと呼ばれる人で、彼らが土地を管理し、財源を確保し、建築の設計者や技術者に声をかけ、建築業者や請負業者を雇い入れ、できあがった建物内の空間をテナント企業に貸し出す（そしてテナント企業がその建物で多くの時間を働いて過ごす人々を雇用する）。サンフランシスコにあるセールスフォース・タワーの場合、セールスフォースはいわゆるアンカーと呼ばれる最重要テナントで、その名がビルの名前にも使われているが、開発者はボストン・プロパティーズとハインズだ。ハサウェイ・ディンウィディーとクラーク・コンストラクションが総合建設請負業者（ゼネコン）、CBREが不動産業者、ヘリック・コーポレーションが1万トンの鉄骨をつくり、コンコがコンクリート業者だ。

もちろん、実際はもっと複雑になる。ゼネコンは、掘削や基礎づくり、鉄骨やコンクリート、あるいはレンガ、窓、屋根、配管、暖房、換気、空調、さらには仕上げ材であるカーペット、石や木のフローリング、木材やレンガやガラスや石膏の壁、壁を覆う塗装など、一連の専門工事業者を雇い入れる。暖房も換気も、ダクト、配管、配線、断熱、空調制御、空気調整などとといった下位の専門業者に依存しているし、当然、ポンプや冷却装置のような大型設備や、ファン、ガラリ、スイッチなどの小型設備も必要となる。ポンプや冷却装置のメーカーは付加価値システムの下流にいるように思えるかもしれないが、キヤリア、トレイン、ジョンソン・コントロールのような大企業は空調メーカーとして、板金、シリンダーブロック、スパークプラグ、ボルト、ベアリングなどからなる独自の生産体制の頂点に君臨している。

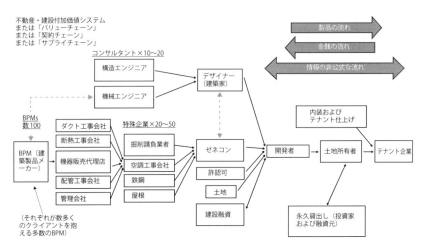

不動産・建設付加価値システム
または「バリューチェーン」
または「契約チェーン」
または「サプライチェーン」

製品の流れ
金銭の流れ
情報の非公式な流れ

コンサルタント×10〜20
構造エンジニア
機械エンジニア
デザイナー
（建築家）

BPMs
数100
ダクト工事会社
断熱工事会社
BPM（建
築製品メ
ーカー）
機器販売代理店
配管工事会社
管理会社

特殊企業×20〜50
掘削請負業者
空調工事会社
鉄鋼
屋根

ゼネコン
許認可
土地
建設融資

内装および
テナント仕上げ

開発者
土地所有者
テナント企業

永久貸出し（投資家
および融資元）

（それぞれが数多く
のクライアントを抱
える多数のBPM）

図 5.1　典型的な新規オフィスビルの建設の際の不動産と建設業界の付加価値の流れ

　付加価値システムのもう 1 本の支流として、少なくともアメリカの商用建築モデルでは、設計を挙げることができる。数十億ドル規模のオフィスビルの例として、ふたたびセールスフォース・タワーを見てみると、同ビルの場合はペリ・クラーク・ペリのような有名どころが〝デザイン〟建築士を務め、ケンダル・ヒートンが（実際の契約書を作成する）〝責任をもつ設計者〟の任を負い、加えてサンフランシスコのように地震の多い地区を得意とするマグヌッセン・クレメンシック・アソシエイツやWSPのような機械デザインチームも関与した。その他多くの特殊分野コンサルティング会社が造園、カーテンウォール、セキュリティ、音響、照明、フードサービス、エレベーターなどを担当した。

　設計および建設チームは、地震、日影、駐車場、出口、アクセシビリティなど、さまざまな側面をカバーする建築規格（とASHRAE基準）の監視対象になる。実際のところ、そのような製品フローとキャッシュフローのシステムを網羅するには、大規模な監視と規制および検査体制が必要だ。何十万もの専門家が図 5.1 の〝契約の鎖〟には含ま

108

れていないが、それでも資格も影響力もあるれっきとした業界団体の
メンバーとして働いている。ビル検査士、土地区画規制法立案者、商
業金融業者、コンサルティングエンジニア、保険ブローカー、弁護士、
会計士、数理士、保険会社などだ。これら関係者のすべてが、大きな
視点では業界全体の組織化と標準化に、小さな視点では具体的なプロ
ジェクトの促進に貢献している一方で、数多くの二次的なエコシステ
ムが存在しているという事実自体が、業界から軽快さを奪ってしまっ
ている。そのため、すでに業界に長くいて、専門知識も人間関係も豊
富な者たちに明らかに有利な仕組みになっている。

　付加価値システムのもう一方の端には、金融で表される 2 本目の
鎖がある。郊外の小さなオフィスビルの場合、1 人のオーナーと唯一
のテナント会社が 1 つ屋根の下にいて、建築費も 1 つの地方銀行か
らのローンでまかなうケースが考えられる。しかし、アメリカの都市
部にある 10 億ドルを超える規模のビルの場合、数十、数百のテナン
トが入っている。数十のパートナーや企業が契約上のオーナーとして
名を連ねていることもあるし、抵当権も、それぞれが異なる権利をも
つさまざまなノンバンク金融業者に分割されていることもある。抵当
権が不動産担保証券のような金融製品に変えられていることもあるだ
ろう。例を挙げると、ボストン・プロパティーズはヴァンガード、フィ
デリティ、JPモルガン・チェース、シュワブ、パトナムを最大の株
主としている。そのような金融投資家には受託者としての義務があ
るので【監修注：信託上の観点から】、自らの投資ポートフォリオのパ
フォーマンスに関心をもつ。言い換えれば、彼らにとっては、そのビ
ルのなかで働く人々の健康や生産性は——収益に影響が出ない限りは
——直接の関心事ではないのである。

　おそらく最も重要なのは、建設プロジェクトに関するこのダンスは
1 回きりでおしまいだという点だろう。関係が築かれ、契約書にサイ
ンし、材料がつくられ、労働が行われ、そして、プロジェクトが完了

すると、パーティーは解散し、それぞれ次へ向かっていく。要するに、もう1度繰り返すが、10億ドルのビルを建てるのは、4万ドルの車を毎年2万5000台つくりつづけるのとはまったく異なる行為なのである。

それがヘルシービルディングとどう関係するのか?

　業界が上記のような利害関係者で構成されている事実が、2つの点で重要になる。金融とリスクだ。最もわかりやすい例はこうだ。私（テナント）の役に立つために、他の誰か（家主）が出費を増やさなければならないのなら、私はその誰かが実際にそうすると期待できるだろうか?　この問いに対する1つの回答として、私たちは第4章で、建物を使う人が得る利益があまりにも大きいため、それを分け合うことができると示した。ヒューストンにあるウェルス・ファルゴ・プラザのような170万平方フィート（約15万8000平方メートル）のビルの場合、おそらくおよそ6000人の人が活動していて……その全員が、起きている時間の大半をそこで過ごしている。ヘルシービルディング運動がターゲットにしているのは彼らだ。

　2つ目の側面はリスク。エンジニアや空調業者は建築規準を満たすことで訴訟に巻き込まれるのを防ごうとする。その一方で、故障した設備を直すために呼び出されるのは好まない。空調設備の一部は、比較的安価で購入できるが、いったん天井に設置され、パイプやダクトに接続され、なおかつユーザーが室内にいると、修理費はとても高額になることがある。何かがうまくいかなくなったとき、そのせいで人前にさらされるのなら、イノベーションに力を入れるよりも古くても確実な手段に固執するほうが、会社にとってははるかに安全なのだ。これも一種の惰性であり、惰性は強力だ。

　しかし、ヘルシービルディングには実績のない新技術はいらない。

多くの場合、基準を上回るために標準的な技術の性能をアップさせるだけでいい。本書で、室内空気質の健康および知的生産性向上効果の証明を読んだ人々が、最終的に健康な空気を求めるようになることを望んでいる……そしてその要求が上へともたらされ、人々に今すぐ恩恵を授けるための支払い意欲が少し高まることを。

（分断した）利害──誰が勝ち、誰が負ける?

　最も困難な例として貸しビルとしての不動産をインセンティブの点から見てみよう。不動産の難しさは、家主がビルの建設と運営の費用をできるだけ低く抑えようとすることにある。テナントがエネルギー（と従業員の健康）関連の費用を負担している場合、家主にとっては家賃や直接の支払いなど、何らかの形で回収できないのであれば、健康な空気のために出費を増やすことに何のうまみもない。これがエネルギー効率に関する議論で頻繁に問題になる利害の分断だ。「所有者はどうして初めからもっとエネルギー効率の高いビルを建てないのだろうか?」。その答えは、「費やした資金や労力に見合った見返りがないから」。〝良い〟ビルに〝良い〟空間をつくることが双方の利益につながることに気づくほど良い家主・テナント関係はめったにない（そのようなテナントは〝良い〟空間の重要さを知っていて、そのために余分に支払うことに前向きだ）。

　この意味でよく知られているのはテナントであるリー・アンド・ファンと家主に相当するエンパイア・ステート・ビルの関係だろう［注4］。両者が出資して窓や断熱などの建物の改善を行ったことに加え、テナントはさらに、より効率的な照明、夜に自動で切れる電源、日光をオフィス空間に効率よく導くインテリアデザインなど、独自の省エネ策も講じた。

　しかしこの例は、ニューヨークで極めて賢明な家主からおそらく世

界で最も有名なオフィスビルの空間を長期リースしている、業界トップクラスの裕福なグローバル企業の話だ。広大で、なおかつその土地土地でバラバラに活動する不動産業界では、エリート都市の〝A級投資〟のやり方を、収益が少なくてエネルギー費用のわずかな増額でも懐が痛む小さな会社が使っている小都市の〝C級〟ビルにまで広めるには、まだまだ時間がかかるだろう。しかし、だからこそ、私たちはこの本を書いたのである。そのような会社こそ、従業員の健康にもっと気を遣うべきだからだ。生産性と健康の向上が収益増（と従業員へのちょっとしたボーナス）につながるのは有名なビルに限られた話ではない。どこでも同じだ。

　オーナーも同居しているビルでは、もう１つ別のタイプの利害の分断が生じる。そこでは、家主とテナントで立場がまったく異なる、わかりやすい形の利害の分断は生じない。しかし、病院や大学などの大組織では、多くの場合、さまざまな部門に意志決定やインセンティブが託される。例として、数年前にエネルギー効率を高める目的の投資を検討していたボストン地域にある大学（ハーバード大学ではない）を見てみよう。資本コストを担う建設グループが、競争力のあるプロジェクトのデザイン、入札、実施を託されていた。グループは、ライフサイクルコストについて深く検討することはなかった。一方、別のオフィスの運用スタッフが、メンテナンス、修理、清掃……そして照明、冷暖房、研究設備のエネルギーの予算を管理していた。彼らは建設には何の口出しもできないが、エネルギー費用に関しては責任を担っていた。

　物事を単純にするために、この組織は照明と冷暖房の費用を、すべての学部に対して、それぞれの学部が使用している面積に応じて一律に請求していた。各学部の使う建物の条件や築年数は考慮しなかった（電気料金はオフィスと実験室に分けて別々に請求した）。学部や学科が使うスペースを自ら選べるわけではないので、このやり方は一見

112

フェアに思える。しかし、研究者や学部長や助成金申請者が資金を得たとき、その資金がエネルギー効率の向上に使われることは1度もなかった。自分が苦労して手に入れた助成金を、全ユーザーに等しく有益な事柄に振り分ける理由などあるだろうか？　このケースは利害が分断しているだけでなく、逆向きになっている。自分たちのスペースのエネルギー効率を上げるために資金を使えば、研究用の資金が減るだけなのだ。

　ハーバード大学も、かつては同じような利害の不一致を経験していた。しかし、同大学は自らのグリーン回転基金を用いることで、その問題の対処に成功した［注5］。その基金はもともと学長室の自由裁量資金から派生したもので、目的は、基本的には3年から4年ぐらいの期間で経済的にプラスになる投資ができるように、学部に資金を直接融資することだった。学部はそれを使って設備を改善することができた（基金からの融資を使って業者に支払いをしたり、修理をしたりすることができた）。省エネ効果が測定され、節約できた資金は融資額と利子の返済に向けられた。返済が済めば、また基金を利用することができる。

　実際のところ、これは基本的に会計の問題だと言える。ある組織への〝貸付〟は、同じ大きな財務報告書の別項目での節約を通じて〝返済〟される。基金の存在がこの問題に光を当てたため、縦割りのやり方が克服され、エネルギー効率の向上につながった。

　ここで、大学におけるエネルギー効率化の資金繰りを紹介したのには3つの理由がある。1つ目は、室内空気質をよくすることで得られる生産性と健康の利点は、効率的なエネルギーのもたらす経済的な利点を間違いなく上回るという事実を示すため。2つ目は、利害の不一致は商業における家主とテナント企業の関係だけに起こる問題ではなく、同じ大学（あるいは病院や博物館）内の建設予算、運営予算、部門予算などでも生じるという事実を示すため。3つ目は、〝回転基

金〟は、健康とウェルネス、そして生産性の実証可能な向上につなが
る建物環境の改善に利用することができるという点を説明するためだ。

それでも費用が心配

　ここまで、健康と生産性の経済価値について考え、利害の分断（商
業ビルなど）や不一致（博物館、大学、学校、病院など）への対処法
を見てきた。しかし、ここで言うコストとは、具体的には何を指して
いるのだろうか？
　コストには、実コストと感覚コストの 2 種類がある。換気量を増
やすという単一の介入を例に、実コストを見てみよう。第 4 章で述
べたように、私たち独自のモデルでも、他の調査でも、アメリカで換
気量をASHRAEの規格の倍に増やすと、1 年につき 1 人当たりおよ
そ 10 ドルから 40 ドルの費用がかかるとされている（エネルギー効
率の高い技術を用いれば 1 ドルから 12 ドル）［注6］。すべての気候
帯と一般的な商業用ビルと機械システムの大半を計算に入れてこの額
だ。しかしながら、〝感覚〟コストはもう少し高くなる。ビル管理者
に換気量を 2 倍にすると（そしてより高級な空気フィルターに交換
すると）どの程度のコストが余分に発生すると考えられるか尋ねた
ところ、彼らは 1 人につき年間 100 ドル程度と予想したのだ。つま
り、彼らは実際に発生するコストの 2.5 倍から 100 倍の数字を予想し
たのである［注7］。しかし、彼らの見積もりが実際の 3 倍から 4 倍
だとしても、何ら問題ない。どうしてそう言えるのだろうか？　表 4.2
が示しているように、たとえエネルギーコストが 20 パーセント上昇
したとしても、収益には 0.5 パーセント以下しか影響しないのだから。
それなのに、この感覚コストが変化を受け入れる妨げになっている。
それは、彼らがまだ正確な情報に接していないからだ。
　本章で扱ったさまざまな障害は、情報、惰性、利害、既存プレーヤー

の4つの問題に集約される。ここでおさらいをしておこう。

- **「情報が正しくない、もしくは不足している」** 費用の面では、室内の空気を健康にすることは、想像するよりも安上がりでできる。メリットの面では、認知能力と知的生産性と健康が明らかに向上することが、確実に、客観的に、数値として、証明されている。本書の第1の目的は、情報を広めることにある。

- **「惰性が強い」** 他の場合と同じで、今すでにあるものを変えるよりもそのままにしておくほうが楽だ。不動産業や建設業には、テナント、オーナー、建設業者、エンジニア、納入業者など何千もの人々がかかわる。そのような、とても長くて複雑な付加価値システムを有する大規模で均質でない業界では、小さな改善でさえ、実行するのは簡単ではない。しかし、健康上の利点は確実であるという認識が高まれば状況は変わると、私たちは信じている。大規模で意識の高いユーザーグループがまずその利点に気づき、それが徐々に他にも広がっていくだろう。惰性を克服することが、本書の第2の目的だ。

- **「既存プレーヤーを取り除くのは難しい」** 影響力の強いASHRAE、米国グリーンビルディング評議会、アメリカ建築家協会や、その他のたくさんの評価グループや承認団体には、それぞれ独自のパターンやシステム、ヒエラルキーや収入の流れがある。それらにとって、古いやり方がすでに広範囲に受け入れられているとき、新しい方式を取り入れて普及に努めるのは難しい。静的な建築規準や独自のポイントシステムを影響力の源にしている既存組織は、斬新なセンサーでの計測や、費用対効果が確定していることであってもそれに移行することで、大混乱に陥りかねない。しかし、他のイノベーションと同じで、先進的なビル使用者は——そしてオーナーも——既存組織の運命などにはお構いなしに、よりよいシステムに惹かれるだろう。その方法を示すことが、本書の第3の目的である。

- **「利害の不一致」** 設計や建設のほとんどの意思決定は、そこで仕事を
し、呼吸することになる人々以外の誰かが行う。その空間を使うこと
がないエンジニア、使用者の長期生産性が悪くても自分の評価には響
かない建設予算担当者、テナントの業績が自分の利益にはつながらな
い家主、その他、大企業に属するそれぞれ異なる目的を追うさまざま
な部署などだ。理想（プランA）は、すべての当事者が室内の空気と
健康の関係に〝納得〟し、協力して行動を起こすことだ（この点では、
〝トップ〟が全部門に一斉に修正を命じることができる大学や病院や
博物館のほうが有利だろう）。でも、納得しない当事者がいる場合は、
どうすればいいのだろうか？　私たちの最後の目的は、回避策（プラ
ンB）の枠組みとして、メリットある改善を後押しするインセンティ
ブとイニシアチブとイノベーションを提案することである。

さて、基本はわかったから、次に何をする?

　つい最近まで、これらの議論（特に入居者とエネルギーに多くの資
金を費やすことで会社の収益が改善するという考え）はブローカーた
ちが繰り広げる机上の空論だとみなされてきた。生産性や健康の向上
を計測する手段がなかったからだ。しかし、時代は変わった。それら
の利点を客観的に測れるようになった。ここからは、ヘルシービルディ
ングの意義を説明しながら、換気の改善以外の点にも踏み込んでいく。
会社全体における健康状況の向上を実現するツールを示し、それらソ
リューションやメリットを測る方法を明らかにする。

第2部
ヘルシービルディング戦略

第6章
ヘルシービルディングの9つの基礎

この変わり果てた「安全第一」の世界から振り返ってみると……この原始的な方法がどれほどよく機能してきたことか、私は驚き、にんまりせざるをえない。

——アリス・ハミルトン

　他の世界と同じように、室内環境の質の世界もかなりの縦割り社会で、横の連携がとれていない。専門家同士でも、彼は「水の人だ」あるいは彼女は「空気質の人だ」というふうに言う。分野間でコミュニケーションがほとんどとれていないのだ。ヘルシービルディング運動を成功に導くためには、全体的なアプローチが欠かせない。さまざまな分野に属する専門家が協力しながら一連の要因やシステムを観察しなければならない。そのようなやり方はすでに生物学で実践され、メタゲノミクス、プロテオミクス、トランスクリプトミクス、エピゲノミクスなど、数多くの〝ミクス系〟の学問を生み出した（ときには名前をつけるだけで、ある分野が飛躍的に前進することもある）。では、それを建物にどう応用すればいいのだろうか？　私たちは以前から「ビルディンゴミクス」という新分野を提唱している。建物に関するさまざまな要素を、人の健康、幸福、知的生産性などへの影響という観点から総合的に研究する分野だ [注1]。
　なら、さまざまな要因とは、そしてそれらを裏付ける科学的な証拠とは、何なのだろうか？　ジョーがハーバード大学T・H・チャン公衆衛生大学院に属するさまざまな分野の専門家と手を組んで立ち上

図6.1　ヘルシービルディングの9つの基礎

げた学際研究チームが、建物内における健康の決定要因を調査した40年の成果をまとめて、「ヘルシービルディングの9つの基礎」を発表している。

　9つの基礎という考え方は、過去数年における不動産専門家、建物のオーナー、病院の運営幹部、施設運営者、住宅所有者、学者などとの交流から生まれてきた。そのような人々との関わりでは、2つの事柄が印象的だった。1つは、議論の際にジョーが何度も「ヘルシービルディングという考えがあまりにも複雑にされてしまっている。ビルを健康にするためにしなければならないことは、ほんの少ししかないのに」と言わなければならなかったこと。そう言うともちろん、ならその少しを今ここで名指ししろ、という反応が返ってきた。その後の議論を通じて、公衆衛生の分野ではしばしば、研究の成果を実用的

な情報に翻訳することに失敗していることが明らかになった。

　もう 1 つは、ジョーが何度も、「君たちの研究はとても興味深いが、次の月曜のミーティングに学術論文をもっていくわけには行かない。ビルのオーナーや管理者に考え方を変えるように説得するために、もっと簡潔な資料をくれ」などと言われたこと。この 2 つの経験があったから、「9 つの基礎」が生まれたのである。

　そのレポートを、ここで繰り返すことはしない。代わりに、1 歩先へ進み、9 つの基礎それぞれで、重要な点についての私たちの考えを述べ、いくつかの推奨事項を示すことにする。この章は密度がかなり高くなる。そのため、トピックの 1 つか 2 つだけ読んでから、すぐに次の章に進んでもいいだろう。いつでも好きなときに戻ってきて、他のトピックを読めばいい。

基礎1──換気

　健康に対する換気の影響については第 4 章で詳しく述べたので、ここではあまり深入りしない。現在の換気基準は、アメリカ暖房冷凍空調学会（ASHRAE）が定めた純粋な最低限としての 1 人当たり毎分 20 立方フィート（ 34 m^3/h）であることはすでに述べた。数々の研究がそれよりも多い換気量の利点を証明しているが、最適な換気量については、まだ意見が一致していない。 20 cfm/person以上にするべきであることはわかっているし、私たちや他の研究者の調査を通じて、40 cfm/person以上にすることでメリットが確認されている［注2］。第 8 章で詳しく述べるが、いくつかのヘルシービルディング認証規格では最低換気量を 30 パーセント上回るビルに「認定」を授けている。私たちは、ほとんどの建物で、（費用便益分析で何を考慮するかという考えを変える以外に）ごくわずかな費用や労力で 30 cfm/personが達成できると考えている。

換気が止まると、防御もなくなる

どのぐらいの量の外気を取り込むべきかについてはすでに話したので、ここからは換気と健康に関するもう１つの重要な側面について話すことにしよう。いつ空気を入れ換えればいいのか、という問題だ。

機械で換気を制御しているオフィスビルでは、従業員の出社に備えるために朝の６時か７時ごろにスイッチが入り、夕方の５時か６時ごろにスイッチが切れるのが普通だ。

もしあなたが、私たちや他の数え切れないほどのワーカーと同じような生活を送っているのなら、きっと驚いたはずだ。

「夕方の５時か６時ごろに換気システムがシャットダウンするだって？　その時間、私はまだ建物を出ていないぞ！」

それだけではない。多くの人は週末も働いているが、機械的な換気システムが週７日ずっとフル稼働している商業用ビルにお目にかかれることはめったにない。

まとめると、あなたがある程度予想していたはずの事実と、驚きの真実が浮かび上がる。まずわかりやすいほうから。典型的な朝９時から夕方５時までの就業時間を外れた時間では、ほとんどのオフィスビルで換気がほとんどあるいはまったく行われていないことになる。また、就業時間以外の時間で、においの苦情、暑すぎるあるいは寒すぎるといった不満、あるいはシックビルディング問題が報告されることが多いという事実も、驚きではないだろう。

それがどれほど一般的で、どんな問題を引き起こすか見てみよう。ジョーがこの部分を執筆していたまさにその日、アドバイスを求めるある同僚から連絡があった。その女性が言うには、数日前から彼女のオフィスがタバコくさくなったそうだ。そこでジョーはいくつか基本的な質問をした。その１つが、においが漂ってくる時間だ。同僚は夕方５時ごろだと答えた（約束するが、これは作り話ではない）。

さて、においの犯人は？　建物の外でタバコを吸っている人と、5時ちょうどに換気システムを停止するビルだ。でも、「どうしてそんなことが？」と、あなたも思ったに違いない。喫煙者はビル内ではなくて外にいるのに、と。

　機械が止まると、ビルは外気の汚染物質に対して、2つの防御手段を失う。（1）外気よりも高い気圧（陽圧）を保てなくなり、（2）外から流れ込んでくる空気と循環する空気を濾過することもできなくなる。その結果は？　ひび、隙間、ドア、窓など、外気の汚染物質が建物に入り込む道はたくさんある。いったん侵入してしまった粒子が、フィルターに捕らえられることもない。つまり、私たちの同僚女性がいたビルでは5時に防衛システムが切れていて、タバコの煙が外から建物内に流れ込んでいたのである。

　駐車場の排気ガスやレストランの空気が陽圧を失った建物に流れ込むなど、よりやっかいなケースも知られている。例として興味深いプロジェクトを紹介しよう。ある都会の高層ビルで、オフィスのデスクに不可解なほど厚くほこりがたまることがあり、ジョーが調査に乗り出したのである。ほこりが体に悪いのではないかと従業員たちが不安がっていたため、調査が行われることになったのだ。その調査では、ビルの周囲にリアルタイムで計測可能な空気質センサーを設置し、壁や天井の様子を調べるために特殊なプローブを使って空気を〝嗅ぎ取り〟、さらに〝指紋〟技術を使って問題となるオフィスのほこりを既知のほこりのパターンと比較した。その結果、本来はきれいなそのA級商業オフィスは、下にある地下鉄駅が放つ地下鉄のすすに襲われていることがわかった。勤務時間後に地下鉄が到着するたびに、汚れた空気が、鉄骨柱まわりの気密性が弱い部分からビルに入り込み、コンセント部分や天井裏を通ってオフィスに広がったのだ。だから従業員が帰宅するときはオフィスはきれいなのだが、翌朝出社するとデスクや壁などの表面に汚れやすすの層ができていたのである。

でも、地下鉄は 1 日中走っているのに、なぜ夜にだけそのような現象が起こったのだろうか？　なぜなら、その建物の機械換気が毎日夕方 6 時に止まるため、夜間にオフィス内は地下鉄構内よりも高い気圧を保てなかったのである（それに循環空気を濾過するフィルターも作動していなかった）。気圧が高くなかったため、夜に電車が走ったときに巻き上がる粒子を締め出すことができなかった。解決法は？

　まず短期対策として、機械換気システムを 24 時間無休で稼働させ、ビルの陽圧を保ち、空気を継続的に濾過しつづけた。加えて、リアルタイム警報機能付きの空気質監視システムを導入し、従業員が吸い込む空気の安全性を確保した。その一方で、地下鉄からの空気を遮断するためにビルの密閉を徹底する工事を、長期対策として行った。

微粒子の捕捉

　あらゆる換気システムで共通するもう 1 つの重要な要素として、気流の清浄度レベルをあげることができる。私たちは空気中の微粒子（$PM_{2.5}$）が体に悪いことも知っているし、それらが建物に侵入することも第 3 章で説明した。機械で換気しているビルは、それら粒子の多くを制御する。建物に入ってくる外気を各室に分配する前に、中央換気システムのフィルターで浄化できるからだ。

　しかし、悪魔は細部に潜んでいる。中央式機械換気システムを備えた建物で、最も広く用いられているのはMERV 8 フィルターだ。すでに述べたように、MERVは「Minimum Efficiency Reporting Value（最低捕集効率）」を意味していて、MERV値が高いほど、粒子の捕集効率が高い。

　この点を理解するために、高性能微粒子フィルター、いわゆるHEPAフィルターを見てみよう。あなたもきっと、パッケージに「効率99.97パーセント」などと書かれたHEPAフィルターを見たことがあるだろう。HEPAは実際に、ほとんどの大きさの粒子でほぼ 100

パーセントの効率を誇る。それならなぜ、99.97パーセントという数字が挙げられるのだろうか？　その理由は、フィルターは最も効率の〝低い〟粒子サイズに対する捕集効率をもとに評価されるからだ。HEPAの場合、0.3 ミクロンの粒子で捕集効率がいちばん低い。その数字が99.97パーセントなのである。この数字が、そのままフィルターの性能表示に用いられる。

　では、MERV 8 フィルターはどうだろう。MERV 8 はビルの換気に最も一般的に使われているのに、$PM_{2.5}$ の捕集効率は 50 ％未満である。機械そのものに損害を与える恐れのある大きな粒子を捕らえるための製品なのだ。

　なら、どうすればいい？　もしあなたが大気の汚染が進んでいる地域に住んでいるのなら、あるいは大都市のビル内で活動しているのなら、MERV 13 以上のフィルターに交換することを強く勧める。13 以上が「高級オフィスビル」に推奨されるフィルターレベルで、$PM_{2.5}$のほぼ 90 パーセントを除去できる。上海やカイロ、あるいはサンフランシスコのような山火事が多い地域では、$PM_{2.5}$ 濃度が 100 μg/ m^3に至ることが、それどころか、時には1000 μg/m^3ほどにまでなることが知られている。健康に直接危害が及ぶレベルだ。もしあなたがそのような地域に住んでいるのなら、絶対にMERV 13 以上にするべきだ。捕集効率を高めるため、エネルギーコストとフィルターの費用は増えることになるが、その犠牲は健康上の利点と比較すればささいなものである。【監修注：MERV 8 の$PM_{2.5}$ の捕集効率は 50 ％、MERV 13 で 90 ％以上、最高のMERV 16 で 95 ％以上である。MERVは1 〜 16 の 16 段階。】

定期的な検査

　換気について、もう 1 点。もし機械による換気システムに健康を守ってもらいたいのなら、私たちが与えることができる最も単純なヒ

ントは、機械を性能検証することだ。性能検証という考え自体はわかりやすいだろう。しかし、あなたがその考えに慣れていないのなら、今すぐに理解したほうがいい。性能検証とは要するに、あなたの建物が設計どおりに機能しているかどうかを確かめる行為だ（新築ビルの場合は、あなたが支払ったとおりのビルを受け取ったかどうかを確かめるための過程と言える）。建物に関するジョンの長年の観察から、ジョーの医学的調査から、そして、建物にかかわるほぼすべての人の経験から、継続的な検査が必要であることがわかっている。建物はいつも設計どおりに機能するわけではない（実際のところ、設計どおりに機能することは決してないと言える）し、時間とともに建物自体も変化する。検査とは、1年に1回、医者に定期検診を受けるのと同じこと。あなたのビルが緊急治療室に運ばれて大規模な治療を受けざるをえなくなる前に、問題を早期発見できれば、治療に要する時間は10分の1で済むだろう。斬新なセンサー技術が生まれて継続的な検査が可能になったおかげで、建物のシステムが毎日休みなく最適に働いているか、確認できるようになった。

推奨事項

- 換気量を少なくとも 30 cfm/person（51 m³/h）に増やす。
- 二酸化炭素濃度をリアルタイムで監視することにより、換気性能を検証する。
- 空気処理システム、可能なら人数（空気質）に応じて可変する換気システムを、建物内に人がいる時間はずっと稼働させつづける。
- 建物のある場所に応じて適切なフィルターを選ぶ（ブレント・スティーブンス、テリー・ブレンナ、ルー・ハリマンが書いた『Selecting Ventilation Air Filters to Reduce PM$_{2.5}$ of Outdoor Origin（外気由来のPM$_{2.5}$を削減するための換気エアフィルターの選択）』の一読をお勧めする）[注3]。

基礎2——空気の質

　地下室に数センチの水がたまっていたり、浴室にあるはずのない水たまりが見つかったりしたら、あなたは真っ先に何をするだろうか？

　よほどの間抜けでもない限り、水の出所も突き止めないうちにモップがけを始めたりはしないだろう。言い換えれば、まずは栓を締めるはずだ。水を止めてから、掃除を始める。

　同じことが、あなたのビルの空気にも言える。空気の質を高めるためにまずすべきは、室内の空気汚染の源をコントロールすること。室内の汚染物質の出所の栓を締めるのだ（第3章で暴露関連疾患の概念モデルについて説明したように、もとを断てば暴露もなくなり、それゆえ健康への悪影響もなくなる）。

　揮発性有機化合物（VOC）のような化学物質の場合、非VOC塗料やホルムアルデヒドを含まない製品を選ぶことが、源を断つことを意味する。香料入りのスプレーやVOCを多く含む洗剤も避けるのが無難だ。VOCは有害である可能性を秘めているだけでなく、地上のオゾンと反応してホルムアルデヒドや粒子を発生させることもある。粒子に関して言うと、お香やろうそくは使わないほうがいい（言うまでもないだろうが念のために付け加えておくと、建物の中や周辺でタバコも吸うべきでない）。次に、屋外汚染物質の侵入を防ぐことに目を向ける。そこにはラドンや一部のVOCなど、地中から発生するものも含む。

　室内で見つかる汚染物質には数え切れないほどの源が存在する。言い換えれば、栓は1つではないということだ。また、1つの栓を締めることで、予想もしていなかった別の新しい源が生まれることもある。

　ジョーはかつて、ある診療所を調査したことがある。そこで働く人たちが、ホルムアルデヒドにさらされたときと同じ症状を訴えたから

だ。しかし、使われていた木材製品はすべて「ホルムアルデヒド・フリー（ホルムアルデヒドを含まない）」の素材だったし、建築業者は「グリーン認定」を受けた製品しか使っていないときっぱりと主張した。そんなことがありえるだろうか？　詳しく調査したところ、木材は本当に「ホルムアルデヒド・フリー」だったのだが、ホルムアルデヒドの代わりに利用された他の種類のアルデヒドを盛んに放出していることがわかった。

　つまり、VOCや他の汚染物質の放出を防ぐためにあらゆる手段を講じたとしても、それがうまくいったかどうかを確かめるには、定期的に空気を検査するしかないのである。建物内の空気の質は、ビルのシステム、外の条件、人が持ち込むものや室内での活動などによって、頻繁に変わる。だから私たちは空気質をリアルタイムで監視しながら、そこに昔ながらの「産業衛生」評価法も追加として行うべきだと強く提案する。

　あなたも、あなたのビル内の空気質を 24 時間監視すべきだ。監視対象には二酸化炭素、気温、相対湿度、粒子が含まれる。あなたの家にボイラーのような燃焼源があるのなら、一酸化炭素も確認したほうがいい。毎週のように新型のセンサーが市場に登場しているので、センサーの品質が上がり、普及が進むにつれて監視対象のリストも多くなっていくだろう。それらを測定するのは、オフィスや自宅に火災報知器を設置するのに似ている。何かがおかしいときに最初に警報を鳴らしてくれるリアルタイム監視装置だ。

　しかし、誤解のないように言っておくが、リアルタイムの監視だけで十分なわけではない。リアルタイム監視は、少なくとも 1 年に1 回は行われる詳細な検査——伝統的なサンプルの収集と検査（産業衛生検査方法）——を〝補う〟手段に過ぎない。サンプルの収集は実績のある標準化された手法であり、リアルタイム監視では信頼できるデータが得られない項目を測定する。例えば、空気サンプルを集めて

ラボに送り、70種以上のVOCを検査したり、水サンプルのなかに鉛や細菌が含まれていないかラボに検査させたりするのである（この検査を誰が実施するかについては第8章で、他に何がテストされるべきかについては第9章で論じる）。

汚染源に対処できないときの汚染のコントロール

　監視システムが特定の汚染物質の濃度が高いと警告を発しているのに、室内にある汚染源に対処できないときはどうすればいいのだろうか？　まずは、本章の冒頭で説明したように、換気とフィルターを再検討するのがいいだろう。オフィスビルで一般的な機械換気システムの場合、循環空気に対するフィルター機能を強化することができる。例えば、既存のMERVフィルターにカーボンフィルターなどを足して、VOCのようなガス状の汚染物質も除去できるようにすればいい。カーボンフィルターは高価な場合があるし、そのうち飽和するので、使いこなすにはある程度の技能や知識が必要になる。粒子フィルターの場合、汚れると空気の通りが悪くなって（目が詰まって）、捕集効率が高まるのだが、カーボンフィルターの場合は、飽和するとVOCが素通りしてしまう。使い続けるのは危険だ。また、カーボンフィルターには特定のVOCを優先的に結合するという特徴もある。だからカーボンフィルターを使いこなすのは難しいのだが、正しく使いさえすれば、とても役に立つ。

　オフィスや自宅のキッチンでは、コンロの上の換気扇を必ず使うこと。料理中に発生する粒子を除去するのはとても大切なことなので、排気がきちんと外に送り出されているか、それとも汚れた空気を建物内にまき散らしているだけか、確認したほうがいい。もう1つ、小型の空気清浄機も、外気か室内空気かにかかわらず、空中の粒子を効果的に制御できる。部屋の大きさに適した空気清浄機を使おう。最新式の室内用空気清浄機は通常の粒子用フィルターとVOC用のカーボ

ンフィルターの両方を使っているうえ、センサーを備えているので、フィルターが機能するタイミングを制御できる。

推奨事項

- ・元から断つために、低VOCまたは無VOCの材料を選び、香料入りの洗剤やろうそくを使わない。
- ・リアルタイムでの監視を補うために、特定のVOCや空気汚染物質に対象を絞った解析を行う（詳しくは第9章で）。
- ・汚染源を除去できないときや検査で極端に高い汚染濃度が計測されたときは、機械換気システム（あるいは室内用空気清浄機）のフィルターの強化による空気の浄化を検討する。

基礎3──温度と健康

　ビルの管理者に「ビルに関する苦情のなかで最も頻繁に耳にするのは？」と尋ねると、まず間違いなく「暑すぎるとか寒すぎるとかの苦情」という答えが返ってくる。もしあなたがこの問題の解決──かなりの難問──に取り組んでいるのなら、あなたは他のどの管理者よりも従業員の満足に気を遣っていると言えるだろう。

　これまで、室内環境の管理者やASHRAEはこの問題を「サーマルコンフォート（熱的快適性）」と呼び表してきた。私たちは「コンフォート」という言葉が正しいと思えないので、2つの理由から「サーマルヘルス（熱的健康性）」と呼ぶことにしている。（1）「コンフォート」と呼ぶことで問題の所在が建物ではなく個人にあるような印象が生まれること、そして（2）それが健康の問題ではなく、「快適ではない」ことが問題だと認める態度につながること、の2点がその理由だ。

　サーマルヘルスには幾多の要因が関係していて、建物はそのうちのいくつかをコントロールする。建物の関係以外では、人の活動レベル

（代謝率）、着衣、遺伝、性別などがサーマルヘルスに影響している。建物側で制御できる主要な要素は、気温、相対湿度、放射温度、気流の4つである。

サーマルヘルスと人のパフォーマンス

　建物が人の能力にどのように影響するかを理解するために、ジョーのハーバード大学ヘルシービルディング研究チームが2018年に発表した逆U字型のグラフを見てみよう［注4］。ホセ・セデノ＝ローレンが率いたその研究では、熱波が来る前と来ている期間に、学生寮のエアコン付きの部屋に住む学生とエアコンのない部屋の学生の認知機能の違いをストループテストを用いて計測した（ストループテストは心理学の分野で一般的な選択的注意を測るテストで、その最中、被験者に例えば赤い色が示されるが、同時に「ミドリ」と文字で表示される。被験者は読んだ色ではなく、目で見た色を報告する。しかし、そこに相違があるため、脳が一瞬停止する。その際の反応速度、言い換えれば「脳の一時停止時間」と被験者の正答数が記録される）。

　ごく大ざっぱに説明すると、グラフは次のように解釈できる。もともとの気温から摂氏で1.1度変化するごとに、ストループテストにおけるスループット（処理能力）は1パーセント低下する。そう、「スループット」だ。同じような意味をもつ単語として「キャパシティ」、「生産性」、「収量」、「情報処理量」、「生産量」などがある……もうおわかりだろう。パフォーマンスが下がるのである。

　サーマルヘルスとパフォーマンスが関連していることは、少なくとも公衆衛生や建築学の分野ではよく知られている。ローレンス・バークレー国立研究所の研究者は、温度が狭い最適範囲を外れるとパフォーマンスが相対的に10パーセント下がる事実を突き止めている［注5］。ここで興味深いのは、紹介した2つの研究は行われた時期には20年の隔たりがあり、使われたツールも異なっているのに、そ

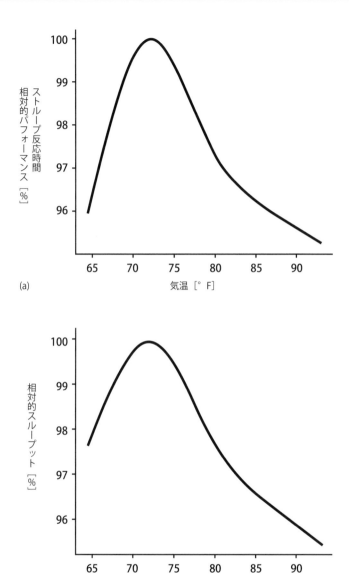

(a)

(b)

図6.2　反応時間 (a) とスループット (b) に対する気温の影響　出典：J. G. Cedeno Lauren et al., "Reduced Cognitive Function During a Heat Wave among Residents of Non-Air-Conditioned Buildings: An Observational Study of Young Adults in the Summer of 2016," PLoS Med no. 7 (2018): e1002605, https://doi.org/10.1371/journal.pmed.1002605, figure 3.

の結果はとてもよく似ていることだ。しかし大切なのは研究の詳細や方法論ではない。そこから何を学ぶかだ。研究の結果が最適なパフォーマンスを発揮できる温度の範囲はとても狭いと告げている。そして、その範囲はASHRAEが「快適」と呼ぶ範囲よりも狭いのだ。

　これがビジネスの経済にとって何を意味しているのかを見るために、あなたの建物の内部の気温が最適温度の華氏72度（摂氏22.2度）を少し外れて、華氏76度（摂氏24.4度）だったと想定してみよう（ジョーはかつて、摂氏26.7度を超えるのが当たり前だった建物で働いていたことがある）。サーマルヘルスに関連するいくつもの要因の1つに過ぎない気温だけでも、ハーバードの研究データによると、生産性を2パーセント下げると考えられる。第4章で見た架空の会社の損益計算書を思いだそう。生産性が2パーセント上がると、追加のエネルギー費用や家賃の上乗せを支払ったあとでも、収益は9パーセントも増えるのだ。逆に言えば、スループットが2パーセント下がると、収益が9パーセント減る。気温が摂氏で2.2度ずれただけで！

　そう聞かされると、「暑すぎる」や「寒すぎる」という面倒な不満の声について、少し真剣に考えてみようと思うだろう。そのような訴えはワーカーの口やかましさを証明しているのではない。彼らの生産性が下がっている合図なのだ。スイッチを切り替えるだけで収益が一気に10パーセント近くも上がる可能性があると考えてみよう！

　サーマルヘルスは数多くの要素が絡み合った複雑な現象。ここまでの議論で、まったく触れてこなかったのは湿度と夏の暑い日に感じる不快な息苦しさの問題だ。ビルにエアコンが効いていると本当にありがたい（エアコンはカビが発生しないレベルにまで湿度を下げてくれる）。その一方では、私たちは夏に建物を冷やしすぎていると、一般的に言われている。送風口から出てくる冷たい風に直接当たった人は、「ここ寒いからセーターを着なきゃ」などと言う。多くの人は気づい

ていないのだが、湿度が高い環境では、そのような「冷やしすぎ」が不可欠で、実際のところそれは冷やしすぎでも何でもないのだ。エアコンシステムは空気から湿気を取り除くために外気を露点にまで冷やす必要がある、このときに空気がかなり低温になる。あなたの目標とする室内気温が華氏 72 度（摂氏 22.2 度）で相対湿度は 50 パーセントと想定してみよう。その場合、（湿り空気線図によると）露点は華氏 52 度（摂氏 11.1 度）。エアコン室内機の冷却コイルは外気をいったん華氏 52 度以下に下げて水分を取り除いてから、また華氏 55 度ほどにまで温めて放出する。その空気が日光、人体熱、家具、電気製品など、もとから部屋にある熱源でさらに温められて、あなたのデスクに届くころには快適な華氏 72 度になっているのである。再加熱には多くのエネルギーが必要で、費用もかさむので、ビルの管理者はあまり行おうとしない。だから、オフィスや店舗の送風口からは空気がとても冷たいまま吐き出され、室温がとても低くなるのだ。

　もちろん、気温と湿度はサーマルヘルスを決める多くの要因の 2 つに過ぎない。ただし、コントロールや修正が最も簡単な 2 つだとも言える。しかし、どの温度が快適かは人によって違うし、活動の内容によっても異なる。時間によっても季節によってもさまざまだ。〝万人向けの値〟は存在しない。これらの要素がどう絡み合うかを理解するのに、CBEサーマル・コントロール・ツールが役に立つ。バークレー大学の建築環境センターが開発したツールだ。ウェブサイトでさまざまな値をインプットできるので、いろんな組み合わせを試して、どの組み合わせで〝許容可能な〟サーマルヘルスが実現でき、どの組み合わせで範囲を外れるか、試してみればいいだろう［注6］。

　サーマルヘルスには、特に注目すべきなのに、おざなりにされがちな点が 1 つある。性別による違いだ。『ネイチャー・クライメート・チェンジ』で2015年に発表された研究が性別問題に焦点を当て、現状のサーマルコンフォート基準は男性の代謝と衣服をもとに決められたものだ

と指摘している。しかも、1960年代に［注7］！　研究者が調べたところ、女性の代謝率は男性よりも 32 パーセント低いことがわかった。この研究にもとづき、『ニューヨーカー』が「サーモスタットが性差別？」という見出しの記事で、オフィスで働いている女性が何十年も前から経験してきたことがようやく学術的に証明された、と書いた［注8］。ただし悲しいかな、この研究には反論も多い。ASHRAEはすぐに応じ、同組織がサーマルコンフォートを定義したとき、男女広範囲にわたるサンプルを参考にしたと声明を出した。では、実際のところはどうなのだろうか？

　ASHRAEの反論を調べてみると、ASHRAE基準は1966年の最初の発表から更新されていることがわかる。更新の際には男女両方のデータが参考にされた。しかし、最初の更新が行われたのは1982年の話だ。1982年と言えば、1960年代ほど 3 ピースのスーツをピシッと着こなした男性が支配的だったわけではないが、社会がまったく様変わりしていたわけでもない。ASHRAEは温度の基準は男性と女性のデータに平等にもとづき、定期的に更新（最新は2017年）されていると説明する。同組織の主張によると、問題の根源は衣服にある。女性はどの季節も外の条件に適した服装をする傾向があるが、室内の気温はスーツ姿の男性に適しているそうだ。

　一方、最新の科学を見ると、気温に関しては実際に男女差があるようだ。性別と温度に関する研究の半数以上で、同じ温度環境にいる場合、男性よりも女性のほうが強く不満を訴えることが確かめられている。この調査結果を無視することは、オフィスで働き、自分自身の体験を報告している何百万もの女性の声を無視することを意味する。彼女たちの声に耳を傾けるべきだ。現状のASHRAEサーマルコンフォートモデルには、服装などいくつかの変数があり、それを調節することで最適な条件が見つけられるようになっている。科学の成果を認めて、たくさんの経験談に耳を貸して、もう 1 つの要素として「性別」

を変数に加えればいいのではないだろうか？　ビジネスの観点からも、絶対にそうすべき理由がある。最近、性別とサーマルコンフォートに関するさまざまな発見を総括して見直す試みが行われ、その結果、次のことがわかった。「女性は男性よりも最適温度からの逸脱に敏感で、クーラーが作動している際に不満を訴えやすい」［注9］

　将来的には、室内環境の最適化には、温度条件の個　人　適　応（ハイパーパーソナライゼーション）と場　所　適　応（ハイパーローカライゼーション）が必要になるだろう。1人ひとりの好みに沿った〝個人的なインドアヘルス〟を実現するためだ。その動きはすでに始まっている。ワークスペースごとに独自の気温と気流を設定できるビルがいくつか存在するし、換気と気温制御を分離できるシステムも開発されている。個人的なインドアヘルスの未来は、もう遠くないのだ。【監修注：日本でも個人別空調の技術が複数提案され用意されている。】

室内熱波

　多くの建物で、良好なサーマルヘルスの維持にエアコンが欠かせない。最近では、エアコンは温室効果ガスの原因になるという理由で悪者扱いされることが多いが、私たちの考えでは、人々にエアコンを使うなと言うのは非現実的だ。エアコンなしの未来は考えられない。多くの場所で絶対に必要だ。

　インドのように、もとから極端に暑くなることのある地域だけに限られた話ではない。意外かもしれないが、アメリカの北東部や北ヨーロッパなど、寒い地域でもエアコンがとても重要になる。そのような地域では、建物の保温性が高くつくられている。冬にはありがたいが、温暖化する世界の夏にとってはとんでもない脅威だ。そのような建物は、レンガやコンクリートなど、熱容量の大きい素材でできている。だから、〝排熱〟が得意ではない。外の気温が上がると、室温も高くなるのだが、夜になっても室温がなかなか下がらない。その結果、室内熱波（インドアヒートウェーブ）が生じる。屋外の熱波は終わって

いるのに、室内の高温が維持されるのである。熱中症警報が解除されると、人々は安心感を抱いてしまうが、じつは室内で熱中症の危険が続いているのだ。

　地球が暖かくなり、生活水準が全世界で高まりつづける限り、エアコンの使用も劇的に増加すると考えざるをえない。ある試算では、2050年までに（現在の 16 億台に加えてさらに）40 億台のエアコン機器が設置されると予想されている。建物・エネルギー・健康・気候・レジリエンスの複雑な関係については第 10 章でも言及するが、ここでもあえて、エアコンはエネルギーを消費するという点を指摘しておく。というのも、エアコンの使用による温室効果ガスの排出を今すぐ抑制する方法がすでに存在するのである。その方法とは「エアコンの数を減らす」ではない。もっと賢い方法の 1 つとして、バークレー大学の建築環境センターのやり方を見てみよう。同センターは、暖かいもしくは湿った環境で室温が摂氏 4.4 度上がっても、ワーカーの満足度を下げない方法を見つけたのだ。ファンを使って空気を動かせばいいのである ［注10］。私たちにできる、そしてすべきもう 1 つの方法は、技術の改善に関係している。ジョーらが「Want Air-Conditioning and a Healthier Planet?（エアコンと健康な地球の両方が欲しい？）」というタイトルで最近発表した論説で、エアコンの環境負荷を今すぐ劇的に小さくする方法を紹介している。冷媒を交換すればいいのだ。エアコンは、温室効果の強さという点では二酸化炭素よりも3000倍も強いヒドロフルオロカーボンを冷媒として使っている。ヒドロフルオロカーボンを取り替えるだけで、今世紀末までに世界の気温の上昇を摂氏 0.5 度分抑えることができると考えられている（パリ協定で目標として設定された摂氏 2 度の 25 パーセントに相当する）。しかもありがたいことに、代わりの冷媒はすでに開発されていて、市場に出回っているのだ ［注11］。【監修注：最近さらに摂氏 1.5 度以内に抑えるという新たな目標が設定された。0.5 度はこの 33 ％に相当する。】

推奨事項

・単に〝快適〟なだけではなく、パフォーマンスが最適になる範囲内に気温と相対湿度を設定する。

・熱条件を積極的に監視し、異常の際には迅速に対処する。

・「暑い」あるいは「寒い」という従業員の意見に応じる。

・ローレンス・バークレー国立研究所の提案する「エナジーフリー」手法に従って、日射熱の取得量を（そしてエネルギーの使用量も、環境への影響も）減らす［注12］。

・断熱性を高める。

・外の日よけ（例えば樹木を増やして影をつくるなど）を改善する。

・（機能性ガラスを使うなどして）窓のエネルギー効率を高める。

・日射をあまり吸収しないコーティングを屋根に施す（反射性塗料を屋根に塗る）。

基礎4──水質

　第 3 章では、私たち健康の専門家が「暴露経路【監修注：体内に取り込まれる経路】」と呼ぶものを紹介した。空気を吸い込む、化学物質が肌から浸透する、ほこりは無意識のうちに取り込んでしまう。それらに加えて、私たちが自ら喜んで体に入れるものがある。食べ物と飲み物だ。食べ物に関しては栄養学の専門家に任せるが、水質は建物にとって中心的な問題の 1 つなので、私たちの担当だ。

　誰もが聞いたことがあると思うが、人は毎日コップ 8 杯の水分を摂取すべきだと言われている。水分の補給は、健康全般にとってとても大切なこと。水がなければ生きていけないのはもちろんだが、意外なことに、水分補給をすることで気分やパフォーマンス、さらには思考力まで最適に保てるのだ。

サーマルヘルスとの関連で指摘したが、室内の熱波に苦しめられる人は認知機能のテストで成績が悪くなる。そのときにはまだ明かさなかったが、じつは、水をたくさん飲む若者は暑さのストレスがもたらす悪影響を受けにくくなることもわかっている。逆に言えば、水を飲むことは室内熱波の危険性から身を守る効果があるということだ。

　あなたは「水が体にいい」という話を聞くためにこの本を手に取ったのではないだろう。ここでは、建物が水質に、さらには私たちの健康にどう影響するかを見ていこう。建物内の水質は、水の濁度、蒸発残留物の総量、大腸菌群数などといった基本的な指標の測定値を基準にしている。それらの指標が、水がどれぐらい〝きれい〟かを教えてくれる。濁度は水の透明度の指標で、どれぐらいの量の微粒子や汚れが水中を漂っているかを表している。蒸発残留物の総量とは水中に含まれる水成分以外のすべて（鉱物、塩分、有機物など）を、大腸菌量は水の糞便汚染の程度を示す（大腸菌は人間や恒温動物の便に存在する細菌で、大部分は無害だが、大腸菌のいる水のなかには他の有害な細菌も存在する可能性が高い）。

　これらの基本事項以外にも、飲料水は飲料水としての規格を満たさなければならないし、その基準は国によってさまざまだ。アメリカの場合、第1種飲料水規則が、微生物、消毒剤、消毒副産物、無機化学物質、有機化学物質、放射性核種の6種の汚染物質に対して最大汚染量を定めている［注13］。

　そのような予防策にもかかわらず、〝新しい〟問題がひっきりなしに発生し、私たちが水質問題の存在に気づいてから、それに対する規制が敷かれるまで、必ず時差が生じる。いまだ解決されていない問題の1つとして、永遠の化学物質こと「フォーエバー・ケミカル」を挙げることができる。永遠に分解されることのない化学物質のことで、何百万世帯もの飲料水に含まれている。最近、〝安全〟レベルを決めるための議論が行われたばかりだ（フォーエバー・ケミカルについて

は第 7 章で詳しく論じる）。また、局地的な事柄に目を向けると、ド
ライクリーニングの際に発生する発癌性物質のトリクロロエチレンや、
軍事基地の近くで多い過塩素酸など、廃棄物が水に混入することもあ
る（過塩素酸はロケット燃料に利用されていて、人間の甲状腺の働き
を阻害する）。

きれいだった水が、建物のなかで〝汚れる〟ことも

　飲料水基準があるおかげで、あなたのビルや、自宅や、学校に届け
られる水は基本的な安全を確保していると言える。しかし、ここでの
落とし穴は、そのような基準は、あなたの建物に入るところまでの水
質しか保証しないということだ。そこから先は、ビルのオーナーが水
質に責任を負う。建物に入ってからの水の変化のわかりやすい例とし
て、レジオネラと鉛を取り上げながら、pH（水素イオン指数、酸・
アルカリ度）というたった 1 つの要素を制御することがいかに大切
か、論じることにする。

レジオネラ汚染のもう 1 つの例

　レジオネラと聞くと、多くの人は冷却塔のことを考える。それはお
そらくどうしようもないことなのだろう。何しろ、過去に起こった大
規模なアウトブレイクを振り返ってみると、冷却塔が関係しているこ
とが多かったのだから。最も有名な例の 1 つである2015年のブロン
クスのケースでも、冷却塔が原因で 130 人がレジオネラ症と診断さ
れた。屋上の冷却塔に潜むレジオネラ菌を減らすことは重要なのだが、
単純な消毒剤の利用と不断の監視で事足りる問題でもあるので、本章
では屋上ではなく建物の〝内部〟のレジオネラ菌に注目することにし
よう。多くのアウトブレイクで冷却塔が主犯だったのは間違いないが、
その一方で、室内装飾用の噴水、浴槽、シャワー、あるいは製氷機で
さえ、問題を引き起こすことがある。

室内水道システムに潜むレジオネラ菌や他の細菌は、水温の制御、滞留の抑制、十分な残留消毒剤の確保、pHのコントロールなどを通じて対処できる（そして今ではASHRAE基準 188 が人の使うあらゆる商業用・工業用・集合住宅用・施設用ビルに対し、レジオネラ危機管理計画の作成を義務づけている。もしあなたがそのようなビルを所有していて、レジオネラ危機管理計画をもっていないなら、今すぐに作成するべきだ）［注14］。【監修注：わが国でもレジオネラの集団発生は度々経験し、今では慎重な対応が行われている。住宅でも、24時間風呂が発生源になったことがある。基本は、お湯は55℃以上に加温すること、適温（ぬるま湯）で長時間滞留させないことである。】

　水温と水流のコントロールについては、詳しく説明する必要はないだろう。細菌は長い時間流れずに滞留していて、熱くも冷たくもない温い水で繁殖しやすい。一方、残留消毒剤とpHは興味深いテーマで、互いに密接に関連している。

　浄水場で水を浄化するとき、水道業者は塩素などの消毒剤を添加する。そうすることで、浄水場を出てからあなたのビルに到着するまでのあいだに細菌が繁殖するのを防いでいるのだ。それ自体は問題ない。しかし大切なのは、そのような消毒剤の効き目は水のpH値に左右されるという点だ（ここから少し専門的な話になるが、しばらく我慢してもらいたい）。それを表したのがいわゆる塩素の溶解曲線だ。

　塩素は次亜塩素酸（HOCL）および次亜塩素酸塩イオン（OCL$^-$）として、水中でバランスを保っている。図 6.3 を見ればわかるように、両者の量はpHによって変わる。pHが低い場合（酸性）はほとんどHOCLだけになるが、pHが高くなる（アルカリ性または塩基性）とOCL$^-$ばかりになる。

　それが水質とどう関係するのだろうか？　両者のうちHOCLの方が殺菌作用がはるかに強いことが証明されているのである。ほとんどの時間、ビル内の水はだいたいpHが 7（中性）なので問題ない。グラフ

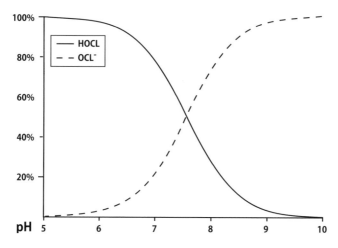

図6.3　さまざまなph値における塩素の溶解曲線

を見ると、pHが7のときは塩素のおよそ80パーセントが殺菌効果の高いHOCLとして存在している。しかし、pHが8以上になったらどうだろう。バランスがOCL⁻に大きく傾く。これは大問題だ。OCL⁻にも殺菌作用があるのだが、その反応速度はHOCLよりも遅く、効果も80パーセントから100パーセントも低いのである。

　この点が落とし穴になっている。と言うのも、普通、浄水場は塩素の量（遊離塩素量と総塩素量）だけを計測するのだ。そして検査した水の塩素量が規定値を超えていたら、ビル管理者の多くは万事完璧だと考えるのである。しかし、溶解曲線から明らかなように、塩素量を知ること自体にはあまり意味がない。大切なのはpH値なのだ（これは決して難解な理論などではなくて、夏にプールでライフガードとしてアルバイトをしたことがある大学生でも知っているような基本的なこと。ライフガードは毎日プールの水の塩素量およびpH値の両方をチェックする）。

鉛の除去

次に、建物の内側で水を汚染する原因になる（そしてpH値に影響される）もう 1 つの物質、鉛を見ていこう。鉛に毒性があることはすでに数千年前から知られていた。ローマ帝国時代の文献でも、鉛を利用したポットや水道が多くの人々に慢性の中毒症を引き起こしたことが書かれている。時代は一気に進んで1970年代から1980年代にかけて、鉛の低用量暴露が子供たちの知能指数や精神の発達に悪影響を及ぼすことが明らかになった。このときに犯人として指摘されたのが有鉛ガソリンと家庭用の有鉛塗料だった。

　最近になって、鉛がふたたびニュースで取り沙汰された。ミシガン州フリントの水道水から高濃度の鉛が検出されたにもかかわらず、その事実が隠蔽されるという悲劇が起こったからだ。鉛の検査は、米国鉛および銅規則で義務づけられている。大ざっぱに言えば、家庭から水のサンプルを採取したあと、90 パーセンタイルの濃度を算出し、10 億分の 15（15 ppb）の上限と照らし合わせる。フリントの場合、ミシガン州の環境局の職員が 2 つの高い値をデータから除外したのだった。その結果、90 パーセンタイルの濃度が限界値以下に維持され、対処する必要がなくなった。もし彼らがその数値を除外せずに分析に加えていたら——彼らはそうすべきだった——鉛の濃度が規則で決められている上限値を超えていたため、即座に何らかの対策が行われなければならなかっただろう。そうしていれば、市民が継続的に毒物を摂取する事態は避けられたはずなのだ。

　不幸なことに、フリントは氷山の一角に過ぎない。アメリカだけでなく世界の多くの地域が、水に含まれる鉛の多さに影響されている。私たちが暮らし働くここボストンでも、2017年に全学校の 3 分の 1で給水器を止める必要があった。鉛の濃度が高かったからだ［注15］。

　必ずしも飲み水の水源が汚染されている必要はない。昔から配管類の溶接に鉛が使われることが多く、そこから水に入り込むこともある。1986年に制定され、1996年に改正された法律で、〝無鉛〟でない材料

を配管に用いることは禁止されたが、学校や住宅も含む古い建物の多くでは、いまだに鉛を含む配管が使われている。

　ここでpH値が問題になる。pH値が低いと水が酸性になり、鉛が溶けて飲料水に混ざってしまうことがあるのだ。そのような形で、無鉛だった水が建物に入ってから蛇口に到着するまでのあいだに汚染されてしまう（この化学反応は、バイオフィルムや酸化膜、pHやアルカリ度や有機物などが絡み合う複雑で興味深い変化だ。この反応過程の要約と鉛および銅規則については、米国環境保護庁が発表した『Optimal Corrosion Control Treatment Evaluation Technical Recommendations for Primacy Agencies and Public Water Systems（主要機関および公共水道施設のための最適腐食制御処理評価の技術的推奨)』が参考になる）［注16]。

　pH値に関しては次のようにまとめることができる。「低すぎれば鉛の溶出と腐食のリスクが高まり、高すぎれば水中残留塩素の殺菌作用が損なわれる」。サーマルヘルスと同じで、ここを外すな、という最適範囲があり、あなたがその範囲内にとどまっているかどうかを知るには、検査と監視を続けるしかないのである。

推奨事項

・1年に1回、普段使っている蛇口から集めた水の質を検査して、飲料水安全法が定めた基準を満たしているか確認する。
・水温、残留消毒剤（塩素、クロラミン、銅銀など）、pH値を監視する。
・四半期ごとに冷却塔のレジオネラ濃度を測り、消毒効果が十分であるか確認する。
・必要なら、ビルや住宅の水を濾過する。
　【監修注：日本では、水道水は、水道法第4条の規定に基づき、「水質基準に関する省令」で規定する水質基準に適合することが必要、とされている。】

基礎5——水分と湿気

　湿気の制御は建物の設計や運営において最優先される重要事項の 1
つだ。建物が直面する問題で、水によるダメージほど深刻なものは他
にない（そう言い切ってしまうのは問題かもしれない——ジョンのな
かの建築家魂が火災や倒壊のほうがより深刻な問題だと叫んでいる
……とはいえ、それらがめったにないのに比べて、浸水は頻繁に起こ
る問題だ）。

　水と湿気のコントロールは、ビルの設計や建築のときの中心的
な関心事で、屋上からカーテンウォールへの排水、地下の防湿、
空気調和機の除湿水、送水管の配置など、あらゆる場面で重要にな
る（昔から住宅では洗濯機と乾燥機が地下に置かれることが多いのに
は、れっきとした理由がある）。

　大きな水問題は、2 つの意味で大きな出費につながる。壁や床、あ
るいは他の損傷した箇所の解体、修復、そして交換に費用がかかるこ
とに加えて、ビジネスの中断による損失もあるからだ。ジョーは大手
医療系企業の依頼を受けたことがある。そこでは、実際には金曜日か
らパイプが水漏れしていたのだが、それに従業員が気づいたのは週末
明けの月曜日だった。そのビルは水の除去、清掃、解体、修復のため
に 16 日も閉鎖されなければならなかった。もちろん、会社のビジネ
スにとって大きな痛手だ。被害額がどれぐらいになるかを知るために、
単純に収益の比率を算出すればいい。 1 年で 240 日の営業日がある
と仮定すると、そのうちの 16 日はおよそ 7 パーセント。つまり、年
商も 7 パーセント近く減ったと考えられる。この会社は年商が2000万
ドルほどだったので、およそ 130 万ドルの減収になった。そこに清
掃や改修の費用が加わるのである。

　そのような水害は大問題だし、他の異常気象が関係する損害につい

ては第 10 章で論じることにするが、実際のところ、建物で発生する水問題のほとんどは人知れず進行する。目に見えないどこかで、ゆっくりと漏れる水や結露が損害を引き起こすのだ。

　それらはとても小さな問題なので、誰も気づかないことが多いが、天井の変色など、何らかの兆候がどこかに現れている。あなたも、どこかのビルに入るたびに探してみればいいだろう。「天井に染みが浮いていないだろうか？」と。天井の染みは、今の、過去の、あるいは未解決の水問題の典型的な兆候だ。天井近くの壁の塗料が剥がれていたり、空気がかび臭かったりした場合も怪しい（水問題は住宅の売買の際にも最重視される項目の 1 つなので、建物を査定する検査士は水問題に最も注目し、地下室のチェックの際などに必ず水の害について質問をする）。【監修注：日本では地下室はまれなので、台所や浴室などの水回りが該当する。】

カビ

　湿気や水の問題を放っておくわけにはいかないのは、それらが引き金になってカビが繁殖する恐れがあるからだ。カビが繁殖するには、3 つの条件が必要になる。水分と温度と栄養だ。建物のなかには、すべてがそろっている。水はたくさんあるし、オフィスビルでは室内がカビにとってもちょうどいい気温に設定されているし、壁紙やカーペットの表面を覆う有機物が栄養源になる。

　カビは健康問題だ。アレルギー反応を引き起こすこともあれば、炎症の原因になることもある。カビに対するアレルギー反応が喘息を発症あるいは悪化させるケースも確認されている。咳やノド鳴り（喘鳴）など上気道の症状を引き起こすこともある。炎症性物質としては、カビは目や鼻や喉の粘膜に働きかけるだけでなく、カビにさらされた人の多くは頭痛にも悩まされる。

　そのような健康被害がなくても、天井や壁のカビが日に日に大きく

広がっていくオフィスで働くのは気分のいいものではない。典型的なむっとするジメジメしたにおいのする部屋で、敏感な人なら「ここなんかカビ臭いぞ」と正確に言い当てるような場所で、多くの時間を過ごしたいと思う者はいないだろう。極端な場合、カビが木材などの建築材料を腐朽させて、修理できない損害を引き起こすこともある。

推奨事項

- 防止——屋根の水切りから基礎の防水にいたるまで、水が浸入しないように、建物表面を適切に設計する。内部の配管と冷暖房設備を定期的に検査して、水漏れや滞留のサインがないか確認する。
- 発見——建物の内外で水が害を起こしてないか、普段から目を光らせ、においに気をつける。配管がある領域では、水漏れ検知器の設置を検討する。
- 修理——水と湿気の問題にはできるだけ迅速に対応すること。対処が遅れれば遅れるほど、費用もかさむ。
- 清掃——水で傷んだ多孔質素材はすぐに乾かすか取り除く。その後、ぬれた多孔質素材に触れていた非多孔質素材を清潔にする。

基礎6——ほこりと害虫

次の文を読んでみよう。

イエダニは微少な害虫で、人や動物から剥がれ落ちた細胞をエサにしていて、通常は寝具やマットレス、あるいは家具の綿や布に生息している。イエダニは人を噛んだり刺したりしないが、糞や死骸が有害なアレルゲン（Der p 1）になり、人の健康を大いに脅かす。ダニは喘息、アレルギー性鼻炎（花粉症）のような免疫反応、さらにはアレルギー反応——鼻水のような軽いものから、喘息発作のような重いものまで

──の原因になる。喘息を患う小児におけるイエダニアレルゲン感受性は 48 パーセントから 63 パーセントと言われていて、そのような子供たちが大量のアレルゲンにさらされると入院リスクが高まる［注17］。

　まるでホラー映画だ。ほとんどのベッドにも目に見えないほど小さな生き物が潜み、剥がれ落ちた人間の皮膚を食べ、アレルギーを引き起こす糞をまき散らしているのだから！　本当に不快だ。

　しかも、ほこりの中にいるのはイエダニだけではないのである。ゴキブリやネズミ、猫や犬からのアレルゲンも見つかる。唾液や角質（犬・猫）、尿（ネズミ）、唾液や糞や剥がれた身体部分（ゴキブリ）などだ。それらが目や皮膚のかゆみ、咳、くしゃみ、あるいはノド鳴りや息苦しさなどを引き起こす。

　自分のオフィスや家は清潔なので問題ない、とあなたは思うだろうか？　私が勤めているのは、犬同伴が許されたシリコンバレーの会社じゃないので、このテーマは自分には関係ない、と考えた読者もいるだろう。もしあなたがそう考えるなら、ここで興味深い研究を紹介しよう。ある研究で、公共の場でイヌアレルゲンを探したところ、学校やパブ、映画館など、犬が寄りつかないような場所でも見つかったのだ。では、猫はどうだろう？　猫に由来するアレルゲンはとても〝くっつきやすい〟ので、犬のそれよりもやっかいであることがわかった。猫がいないはずのオフィスや学校、空港なども含め、ありとあらゆる場所で見つかったのだ。私たち人間はそれらアレルゲンを衣服に付着させ、移動して持ち運び、一部をどこかで落としている。公衆衛生の専門用語を使うなら、私たちの着ている服が粒子や化学物質への暴露を〝媒介〟しているのである［注18］。

化学物質の貯蔵庫としてのほこり

ほこりの中に潜んでいるのは生物アレルゲンだけではない。ハウスダストには有鉛塗料からの鉛も、消費財や建築材料や家具に由来する化学物質も含まれている。人が外で靴につけた汚れも家のほこりに紛れ込む。公衆衛生という点で、最も効果的な方法の1つは、自宅では家に上がる前に靴を脱ぐこと、オフィスでは泥よけマットを使うことだろう。

　ほこりのなかに危険なアレルゲンや化学物質がごちゃ混ぜになっているのだから、ダイソンのような企業はエンジニアリングではなく、むしろ（私たちの考えでは）ヘルスケア会社だと言える。掃除機や空気清浄機など、家庭のほこり（空中も含む）を除去する製品をつくっているのだから。しかし、私たちがダイソンをヘルスケア会社とみなすべきと考える本当の理由は別にある。あなたの子が食べこぼしたシリアル（穀物を加工した食品、コーンフレークやオートミールなど）を掃除するための道具と考えれば、同社の掃除機の数百ドルという価格は、法外な値段だと思えるだろう。しかし見方を変えて、あなた自身や子供たちをハウスダスト内の化学物質やアレルゲンから守るための道具だと考えれば、高性能な掃除機の値段も安く感じられるのではないだろうか。そして、実際にその値段は安いと言える。まともな考えをもつ人なら、ただかっこいいだけの掃除機に数百ドルを支払う気にはならないだろうが、家庭やオフィスの健康を守るための掃除機なら、それぐらいを出しても惜しくはないだろう。ジョーはダイソンに協力しながら、同社に自社のことをエンジニアリング会社とみなすよりも先にヘルスケア会社とみなすよう、働きかけている。

体内に入るほこり

　ほこりに含まれるアレルゲンや化学物質は、3つの経路を通じて人体に入り込む。吸い込んだ空気、皮膚、無意識な摂取の3つだ。私たちは床からほこりを巻き上げて、空中に浮遊させる。だから吸い込

んでしまう（すでに紹介したピッグペン効果）。また、肌に付着した化学物質の一部が皮膚を通じて体内に入り込むこともある。さらに、ほこりを食べてしまうことも。もちろん、わざとではないが、食べることに変わりはない。成人の場合、1日に45ミリグラム（mg）のハウスダストを摂取することが証明されている。多い場合は、100 mgになることもある［注19］。

この数字の意味をわかりやすくするために、ナトリウムと比べてみよう。ナトリウムの摂取推奨量は1日につきおよそ2000 mg。つまり、人が摂取するハウスダストの量は、質量にしてナトリウムの2〜5パーセントということになる。私たちは食べ物や飲み物として、意図して塩（ナトリウム）を摂取する。では、どうやってハウスダストを口に運んでいるのだろうか？　日常の生活を通じて、私たちは手にほこりを付着させる。それが、唇に触れたときや、サンドイッチやスナックを手で食べたときなどに、口に入ってしまうのだ。

幸いなことに、そのようなほこりへの暴露は、オフィスでも自宅でも減らすことができる。推奨事項を紹介する前に、ほこりやハウスダストに興味があるなら（誰もが興味をもつべき……）、ポール・リオイが書いた『Dust（ダスト）』を一読することをお勧めする。リオイは9.11同時多発テロ事件で発生したちりやほこりのなかに見つかった化学物質や他の物質の危険な混合物を調査した［注20］。

推奨事項

・頻繁に手を洗う（建物とは関係ないが、手洗いは衛生の初歩なので、言及しないわけにはいかない）。

・HEPAフィルター付きの掃除機で、定期的に床を掃除する（ここではHEPAフィルターであることが重要で、HEPAフィルターでない場合は、掃除機をかけても大きなほこりを吸い上げてそれを細かなほこりや粒子に砕いてから、また部屋に撒き散らしているだけ）。

・HEPAフィルター付きの掃除機での掃除に加えて、床以外の表面も定期的に清掃して、沈着したほこりのなかにアレルゲンがたまるのを防ぐ。ここで言う表面とは、デスクだけを指しているのではない。壁、額縁、置物、間仕切り、ドアなど、ありとあらゆる表面だ。それらもほこりの層で覆われている（人が動くとほこりが巻き上がって、最後に床や他の表面に付着する）。

・動物由来のアレルゲンの発生源を制御する。総合的な害虫・害獣管理計画を使えば、有害な殺虫剤や殺鼠剤を自宅やオフィスにまかなくても害虫や害獣の繁殖を効果的に抑えることができる。

基礎7——音響と騒音

　騒音による健康被害の研究という点では、これまでいわゆる「騒音性難聴」に重点が置かれてきた。実際、労働衛生基準も難聴（聴覚損失）の診断や予防だけを目的に設定されている。音響や騒音に関しては、難聴やその予防以外にもたくさん話したいことがあるのだが、ここではひとまず難聴に目を向けることにしよう。そうすることで、騒音について一定の理解が得られ、その許容範囲が明らかになるからだ。

　アメリカの場合、職業安全衛生管理局が8時間にわたる騒音の上限を90 dBAと決めている。「dBA」とは「A特性音圧レベル」のこと。「音圧レベル」はいわゆるデシベルのことで、音の強さを表す単位である。また、「A特性」は人の耳の聴感特性に合わせた補正曲線であり、これを用いることで、騒音の強さを最も正確に計測することができる。ACGIHなどといった他の国際的に名の通った労働衛生組織は、より安全な85 dBAを上限と定めている（ACGIHは、かつては「米国産業衛生専門家会議」の略称として用いられていたが、今ではACGIHが正式名称になっている）。上限値に加えて、極限値として130 dBAが設定されている。ワーカーはこの値を超える騒音に1秒たりとも

さらされてはならない、という意味だ［注21］。

　では、これらの騒音レベルは、実際のところどの程度の音なのだろうか？　図書館はだいたい 40 dBA、通常の会話は 60 dBA以下に収まると言われている。落ち葉掃除機は使用者の耳元でおよそ 95 dBA。1 マイル離れた場所から聞く離陸する飛行機は 90 dBAを超えることがあり、発砲音は 140 dBA以上になる。重要なのは、dBAが対数尺度を用いて計測されるという点だ。『ニューヨーカー』で2019年に発表された「Is Noise Pollution the Next Public Health Crisis?（騒音は新しい公衆衛生問題？）」という記事が指摘しているように、対数尺度における 100 dBAの騒音とは、50 dBAの 2 倍ではなく、じつに 10万倍の強さを意味している！［注22］

　ACGIHの騒音制限が適用されるワーカーの場合、騒音が 3 dBA増えるごとに許容暴露時間が半分になる。要するに、1 日の平均騒音が 88　dBAなら、ワーカーは 85 dBAの 8 時間の半分＝ 4 時間しかその騒音にさらされてはならない。同様に、騒音レベルが 82 dBAの場合は、許容暴露時間は 16 時間に増えることになる。この仕組みは「等価交換レート」あるいは「エネルギー等価規則」などと呼ばれている。

　興味深いことに、この規制を隅々まで詳しく読むと、ワーカーの騒音暴露の許容値を計算する際、80 dBA以下の騒音暴露は計算に含めないことがわかる。なぜなら、この規制は難聴予防だけを目的にしていて、80 dBA以下の音が慢性的な難聴を引き起こす証拠がほとんど見つかっていないからだ。【監修注：日本でも、厚生労働省の「騒音障害防止のためのガイドライン」において、85 dBAを上限とし、85 dBA以上 90 dBA未満の場合には何らかの対策（防音保護具着用など）を求め、90 dBA以上の場合は不適切な作業環境と評価し改善を求めている。80 dBA以下の測定値を含めないのも同様である】

難聴以外の騒音被害

空港や工事現場など、騒音レベルが 80 dBAを超える職場は少なく
ないが、オフィス、家庭、学校などでこの値の騒音がまとまった時間
発生することはほとんどない（少なくともほとんどないはず）。ワー
カー暴露上限の定めに従えば、私たちは何も心配する必要はない、と
いうことになる。しかし、それは騒音が引き起こす難聴だけを考えた
場合の話であって、騒音や音響は 80 dBA以下でも問題を引き起こす
のである。

　学童を相手にした調査を通じて、騒音が成績に影響する事実が非常
に説得力のある形で証明されている。例えば、フランスで行われた
500 人以上の小学生を対象にした調査で、平均の騒音レベルである
50 dBを 10 dB超えるごとに標準試験の成績が 5.5 ポイント下がるこ
とが確認されている［注23］。

　では、どのようにして、騒音が成績に影響するのだろうか？　考慮
すべき点はいくつかある。第 1 に、背景に何らかの雑音があるので、
教師はそれよりも大きな声で話さなければならない。現状の規制では、
そのような背景雑音は 35 dBA以下でなければならないと決められて
いる。第 2 に、教師から直接届く音は背景雑音よりも 15 dBA強い必
要がある（信号対雑音比（SN比）が +15 dBA）。第 3 に、生徒と教
師の距離も問題になる。 3 フィート（ 0.91 メートル）離れた場所の
教師の声が 65 dBAなら、教室の後ろのほう、24 フィート（約 7.3 メー
トル）離れた場所なら 47 dBAになるだろう（音レベルは逆二乗の法
則にもとづき、距離が倍になるごとに 6 dBA下がる）。このケースで
は、教室の前のほうに座る生徒は先生の声がよく聞こえるはずだ。先
生の声は背景音よりも 15 dBA以上大きいからだ。しかし、後方の生
徒ではSN比が 15 dBAに満たない。第 4 に、反響と残響の問題も考
慮する必要がある。教師から直接届く音に加えて、内装の表面で反射
した音も少し遅れて生徒の耳に入る。残響時間が長すぎると、話し声
が重なり、ときには聞き取れなくなる。コンサートホールなど、少し

長めの残響時間が求められる空間もあるのは確かだが、オフィスや学校などでは残響をできるだけ少なくすることに努めなければならない。

　おそらく最も興味深い点は、難聴や学習効果以外の健康問題を示唆する騒音暴露に関する研究が増えてきている点だろう。そのような研究を通じて、騒音暴露が（誰も驚かないだろう）睡眠障害を引き起こすことや、血圧やストレス反応（アドレナリンやノルアドレナリンの増加）に悪い影響を与えることが明らかにされている。さらに意外なことに、最新の研究では騒音と心臓血管系の関連も指摘されている。空港周辺の住宅に関する調査で、飛行機の騒音が届く範囲内で生活する人々は、騒音が 10 デシベル増すごとに心臓血管系の病気を理由に入院する率が 3.5 パーセント増えることがわかったのだ［注24］。騒音性難聴では 80 dBAは計算にも含めないのだが、この空港周辺の調査では 80 dBA以下の数字でさえ、「高暴露」グループとみなされた。

推奨事項

　他の多くの問題と同じで、騒音の問題も複数の要因が関連している。場所、機械のシステムノイズ（機械音）、窓や壁の性能、内装の音響特性などだ。また、建物の種類や使い方も問題になる。オフィスの場合、当然ながらキッチンよりも会議室のほうが静かでなければならないし、学校でも食堂よりも図書室のほうが静かであるべきだろう。そのため、すべてに共通する騒音の推奨値を定めるのは難しい。それでもあえて、次の点は推奨したい。

・建物のさまざまな場所に「騒音区画」を決め、使用目的や使用者に応じてそれぞれに許容できる騒音レベルを設定する。

・壁とドアと窓に注目し、各ゾーン間の騒音の伝播と外部からの音の侵入を最小限に抑える（要するにゾーンの区分を明確にするということ。そこが曖昧ならゾーンの意味をなさない）。

・音を吸収し、残響を最小限に抑える建築材料を用いる。

・これまでの様々な手法で騒音を適切にコントロールできない場合に限り、ノイズキャンセリングやノイズマスキングなどの技術の使用を検討する。

・オフィスのワーカーに集中できる静かな場所や、個人的な会話や電話が可能な防音室を提供する。

基礎8──照明と景観

　エアコンの発明が私たちの働く場所を永遠に変えたのだとしたら、人工照明の発明は私たちが働く時間を永遠に変えたと言えるだろう。トーマス・エジソンが白熱電球を発明してからのおよそ 150 年を除けば、私たち人間と光の関係は地球の自転により生じる自然な昼夜サイクルに支配されていた。人体は天体が生み出す光リズムの下で進化してきた。

　人や他の多くの生体で見られるおよそ 24 時間の周期は、概日リズム（サーカディアンリズム）と呼ばれている。概日リズムの大部分は感じることも見ることもできない光によって調節されていて、その作用で脳と体が昼夜サイクルと同期するようになっている。もし、あらゆることが概日リズムどおりに行われるとしたら（つまり、私たちが日光を正しいスペクトルで正しい量、そして正しい時間に浴びれば）、睡眠の質にも、メンタルヘルスにも、パフォーマンスにもポジティブな効果が現れる。逆に、概日リズムに合わせなければ、悪い作用が生じることになる。その証拠に、研究を通じてシフトワーカー（昼夜が逆転し、概日リズムが完全に崩壊しているワーカー）は注意散漫で、仕事のできが悪く、事故を起こしやすいことが明らかになっている[注25]。この調査結果は驚きには値しないだろう。夜を徹して働いている人のほうが疲れや不注意から、足を滑らせたり、つまずいたり、転落しやすくなることは意外なことでも何でもない。しかし、次の発見

にはあなたも驚くに違いない。シフトワーカーのほうが慢性疾患や癌を発症しやすいのである。実際、シフト制には発癌作用があると考えてほぼ間違いない［注26］。

照明スペクトル

現代人のほとんどは光や概日リズムに思いを巡らせることがない。私たちはもっと実用的な観点から光を意識する。「本を読むとき、仕事をするとき、料理をするとき、あるいは歩いてもつまずかないように」光が必要、などと考える。

光は万人に平等であり、「光はどれも同じ光である」という古い考え方は置き換えられてしまった。言うまでもないが、この新しい時代は（1）新しい研究と（2）新しい技術によってもたらされたものである。

研究の最前線では、浴びる光の強さ、スペクトル（色）、タイミングが私たちに作用することが明らかになっている。照度とも呼ばれる光の強さについては、詳しく説明する必要はないだろう。単純に、私たちの職場や自宅の光がどれぐらい明るいか、ということだ。専門的には、照度とは特定の表面に当たる光の量を指し、ルクスという単位で表す。

光スペクトルが人に影響するという考えは新しく、すこしわかりにくいかもしれない。「光スペクトル」とは光の色のことで、メーカーはだいたい「色温度」という単位（K）で表示している。3500 Kまでは温かい光、4000 Kで涼しくて白い光、6500 Kなら青みがかった光になる。

昼間の日光は青みがかった光（6500 K）で、日の出直後や日没直前はおよそ2000 Kだ（写真撮影を趣味にしている人は、日の出直後や日没直前を指す言葉として「ゴールデンアワー」という言い回しを聞いたことがあるだろう。太陽光の温かい色が写真を美しくしてくれるし、影も目立たなくなる）。

研究では予想どおりの結果が得られている。学生を相手に実験を行ったところ、青みがかった光を浴びた学生は覚醒度が高く、集中でき、認知処理も速く、テストで優秀な成績を収めたのだ[注27]。オフィスワーカーにおいても同じような結果が得られていて、気分や集中力の高まりが確認されている［注28］。その理由は、昼光色には刺激として作用し（覚醒作用）、概日リズムを同期する力がある（概日作用）からだと考えられる。夜遅くベッドのなかでスマートフォンを使わないほうがいいという考えも、同じ理由から来ている。スマートフォンが青みの強い光を放つからだ。つまり、あなたの体はリラックスして眠ろうとしているのに、終わりのない刺激的なコンテンツだけでなく、スマートフォンの放つ光そのものも刺激物として作用するのだ。

このような研究成果を応用した斬新な照明技術がすでに開発されていて、それらは建物にも実装可能な商品として市場に現れはじめた。それを使えば、電気照明の色温度（温かさ）を調節できる。つまり、自然界をまねできるのだ。朝と夕方に温かで色温度の低い光を、昼間には色温度が高くて青みの強い光をつくることができる。この技術が、建物の設計にも変化をもたらした。これまで、私たちは人間の目の〝明順応〟を考慮して照度をルクスで測ってきたのだが、今は覚醒度や概日リズムの同期などに影響するさまざまな要因を考慮に入れた〝メラノピックルクス〟を測れるようになったのである。

景観とバイオフィリックデザイン

その延長線上で生まれたのがバイオフィリックデザインという考え方だ。光の研究と同じように、人間に何千年ものあいだ刻み込まれてきた記憶がいかに私たちの生活に影響しているかを探る研究を行い、そこで得られた知見を実践に活かす分野だ。ハーバード大学の生物学者として著名なE・O・ウィルソンが提唱した理論によると、私たち人間はいまだに体内に刻み込まれた自然とのつながりに強く支配され

ている［注29］。著作『バイオフィリア』のなかで、ウィルソンは現代の私たちが生活している環境は、人類が進化してきた環境とはまったく異なっている点を指摘した。人類はアフリカの広大なサバンナのなかで自然と親しみながら、木の覆いに守られて生きてきた。ここで重要なのは、私たち人間は屋外種として生きていた時代に生物としてコード化されたという点だ。ところが現代になって、人は自然界から遮断されて生きるようになった。何千年もの時をかけて形づくられてきた私たちの遺伝子は、自然とのつながりを求めているというのに。

　自然を遮断するという試みがうまくいきすぎたため、今では病気の予防〝薬〟として自然を活用するほどになった。例えば、日本では〝森林浴〟が盛んに行われている。体調を取り戻すために、意図的に森を散策するのだ。アメリカではアパラチアン・マウンテン・クラブ（AMC）が「アウトドアRx（処方箋）」というプログラムを運営している。ボストンの医療組合と協力しながら、弱い立場の人が多いコミュニティに住む13歳以下の子供たちに自然に触れることを指示する〝処方箋〟を与える運動だ（ジョンの家族は長年AMCのサポーターとして活動し、ジョンは同団体の役員を務めている）。同じように国立公園局も、ヘルシーパーク・ヘルシーピープル運動の一環として「パークRx」を行い、人々に処方箋を渡し、自然界とのつながりを取り戻すために公園や自然を訪れるよう促している。

　まもなく、バイオフィリア仮説を〝室内〟環境に応用するための取り組みとして、バイオフィリックデザインという分野が生まれた。室内での生活に自然を取り入れ、人の遺伝的性質と現代社会における無機質な生活空間との隙間を埋めようとする試みだ。だが残念ながら、理屈としては聞こえはいいが、実際のところは（まだ）中身がともなっていない。バイオフィリックデザインが人のパフォーマンスにどう影響するのか、ウィルソンの本が1984年に出版されて以来、ほとんど調査が行われていないのが実情だ。

行われた数少ない研究のなかで、専門家のあいだでおそらく最もよく知られているのが、病院で同じ階に入院している患者を対象にした研究だろう。その研究では、患者の半分が窓からレンガの壁しか見えない部屋に、残りの半分が窓の外には自然が広がっている部屋に入院した［注30］。医者、看護師、治療、薬品など、その他の条件は同じで、どの患者がいい部屋に、どの患者が悪い部屋に入るかは、無作為に決めた。結果は驚くほど明らかだった。窓から自然が見える部屋の患者は、少ない薬で回復も早かったのだ。これは画期的な研究だった。

　しかし、この研究が発表されたのは1980年代の半ばで、それ以来、同じような調査はほとんど行われていないし、同じ内容の研究を再現しようという試みも見られない。不思議な話だ。

　幸いなことに、拡張現実（AR）や仮想現実（VR）、視線追跡、ウェアラブルセンサーなどといった技術が生まれたおかげで、この分野でももっと踏み込んだ研究ができるようになった。ジョーのヘルシービルディングチームもBIOプログラム（オフィスにおけるバイオフィリック介入プログラム）の一環として一連の研究を行っているところだ。博士課程の学生だったジエ・インが中心となってハーバードで行った最初の研究では、ほんの少しでも「バイオフィリック環境」にさらされると、生理的な変化として血圧と心拍数が下がり、さらに短期記憶の成績もよくなることがわかった［注31］。2つ目の研究では1つ工夫を増やして、〝仮想の〟バイオフィリック環境をつくり、創造性をテストした。その結果、自然を取り入れた室内空間にいる人は、創造性の3つの側面、すなわち流暢性、柔軟さ、独創性で成績が上がることがわかった［注32］。3つ目の調査では、バイオフィリック環境でストレスからの回復がどれぐらい速くなるかを調べた。ごく一般的なストレス要因（数学テスト）を用いて被験者に不安を覚えさせたのち、彼らをバイオフィリックデザインの要素を含む部屋と含まない部屋のどちらかに案内したのだ。すると明らかな違いが現れた。自然

の要素がある部屋に入った人は 4 分以内にストレス反応が減ったのである［注33］。

バイオフィリックデザインに関する研究は増えつつあり、それらは室内に自然を持ち込み、人と自然のつながりを取り戻すことは、身体的にも精神的にも、実際に有益であることを示している。興味深いことに、私たちがBIO研究として最初に行った調査で、仮想現実が本当の現実と同じような反応を引き起こした（もしあなたが仮想現実のジェットコースターに乗ったり、ホラー体験をしたりしたことがあるのなら、それらに強烈な生理反応を引き起こす力があることをすでに知っているだろう）。

もちろん、公園に散歩に行く代わりにVRゴーグルを使え、と言いたいわけではない。しかし、入院患者や都会の真ん中に住む病弱な人など、多くの人が自然と触れることができないのも事実だ。ほとんどの時間を室内で過ごしているとしても、ほんのつかのまだけでも、たとえそれが仮想現実でも、自然に触れるだけで少し回復できるとしたら、それを拒む理由があるだろうか？

推奨事項

- ・最低照度基準を満たし、ちらつきを防止する。
- ・日光と窓へのアクセスを最大限に確保する。
- ・光の強さ、スペクトル、タイミングに注意する。
- ・バイオフィリックデザインを応用して、室内に自然を取り入れる。

基礎9──安心と安全

心理学者マズローが提唱した「欲求の段階」説を見てみると、食べ物や水と並んで、「安全に暮らせる場所」も基本的な欲求の 1 つに数えられている。安全な場所を見つけることは、人間の生理にとって最

も優先すべきことなのだ。この欲求はDNAに刻まれていて、人間にも、他の多くの動物にも、「壁の近くにいると安心する」という性質がある。これは「走触性」と呼ばれていて、それがあるおかげで、広い空間で孤立して捕食者に襲われる危険に陥らずに済むのである。何か恐ろしいことがあったとき、私たちは壁を背にすることで何となく落ち着き、安心を覚える、ということだ（内気で気弱な人がパーティーなどで壁の花になっていることが多いのも同じ心理からだし、典型的なマフィアのボスがいつもレストランの隅の席に座るのも3つの面を壁で守るためだ）。走触性反応はとても強いため、抗不安薬の効き目をテストするときにも利用されている。

　ここで「安心と安全」を9つの基礎の1つとするのは、奇妙なことに思えるかもしれない。ヘルシービルディングの話をすると、人々は何はさておき「空気の質」や「水のきれいさ」などを想像する。安心と安全について考える人はまずいない。安心と安全の話をすると、みんな戸惑った表情を見せる。健康を題材にした学術会議などで9つの基礎のロゴをスクリーンに映すと、必ず誰かが手を上げて、「どうして安心と安全がヘルシービルディングの基礎に含まれているのか？」と質問する。逆に安全保障の専門家と話をすると、健康が安全とどう関係しているのか、といぶかる声が聞こえてくる。なぜなら、通常、健康の専門家は安全保障についてあまり考えないし、安全保障の専門家は医療業界についてあまり多くを知らないからだ。しかし、安全と健康は深く結びついている。

闘争か、逃走か

　安心と安全は、急性的にも慢性的にも、健康を左右する。建物には、火災や一酸化炭素中毒などといった明らかな危険から私たちを守るための設備が整っていて、アメリカでは火災および生命安全システムなどと呼ばれている。そのような設備が人間の健康を守るために存在す

ることは容易に理解できるだろう。

　建物には他にも安心と安全のための仕組みが備わっている。例えば、正面玄関脇の守衛、あるいは防犯カメラなどだ。それらは健康に影響を及ぼすのだろうか？　急性的な健康という意味では、その答えは「イエス」だ。それらは私たちの安全が直接脅かされる事態——例えば銃をもった者の侵入——を防いだり、止めに入ったりするためのものなのだから。しかし、それだけではない。安心感が人のストレスを減らし、メンタルヘルスを維持し、慢性疾患の発症を抑えるという事実が明らかになっている。その仕組みは、次のように説明できる。

　　安全が脅かされた人は、「闘争・逃走反応」と呼ばれる一連の生物学的反応が起こり、その影響で肉体的にも心理的にも変化が生じる。安全が脅かされたと感じると、アドレナリンやコルチゾールといったストレスホルモンが体内を満たし、心拍数の増加や血圧の上昇を引き起こす。人によって反応はさまざまだが、心理的なストレスは免疫にも悪影響を及ぼし、その変化は 5 分もたたないうちに始まることもある。ストレスホルモンが増えた状態が慢性化すると免疫力が弱まり、自己免疫疾患や炎症が悪化するだけでなく、血圧が上がって動脈の損傷や血栓が生じる恐れも増すため、高血圧や心血管系疾患のリスクが高まる。時間がたつにつれ、そのような反応が全身をむしばみ、体を病に対して脆弱にしていく ［注34］。

　以上のような健康被害を裏付ける証拠のほとんどが、ストレスに満ちて安全ではない環境に住む人々のストレスホルモンの上昇の研究から得られたものだ。では、そこに建物はどう関わってくるのだろうか？

　この点に関する文献はまだ数が少ないが、それらが示す内容には目を見張るものがある。守衛の存在、表通りに設置した防犯カメラ、強化ロックなどを用いることで安心感が強まり、結果として一連のスト

レス障害を防ぐことができるのである。

エンタープライズ・セキュリティ・リスク・マネジメント

　現在、注目すべき重要な変化が起こりつつある。何よりもまず、セキュリティ分野では玄関脇の守衛でセキュリティは〝十分〟という考えは過去のものになりつつある。物理的な障壁中心の考え方からの離脱が進みつつある重要な局面について、ハーバード大学ケネディスクールの教員であり、米国国土安全保障省で行政次官補を務めた経験ももつジュリエット・カイエムは次のように説明する。「セキュリティとは、多くの点で簡単な話だ。しかし現代社会における課題は、そして建築環境の使命は、〝セキュアフロー〟をどうやって促進するか、という点にある。つまりリスクを極力抑えながらも、社会の中心である人、物、ネットワークの流れを妨げてはならないのだ。 21 世紀のセキュリティを考えるとき、建物への流れや建物を通過する流れを可能にするための技術の活用は避けては通れないテーマだ。単純に壁を建てれば安心だと思えるかもしれないが、流れを容易にするという意味では現実的でも有益でもない」[注35]

　同様の考え方から、総合的な安全の実現を目指すエンタープライズ・セキュリティ・リスク・マネジメント（ESRM）と呼ばれる新しい分野が生まれた［注36］。ここでなぜこのような話をしているかというと、企業におけるセキュリティの役割に対する見方が変わりつつあり、そこでは建物が中心的な役割を演じるからだ。ESRMが、従来は〝セキュリティ〟とは無関係だと思われていたさまざまなリスクを管理するためのフレームワークとなる。私たちの考えでは、建物とセキュリティの関係は明らかだ。

　安心安全という点では、病院は以前から 1 歩先を行く建物だった。安全性能を評価するためのフレームワークがあったからだ。病院は医療施設の認定機関である医療施設認定合同機構により審査される。審

表6.1　企業セキュリティリスク管理（ESRM）における建物の役割

ESRMフォーカス分野	建物との関係
サイバーセキュリティ	スマートビルディングとモノのインターネット（IoT）
ビジネスの継続性	セキュアフロー、ビルや地区の停電、自然災害時およびその後の建物のレジリエンス
物理的セキュリティ	セキュリティスタッフ、自動ロックと監視カメラと警報器、IDカードによるアクセス許可
緊急事態	火災および救命システム、銃乱射事件に備えた訓練や計画、爆破およびテロ攻撃への対処
状況の認識	誰がいつ建物内のどこにいるかの把握、建物周辺の情報（ソーシャルメディア、警察、公式レポート）の監視、「不審点の報告」の徹底

査は毎年行われ、場合によっては多額の罰金が科せられることや営業停止が求められることもあるので、病院側は拘束具の使用や院内で暴力に走る患者をなだめる方法にいたるまで、患者の安全に関係するあらゆる点で合同機構の要求を満たすために多大な時間と金銭を費やす。

　自ら病院を所有あるいは管理していない読者は、この部分は読み飛ばしてもかまわない、と思ったかもしれないが、少し待ってもらいたい。誰もが病院の例から学べることがあるのだ。合同委員会はすべての医療施設に対し、院内暴力の緩和策、脅威と脆弱性の特定、キーカードなどの管理、監視システムや防犯カメラの運用などを網羅したセキュリティ・リスク・マネジメント計画を〝文書〟として作成することを義務づけている。そこでは、ケーブルの配線によって防火扉や壁に穴が開いていてはならないなど、火災および生命安全システムの確保も、あるいはサイバーセキュリティやITセキュリティの管理も求められている。

　これらはどれも、カイエムの唱えたセキュリティの変化と「セキュアフロー」の考えと一致している。病院は1日24時間休みなく働かなければならないため、壁と守衛だけで安全を確保することはできない。流れを維持しながら、同時に安全も確保しなければならないのである。合同委員会と同じように、ESRMも総合的なリスク管理方式を

採用し、安心と安全をビジネスの中心とみなす。だからこそ、私たちはヘルシービルディングの 9 つの基礎の 1 つとして、「安心と安全」が絶対に欠かせないと考えたのである。あなたがどの建物にいようと、9 つ目の基礎も大切だと思うようになったのなら幸いだ。

推奨事項

- ・すべての火災および生命安全基準（消火システム、煙検知器、一酸化炭素検知器、非常灯など）を満たす。
- ・「セキュアフロー」の確保に努める。
- ・建物の安心安全に重きを置いたESRM計画を作成する（防火扉、貫通箇所、安全照明、物理的な安全、監視システム、防犯カメラ、サイバーセキュリティや ITセキュリティ、非常時対応計画、建物周辺の監視など）。
- ・建物管理の中心に安心と安全を据える。

すべてを総合した場合の経済利益

　意外なことに、ヘルシービルディング戦略の経済利益を見積もる努力は、これまでほとんど行われてこなかった。今のところ、最も広く引用され、最も優れているのは、ローレンス・バークレー国立研究所のビル・フィスクらが行った分析だろう。2011年、フィスクらはヘルシービルディング戦略の 3 要素——換気、サーマルヘルス、カビと湿度の制御——を行うだけで、アメリカの経済に 200 億ドル分の利益があると試算した［注37］。

　あなたは、この数字はあくまでマクロ経済的な利益を示しているだけであって、自分の会社、自分の建物、自分の投資には関係ないと思ったかもしれない。それなら、こう考えてみよう。この試算は、もっと工事をすれば、よりよい機器を売れば、コンサルタントを雇えば、

200億ドルの付随的な利益が得られる、などと主張する典型的な経済分析とは一線を画している。そうではなくて、"建物のなかで働く従業員"の生産性が上がって、それが200億ドルの利益になると言っているのだ。そう、200億ドルもの潜在的な利益がすでにそこにあって、あなたの会社の収益に加わる日を待っているのである。

　繰り返すが、9つの基礎のたった3つを実践するだけで200億ドルの利益になる。しかも、従業員のパフォーマンスしか計算に入れていないのにこの額だ。すばらしい建物は人材集めでも力を発揮する。最高の人材を引きつけることができるだろうし、彼らが他社に移るのを防ぐ力にもなる。それがさらなる収益増につながるはずだ。もちろん、欠勤やその他のシックビルディング問題も減るだろう。

次は?

　ここまで、建物がさまざまな点からあなたとあなたの従業員の健康を左右する事実を科学的に証明してきた。また、9つの基礎のそれぞれに、いくつかの推奨事項を紹介してきた。換気が適切か調べるための二酸化炭素の計測、水中の細菌やpH値のチェック、MERV 13以上のフィルターや小型空気清浄機を用いた空気質の向上などだ。第7章では、あなたがすばらしい工夫を施した新しい建物に持ち込む製品が、人々の健康にどう影響するか見ていくことにする。

第7章
世界規模の化学実験

これからも化学物質に囲まれて生きていくつもりなら——化学物質を食べて飲んで、骨の髄にまで吸収しつづけるのなら——それらの性質や力についてもっとよく知っておくべき。

——レイチェル・カーソン

　アメリカをはじめとしたほとんどの工業国で、人々の血液、母乳、あるいは尿から 200 種類を超える化学物質が容易に検出できる［注1］。それらの多くは建物の中で使っている製品から来るものだ。その実態についてあまりよく知られていないので、ハーバード大学のエルシー・サンダーランドは現状を「世界規模の化学実験」と呼んでいる。

　根本的な問題は、この 200 種類が氷山の一角に過ぎないことだ。アメリカでは 8 万種類を超える化学物質が商用利用されている。では、そのうちの何種類ぐらいで、健康や安全への影響が詳しく調べられているのだろうか？　およそ 300 種類だ。あまりの少なさに、あなたも驚いたことだろう。しかし、もっと衝撃的な数字が知られている。米国環境保護庁（EPA）は最初の〝毒物〟法を定めた1976年から今日までに何種類の化学物質の使用を〝禁止〟したのだろうか？

9 種類だ。そう、見間違いではない。EPAは 8 万種類以上の化学物質のなかから、今のところ 9 種類のみを禁止しているのである。それだけだ。しかも、そのうち 5 種類は1976年の法律ができる前から禁止されていた［注2］。つまり、過去 40 年で、EPAはたった 4 種類の有毒物質を新たに禁止したにすぎない。EPAのやり方はあまりにも非効率的で、あのアスベスト（そう、アスベスト！）ですら、いま

だに禁止されていない。毒性が懸念されているのに、調査さえされていない化学物質が山ほど残っている。

　それらの多くは、カーペットや家具や建築材料など、日常的な製品に利用されていて、多くの場合、いつかその製品から分離する。そして消えることなく拡散し、家、学校、病院、世界のあらゆる場所に現れるのだ。北極点で見つかった化学物質も存在する。そのような物質が、私たちの体内でも見つかるのである。

　本章では、私たちが建物の中に持ち込む物質が健康にどう影響するのかを見ていくことにする。このテーマはヘルシービルディングの新たな最前線で、「ヘルシアーマテリアル（より健康な材料）」、「マテリアルヘルス（材料の健康）」、「ケミカルズ・オブ・コンサーン（懸念化学物質）」などと呼ばれることもある。この動きはまだ始まったばかりだが、産業界、環境活動家、非営利団体などが参加する大きなうねりになりつつある。

ボディビルディング

　1970年代、アーノルド・シュワルツェネッガーが現役バリバリだったころのボディビルディング界では、アナボリックステロイドが広く用いられていて、その事実は公然の秘密だった。シュワルツェネッガー自身、ステロイドを使っていたことを認めている。水の入ったコップを置けるほど厚い胸板を手に入れるのに、彼が相当な努力をしたことは間違いない。そうやって彼は完璧な体を手に入れて、究極のミスター・ユニバースになった。外見だけに話を限れば。

　しかし、ジャッジの目の届かない場所で、ステロイドの副作用が体をむしばんでいた。最もよく議論された（そして証明もされた）有害作用は？　睾丸が小さくなることだ。実際、若い男性たちに注意喚起するために、ステロイドの使用に反対する広告キャンペーンも行われ

た。そこでは肩も腕も胸も筋肉でムキムキな男性が、世界最小の局部サポーターをはいてポーズをとっている。

　本章で紹介するステロイドなどの化学物質は、人の自然なホルモンバランスに悪影響を及ぼしかねない。増えたテストステロンの影響で内因性ホルモンのバランスが崩れ、それが男性の精巣に作用し、精液の生産が減り、人によっては乳房が大きくなることもある。のちに科学的な知識を得たシュワルツェネッガーは、自らの行為を振り返って、ステロイドの使用はボディビルディングではなく「ボディデストロイイング」だったと語っている［注3］。彼の外見は申し分なかったが、ステロイドが目に見えない場所を破壊していたのだ。

　なぜこのような話をしているかというと、ボディビルディングは建築業界で「コア・アンド・シェル」と呼ばれるものに似ているからだ。この言葉を初めて聞いた人のために説明しておくと、コア・アンド・シェルとは設計および建設チームが「フィットアウト」を行う前に納品するもののこと。要するに、建物の骨格と外装——コンクリートと鉄筋、窓と外壁——のことだ。一方のフィットアウトは建物に入るあらゆるものを指し、その中身は将来のビル使用者の要求に応じて変化する。外から眺めたコア・アンド・シェルはすばらしいのに、内側がひどく汚染されている建物も少なくない。

建築材料のせいで睾丸が小さくなる?

　ボディビルディングとステロイドは次の点で建物と共通している。私たちが建物のなかで触れる物質のいくつかは、ステロイドと同じように人間の生殖系に作用するのだ。例えば男性の場合、椅子に含まれる化学物質が生殖器に悪影響を及ぼす恐れがある。女性は?　女性の生殖系についてはあとで説明するので少し我慢してもらいたい。ここで男性の話から始めるのにはれっきとした理由がある。何事も男性に

不都合が生じる場合にのみ対策がとられることにうんざりしているある女性の友人が、私たちにこうアドバイスしてくれたのだ。「オトコとアレを話題にすれば、みんなすぐにあなたの話に興味を示すわよ」

　建築材料に含まれる化学物質の一部は、専門家から「内分泌撹乱物質」と呼ばれている。内分泌系とはホルモン系のことなので、内分泌撹乱物質とは「ホルモンに悪影響を及ぼす化学物質」と考えればいい。

　ステロイドと似ていて、これらの化学物質のいくつかは精巣癌の原因になることがある。他には、精子数に影響する物質や、赤ん坊の精巣下降不全を引き起こす物質などがある。

　以上が男性に限った話だ。しかし実際のところは、それら化学物質のほとんどは、当然ながら男女の性別に関係なく有害である。女性の場合、それらの影響で甲状腺系の自然なバランスが崩れることがあり、チロキシン（T4）などの甲状腺ホルモンや、T4を全身に送り届ける輸送タンパク質のトランスサイレチン（TTR）などを阻害する。

　そのような化学物質の攻撃は生殖系にも及ぶ。建物のなかで頻繁に見つかる化学物質のいくつかは、生殖系に有害だとされていて、例えばある研究では、妊娠するのに1年以上かかる確率が2倍になるという結果が出た。同じ研究では、女性が月経周期の異常を訴える率も高かった［注4］。

　ここからは、なぜそのような事態になったのかを観察し、この問題にどう取り組めばいいかを見ていくことにする。

問題になる化学物質

　アメリカでは、1976年に有害物質規制法（TSCA）が制定されたことをきっかけに、有害物質問題が始まったと言える［注5］。レイチェル・カーソンが著書『沈黙の春』のなかで、DDTのような農薬の過剰な使用（あるいは悪用）が環境に、鳥に、他の動物に、さらには

人間の健康にも影響することを明らかにした［注6］。それを受けて、1970年代には数多くの環境汚染問題が次々に明らかにされていった。そこでリチャード・ニクソン大統領は矢継ぎ早に一連の環境規制を敷き、環境保護庁（EPA）と職業安全衛生管理局を立ち上げ、TSCAを制定した。

　TSCAは既知の物質と新しい物質の両方を規制するためにつくられた。しかし、当初からの大きな問題は、1976年に利用されていた既存の化学物質は例外なくすべて、規制の対象外とされたことだ。それら物質のどれが「人の健康や環境に対して過度なリスク」となるかを評価するのはEPAの仕事だった。市場に登場する新たな化学物質の評価もEPAが行った。わかりやすい話だ。

　設立の趣旨は高尚だったが、実際には、EPAはTSCAの制定により機能不全に陥った。そのことは、現在商業に用いられている化学物質の数（8万）に対して、健康と安全の観点から十分に調査されている物質の数（およそ 300 ）あるいは1976年以降に禁止された物質の数（4）を見れば明らかだ。未知の物質については度外視するとしても、既知の化学物質 8万種のうち 7万 9700種以上が、長期的に摂取しても、吸い込んでも、触っても完全に安全だとはとても考えられない。実際、科学者が1976年からこれまでに人の健康に有害だと発表した化学物質の数は数十、数百に上るが、それらが規制当局のレーダーには引っかかっていないのだ。

　しかし、TSCAにはそれよりも深刻な問題が潜んでいる。TSCAの影響で、ある有害物質が他の有害物質で置き換えられることになったのだ。それを学者たちは「嘆かわしい代替」などと呼んでいる。【監修注：日本でも同様の事態が懸念されている。厚生労働省が有害化学物質の濃度指針値を定めているが、そこに指定された化学物質に替えて同様の機能を持つ別の化学物質の使用が疑われる。】

嘆かわしい代替——BPAフリーを巡る物語

　嘆かわしい代替とは何かを知るために、ビスフェノールA（BPA）という物質を見てみよう。あなたもBPAが含まれていないことを示す「BPAフリー」のマークが付いたベビー用品や水のボトルを見たことがあるはずだ。BPAが有害であるという話が広まり、消費者がBPAの排除を求めたことから、そのようなマークを表示した製品が売られるようになった。

　BPAとはプラスチックの製造に広く用いられている化合物で、人のホルモン系に作用する。

　具体的には、甲状腺ホルモン受容体やエストロゲン受容体などにBPAが結びついてしまうのだ。私たち学者は「ホルモン撹乱」や「ホルモン結合」などという用語を好んで使うが、それらは一般の読者にはあまりなじみがないだろう（内分泌撹乱物質にいたっては聞いたことがある人はほとんどいないに違いない）。そこで、少し具体的に説明しよう。最近の毒性調査によると、BPAが女性の生殖管に異常を引き起こし、妊娠能力を低下させ、乳腺に悪影響を及ぼし、脳の神経シナプスの働きに作用するようだ。さらに、血糖値やインスリンレベルなど、代謝作用にも変化をもたらす［注7］。列挙を続けることもできるが、そうしなくてもBPAが有害なことはもう理解できただろう。ホルモンは体内のシグナル伝達システム。そこが混乱すると、脳、生殖系、代謝、免疫など、主要な生命システムにも影響が広がる。

　これらの悪影響のすべてが、BPAへの〝低レベル〟の暴露で現れることをここで指摘しておく（専門的には「低用量効果」と呼ばれる）。

　ここでは消費財に含まれるBPAの話を続けるが、それはBPAという言葉をほとんどの人が消費者製品との関連で聞いたことがあるからであって、実際には多くの建築材料、例えばポリカーボネートやエポキシ樹脂にもBPAが含まれている。言い換えれば、建物の外装や屋根、

塗料やコーキング剤、フローリングあるいはガラス繊維接着剤などのなかにBPAを見つけることができる。

　BPAの害を心配した消費者が広く運動を起こしたため、BPAを含む多くの商品が排除され、「BPAフリー」と書かれたラベルを付けたベビー用品、玩具、飲料ボトルが店舗の棚に並ぶことになった。これは公衆衛生の勝利なのだろうか？　いや、話はそれほど単純ではない。

　多くのケースでBPAが単純にビスフェノールS（BPS）によって置き換えられた。BPSはBPAの親戚で、同様の毒性を有する。BPAと同じようにホルモンにも作用するし、エストロゲンやアンドロゲンの受容体にも結合する。悪い評判が立ったので、BPSも他の物質で置き換えられることが増えた。それがビスフェノールF（BPF）で、もう誰も驚かないだろうが、体に有害で、「BPAと同じような作用と潜在能力」をもっている［注8］。なぜか？　どれも化学的に同族だからだ（論文では「構造類似体」と呼ばれる）。

　つまり、市場にはBPAフリーの商品があふれているとしても、実際のところは多くのケースで嘆かわしい代替が行われただけなのである。ある物質が問題視されれば、それを追い払うのだが、すぐに中身はほとんど同じで見た目が少し違うだけの物質が登場する。それを追い払えば、また同じようなものが顔を出す。まるで〝化学的なモグラたたき〟であって、同じことの繰り返しに過ぎない。2016年に『ワシントン・ポスト』で発表した論説文で、ジョーがそのような「化学的モグラたたき」は BPAだけでなくDDTなどの農薬、マニキュア液に含まれる可塑剤、電子タバコの香りづけに使われる有害化学物質などでも行われていることを明らかにしている［注9］。後で詳しく説明するが、建築材料との関係でも、いくつかの例を挙げることができる。

　現行の制度では、そのようなモグラたたきを規制することができない。悪い物質が見つかれば、同族で置き換えられる。置き換える物質が安全かどうか、検査する義務はない。いつも同じことの繰り返し。

検査結果

グラフの凡例
● あなたの化学物質濃度
○ 他の被験者の化学物質濃度
● 化学物質が検出されなかった被験者
ng/mL あなたの尿サンプル1ミリリットルに含まれる化学物質の量（ナノグラム）

BPA（ビスフェノールA）

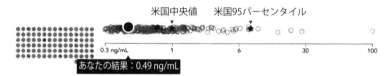

BPS（ビスフェノールS）

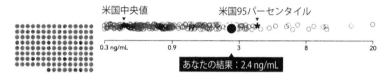

図 7.1 アメリカの全国平均と比べたジョーのBPAおよびBPSの尿中濃度の検査結果。サイレントスプリング研究所

ある物質が市場に現れてから、学者がその毒性を確かめなければならない。ある化学物質を〝たたいて〟追い払うと、ほとんど同じものがまた現れる。BPA → BPS → BPF →さて、次は何だろうか？　簡単に言ってしまえば、業界に自主的に規制させるというやり方は、うまく機能していないのだ。そうして、消費者が世界規模の化学実験のモルモットにされている。

　サイレントスプリング研究所が提供するテストを用いて、ハーバード大学のジョーと彼のチームがホリデーギフトとして１年間の尿検査をやってみた（嘘みたいな本当の話！）［注10］。その結果、ジョーは嘆かわしい代替の完璧な例であることがわかった。彼の結果を、全国平均と比べてみよう。ジョーはベビー用のコップと同じ「BPAフリー」だった。しかし、その代わりBPSで満たされていたのだ。

『ニューヨーク・タイムズ』の論説コラムニストであるニック・クリストフが同じテストを１年後にやってみた。その結果は？　ジョーと同じで、BPAは非常に少なかった。ところがジョーとは違って、BPSも少なかった。しかし、だから安心、というわけではなかった。彼は嘆かわしい代替がさらに〝進んだ〟ことの生ける証拠だった。彼は次の代替物質であるBPFで満ちていたのだ［注11］。

　もしあなたがしばらくガラス瓶を使っていたのに、BPAフリーだからという理由でプラスチック製品に舞い戻ったのなら、もう１度考え直したほうがいいだろう。困ったことに、同じような例がBPA以外にもたくさん存在する。しかも、あなたの建物でも同じようなことが行われているのである。

化学的モグラたたきとフォーエバー・ケミカル

　視線を建物に向けるために、撥水剤や防汚剤として使われる高度にフッ素化された化学物質を見てみよう。BPAと同じで、私たちのほとんどは、消費者向け製品を通じてそのような物質の存在を知っている。衣服、アウトドア用品、デンタルフロス、化粧品、焦げ付き防止加工を施したフライパンなど、数多くの製品に利用されている物質だ。しかしそれだけではなく、建物のあらゆる場所——椅子、ソファ、カーテン、塗料——でも使われている。

　それら物質の化学組成は非常に興味深い。詳しく見れば、なぜ消費者がそれを好むのか、そしてなぜそれらの使用が問題なのかよくわかる。防汚剤の特徴は炭素・フッ素結合にある。有機化合物のなかで最も強力な結合の１つだ。メーカーが炭素・フッ素基盤をつくるために両者を結びつけると、いくつかの役立つ特性が生じる。炭素とフッ素が鎖状につながると、油脂や水をはね返すのだ。超強固な結合が層をなし、水や油が下の物質に浸透するのを阻む。だから私たちは 60

年ほど前から、家具、キャンプ用テント、衣服などをそのような物質でコーティングしているのである。同じ物質が焦げ付き防止加工された鍋やフライパン、防水ジャケットやテント、水性の膜を張る消火泡の成分としても使われている。

　その問題は多岐にわたる。第1に、化学物質が製品内にとどまらない。製品を離れ、空気に混ざり、食べ物や水に紛れ込む。焦げ付かないはずのフライパンが使っているうちに焦げ付くようになるのもそのためだ。防水加工されていた表面が、数カ月で水をはね返さなくなって、不思議に思ったことが、あなたにもあるのでは？　では、製品から離れた物質はどこへ行くのだろうか？　その答えは「世界中」だ。北極南極から大海の真っただ中、建物のなか、さらには私たちの体のなかでも見つかる。アメリカ人の98パーセントで、この種の化学物質のいくつかが血液中に見つかる［注12］。

　第2に、この超強固な結合には暗黒面が存在する。結びつきがあまりにも強いので、決して完全に分解されることがないのである。絶対にない。少なくとも数千年は分解されずに生き残る。そこでジョーは、『ワシントン・ポスト』で発表した論説で、そのような物質を「フォーエバー・ケミカル（FC）」と名付けた［注13］。この呼び名は「fluorine」と「carbon」の頭文字をもじった名であると同時に、極端に環境変化に強くて半永久的に存続するという最も顕著な特徴を言い表している（学術的には「ペルおよびポリフルオロアルキル基（PFAS）」と呼ぶのが正しいが、一般の人々にそのような用語を使うわけにはいかない）。

　それが本当に〝健康に悪い〟のか、と疑問に思う人もいるだろう。答えは明らかに「イエス」だ。実際のところ、本章の冒頭で述べた精巣癌の原因になる化学物質とは、フォーエバー・ケミカルのことなのだ。

　C8など、フォーエバー・ケミカルのいくつかは、腎臓癌とも関連している［注14］。一般の人々がそのことを知ったのは、かなりひど

い環境汚染問題が明るみに出たときだった。フォーエバー・ケミカルを使った商品を多く製造しているデュポン社が長年にわたり、ウェストバージニア州のパーカーズバーグにある同社ワシントン工場からオハイオ川にC8 を垂れ流していたのである。その下流では、何万もの人々がオハイオ川から飲み水を得ていた。彼らは知らず知らずのうちに汚染された水を飲んでいたのである。その後開かれた裁判で、不法投棄の衝撃的な規模が明らかにされた。法廷は下流地域に対する潜在的な影響を解明するために、水と周辺環境におけるC8 の広がり（同工場は大気にもフォーエバー・ケミカルを放出していた）を調べることを使命とした学者チーム（C8 サイエンスパネル）を招集した。C8 サイエンスパネルには、フォーエバー・ケミカルと人の健康のあいだに〝何らかのリンク〟があるかどうかを特定することが求められた［注15］。厳格かつ高度な研究調査を行った結果、同パネルはC8 暴露と癌のあいだに関連があると結論づけた。結局、デュポン社に対して集団訴訟が起こされ、同社に 6 億7100万ドルの賠償金の支払いが命じられた（情報の完全な開示の観点から、この裁判にはジョーが原告側の専門家証人として関与していたことを指摘しておく）。この出来事はのちに『ダーク・ウォーターズ』というタイトルで映画化された。

　他の研究では、フォーエバー・ケミカルのいくつかが環境毒物で観察されたなかでも最も強い免疫抑制作用をもっていること［注16］や、体重の調節を妨げること［注17］などが示唆されている。そのため、そのような物質は「オビゾゲン（肥満原物質）」と呼ばれるようにもなった。それらがアメリカ人が肥満しやすい原因になっているという意味だ。たとえあなたが焦げ付き防止加工されたフライパンを使っていなくても、フォーエバー・ケミカルでコーティングされているオフィスチェアに座っていないとしても、安心することはできない。エルシー・サンダーランドを中心としたハーバード大学T・H・チャン公衆衛生大学院とジョン・A・ポールソン工学・応用科学スクールのチームが

合同で行った調査によると、それらは何千万ものアメリカ世帯の飲み水に、EPAが定める〝安全〟なレベルを超える量で含まれている［注18］。

　そしてBPA → BPS → BPFの例と同じで、最初に問題視されることになったC8 は、今ではC6 やC10 で置き換えられている（Cは炭素数を表していて、C8 は 8 鎖の炭素・フッ素結合、C6 は 6 鎖、C10 が 10 鎖という意味）。C8 には批判が集まり、2000年代半ばから大型の訴訟が相次いだ。『Stain-Resistant, Nonstick, Waterproof, and Lethal: The Hidden Dangers of C8（汚れとさびと水に強くて致命的──C8 の隠された危なさ）』というタイトルで本も書かれている［注19］。危険であることが人々に知れ渡ったため、C8 は次第に使われなくなっていった。しかし、だからといって問題が解決したわけではない。C6 の一種である「GenX」と呼ばれる物質が見出しを飾った。その物質に注目が集まったのは、デュポン社（今のケマーズ）がノースカロライナ州ファイエットビルのケープフィア川──同州のウィルミントン地区に住む人々に飲み水を提供している川──に廃棄していたからだ［注20］。学者たちがGenXの調査を始めたのは最近のことなので、人の健康被害に関する研究成果はまだ発表されていない。しかし動物の毒学研究の結果から、肝臓、膵臓、そして精巣の癌の可能性が高まると考えられる。

　問題はGenXで終わりではない。フォーエバー・ケミカルの嘆かわしい代替もBPA → BPS → BPFと同じぐらい単純なら、どれほどありがたいことか。しかし実際のところ、フォーエバー・ケミカルの問題はまるで神秘的なヒドラのように複雑で、1 つの頭を切り落としたかと思えば、そこから何本もの新しい頭が生えてくるのである。私たちはC8 の危険に気づき、市場から排除した。すると、1 つか 2 つの代替物質（C6 やC10 ）どころではなく、5000を超えるバリエーションが登場したのである！　まるで、超パワーアップしたモグラたたき

のモグラのようだ。この危険なゲームには終わりがない。

難燃剤

C8 の物語を読んで「どうかしている」と思ったあなた、驚くのは
まだ早い。

次の物語の始まりは1970年代半ばにまでさかのぼる。そのころ、子
供用のパジャマに化学的な難燃剤が使われるようになった（そもそ
も、子供というのは自然発火でもするのだろうか？）。パジャマに利
用された難燃剤の 1 つは臭素系難燃剤で、専門家は略して「トリス」
と呼んでいる（元素周期表を思い出してみよう。周期表の右のほう
にハロゲンと呼ばれる物質の一団——第 17 族元素——が集まってい
る。すでに登場したフッ素もハロゲンの 1 つだ。ここからは他のハ
ロゲン、特に臭素と塩素とヨウ素が話の中心になる）。トリスには発
癌性と変異原性（DNAを傷つける力のこと）があると知られていたが、
パジャマから〝逃げて〟子供たちの体内に入り込むことが単純な（そ
してすばらしい）研究を通じて明らかになったことから、一般の人々
も注目するようになった［注21］。その研究では、朝に子供たちの尿
を採取し、トリス処理されたパジャマを着ていた子と着ていなかった
子を比べたのである。すると、夜のあいだにトリスが体に吸収される
ことが一目瞭然だった。結果としてトリスは市場から追い出された（も
ちろん、トリスの話はここで終わりではない。ひとまず時系列で話を
進めるが、トリスがテーマであることは念頭に置いておこう）。

1970年代には、もう 1 つ別の臭素系難燃剤がおもに建物のなかで
使われていた。ポリ臭化ビフェニル（PBB）と呼ばれる難燃物質群で、
テレビのプラスチック部分やソファーや椅子のスポンジに含まれてい
た。そのような形で、およそ 10 年にわたって建物や消費者向け製品
に使われていたのだが、突然姿を消したのである。どうしてだろうか？

その背後には、製造工場での人為的ミスがミシガン州を毒し、その影響が現在まで続いているという信じがたい、しかし本当の物語が潜んでいる。

　1970年代にPBBを販売していたミシガン・ケミカル・カンパニーは動物飼料の栄養補助剤も売っていた。印刷済みの袋が包装工場で不足したことがきっかけでラベル表記にミスが生じ、PBBが牛の飼料用の補給剤として出荷されてしまった［注22］。さて、次に何が起こったのだろうか？　農家や牧場経営者が、家畜が食欲を失ったと報告しはじめたのだ。事態はさらに悪化した。このケースのPBBは脂溶性の化学物質だった。要するに、脂肪と相性がよかったのである。PBBを摂取した牛の脂肪にPBBが蓄積した。ラベルミスが発覚したのはそれから数カ月たってからのことだったので、数百万頭もの家畜の脂肪にPBBが入り込んでしまった。食物連鎖の頂点に君臨する人間も、PBBを口にし、体内にため込んだ。

　発覚後、どんな解決策がとられたのだろうか？　PBBの使用は禁止され、数百万頭の家畜が殺されなければならなかった（良心の痛みを和らげるために〝選別された〟と言われることもある）。しかし手遅れだった。そのころまでに、ミシガンで肉を食べた人は例外なく、PBBも摂取して脂肪組織のなかに取り込んだのである。しかし、人を選別することはできない！　結果、ミシガン州の人々は意図せず大規模毒物学実験の被験者になってしまった。

　PBBは環境の影響を受けにくくて体内にたまりやすいため、簡単に消えるものではない。この問題は今も続いていて、2000年代に検査を受けたミシガン州の人々の 60 パーセントで、他地域のアメリカ人の 95 パーセントタイルよりも高い値のPBBが体内で検出されている。まさに毒の遺産だ。エモリー大学公衆衛生大学院が公表した研究成果によると、PBBの血中濃度が高い女性は月経周期が短く、出血期間が長く、エストロゲンが少なく、乳癌の発症率が高いそうだ［注23］。

それだけではない。

ミシガン在住の両親から生まれた子供たちの血中からも、たとえPBBが禁止されてから生まれた場合でも、PBBが検出された。母親の子宮や母乳を通じてPBBが子供に移されたのだ。PBBの濃度が高い母親から生まれた男児では、頻繁に生殖器や尿の問題が報告されている。女児の場合は、初潮が 1 年早く来ることが知られている。その女児がのちに出産できる年齢になると、流産する確率が高くなる。

これまで、3 世代にわたってそのような影響が確認されている。

それと同じぐらい衝撃的なことに、そのような影響は予想されていたのだ。すでに1978年にハーバード大学が「これらの化合物は胎盤を通じて容易に胎児に入り込むことも、母乳を介した長い道のりをへて新生児に入ることもある」と発表している。同研究は「興味深いことに、〝低用量〟のPBBは急性毒性が低いにもかかわらず、幅広い毒物学的、薬理的、生化学的作用を発揮する」と続けたうえで、「PBBには〝催奇性〟も、〝免疫抑制作用〟も、潜在的には〝発癌性〟もある」と結論づけた（引用内の強調は本書著者によるもの）[注24]。

PBBが動物にとって有害なのはわかっていた。1978年の研究結果のおかげで、PBBには胎盤を通り抜ける能力も、催奇性（胚や胎児に発育異常を引き起こす力）も、さらにはおそらく発癌性もあることがわかっていた。それなのにミシガン事件が起こったものだから、民衆は激怒した。それに対して、業界はどう反応したのだろうか？　分子の中心に酸素を足して〝新しい〟臭素系難燃剤をつくり、他のPBBと同じように、ソファ、椅子、マットレス、あるいはテレビやコンピューターのプラスチック部分に利用したのだ。

「これはあくまで新しい名前の新しい化学物質である」が業界側あるいは規制当局の言い分だ。この新しい物質はポリ臭化ジフェニルエーテル（PBDE）というものであって、PBBではない、と。しかし、このやり方がいかに卑劣で短絡的かを知るには、その分子構造を見れ

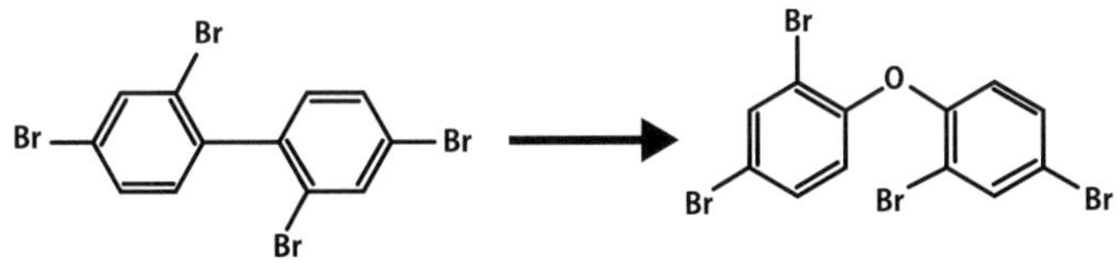

図7.2　PBBおよびPBDEの化学構造

ばいい。有機化学を学んだことがない人でも、この〝安全な代用物〟
がオリジナルのPBBとそっくりなことがわかるはずだ。

　PBBとPBDEは両者とも2つの環を有している（有機化学の分野で
はフェニル基と呼ばれる）。環のさまざまな場所に臭素が結びつくの
だが、その場所と数に応じて209種の変異が存在することになる（異
性体と呼ばれる）。図7.2は2種のテトラ臭素化難燃剤（臭素が4つ
結びついている）を示している。左がPBB、右がPBDEである。両者
の違いは、PBDEには2つの環のあいだに酸素があることだけ（これ
はエーテルと呼ばれる）。4つの臭素が2つのフェニル環にむすびつ
いて、さらにエーテル結合を有していることから、この物質は「ポリ
臭化ジフェニルエーテル」と呼ばれている。

　PBDEは1980年代初頭から2000年代半ばまで使われていた。そのほ
とんどの期間で、衛生学者や大衆の厳しい目をかいくぐってきたの
だ。事情が変わって懸念が高まりはじめたのは、2000年代に入って
スウェーデンで行われた研究の結果が発表されてからだ。その研究
で、研究者は1970年代に集められてからずっとバイオバンクに保管
されていた母乳のサンプルを調べた。その際に、母乳内のこの〝新
しい〟化学物質の濃度が指数関数的に高まっていることに気づいた
のだ（業界人なら知っていたであろうが、研究者にとっては新発見
だった）［注25］。【監修注：日本人の母乳中 PBDEsの濃度は約〜4 ng/g
（脂肪重量）であり、直ちに乳児への健康影響が懸念される濃度レベルで
はないことが報告されている。Akutsu K. et al., Time-trend (1973-2000) of
polybrominated diphenyl ethers in Japanese mother's milk. Chemosphere

53: 645-654; 2003.】

　この発見が研究者たちの探究心に火を付けた。ボストン大学の教授のトム・ウェブスターの言葉を借りると「熱烈な研究合戦」が始まった［注26］。そこからはお決まりのパターンだ。疑問が次々に浮かび、それぞれに答えが見つけられていった。

　「これら化学物質は身のまわりのどこにあった？」（答え：あらゆる家庭やオフィスや学校の空気やほこりの中。他にもホッキョクグマやワシやウミガメの体内など、とにかく調査したありとあらゆる場所）［注27］

　「人の体内にもある？」（答え：ある。ほぼすべての人の血液中に見つかっている）［注28］

　「動物実験で毒性が証明された？」（答え：された。PBDEは甲状腺ホルモンに干渉したり、生殖系や神経発達に影響する）［注29］

　「禁止すべきほど毒性は強い？」（答え：禁止するにはいたらない。動物実験の結果は人間の健康に対する作用を表すものではないという主張がなされた）

　「人対象の研究で健康被害が確認された？」（答え：確認された。当然ながら、動物実験で得られた結果――甲状腺、神経発達、生殖系への作用――は人対象の研究でも得られた［注30］。ジョーたちが行った研究では、体内のPBDE濃度が高い女性は甲状腺障害を発症するリスクが高くなり、閉経後の女性にいたっては 3 倍も高くなる）［注31］

　「どのような仕組みで作用する？」（答え：PBDEは内因性甲状腺ホルモンT4 に非常によく似ている）

　ここで、これまでまだ出番がなかった最後のハロゲン類「ヨウ素」が登場する。PBBやPBDEで見たのと同じようなフェニル環を、T4は片方の端に有している。しかし、そのまわりに結びついているのは臭素ではなくてヨウ素になる。

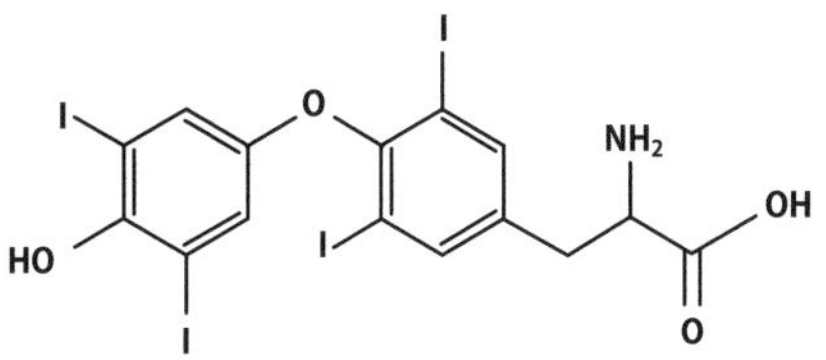

図7.3　PBBおよびPBDEとよく似た環およびハロゲン構造（左側）を示す甲状腺ホルモンT4の化学構造

　図 7.3 のT4 を図 7.2 のPBBとPBDEと見比べれば、T4 の左側がPBBとPBDEにとてもよく似ていることに気づくだろう。違いの１つは、Ｔ４の環にはPBDEにはない-OHがぶら下がっていること。では、この違いが両者の差を生んでいるのだろうか？

　この-OHはヒドロキシル基と呼ばれている。PBDEが（その他PBBなども）体内に入ると、身体の代謝作用が働き、PBDEの２つの臭素のあいだにヒドロキシル基を付け足して水に溶けやすくする。ちょうど、T4 で２つのヨウ素のあいだに-OHがあるのと同じような形だ。つまりPBDEが〝ヒドロキシル化〟されると、見た目がさらにT4 に似る。言い換えると、PBDEはもとからT4 にとても似ているのだが、体内に入るとそれよりもさらにT4 にそっくりになる、ということだ。では、体はその違いに気づくのだろうか？

　研究の成果を見ると、体はこの２つの見分けがうまくつかずに混乱するようだ。ヒドロキシル化PBDEは甲状腺輸送タンパク質に結びつく力が、ヒドロキシル化されていないPBDEよりも1600倍も強くなる［注32］。また、エストロゲンの調節をつかさどる主要酵素を、-OHのないPBDEよりも 220 倍強く阻害する［注33］。内容が少し専門的すぎると感じるかもしれないが、その作用機序を知れば、PBDEが私たちのホルモン受容体をだまし、ヒドロキシル化PBDEを体内でつくられたホルモンと勘違いさせる仕組みが理解できるだろう。その意味で、PBDEが甲状腺ホルモンに干渉し、甲状腺障害を引き起こすという研究成果が発表されていることは、完全に腑に落ちる。

繰り返すが、PBDEは1980年代初頭に導入された。暴露と毒性の調査が本格的に始まったのは1990年代の後半になってからだ。PBDEに関する一連の研究の成果が積み重なるまで、10 年以上の年月が必要だった。そして 30 年の使用と全世界の汚染をへて——ただし、そのうちの 20 年は衛生学者の監視の目すら向けられていなかったのだが——ようやくPBDEは禁止されることになったのである。

　この話はこれで終わりだ、と思ったあなた。早とちりをしてはいけない。

　PBDEが禁止されるやいなや、一連の嘆かわしい代替が行われた。そのうちの 1 つがトリスだ（トリスの話は子供用パジャマで終わりではないと警告したはず……）。でも、どうしてそんなことが？　トリスはパジャマの一件が明るみに出た1970年代に禁止されたはずでは？　じつは、1970年代に禁止されたのは臭化トリスであって、その化学的な親族にあたり、1970年代に子供用パジャマでも使われていた塩化トリスは、禁止されていなかったのだ。公式に禁止されないまま、密かに市場から姿を消していたのだが、30 年たってからPBDEより〝安全な〟代替物質としてまた姿を現したのである。そのことに私たちが気づいたのは、デューク大学のヘザー・ステープルトンのような新進気鋭の科学者が〝新しくて〟物珍しい化学物質がデータに現れはじめたのに気づいたからだ。ただし、今回はバイオバンクに集められた母乳がデータの出どころではない。ベビー用品だ［注34］。ありとあらゆるベビー用品で、ステープルトンらは高濃度の塩化トリスを検出した。車のチャイルドシート、ベビーチェア、おむつ交換台用のパッド、授乳用クッション、マットレスなどだ。たぶんまだ言っていなかったので、ここで伝えておこう。トリスは……癌を引き起こす［注35］。

　まだ終わりではない。

　トリスの評判はふたたび地に落ちた。ハロゲン類（臭素と塩素）に厳しい目が向けられるようになったので、業界は違うタイプの化学難

燃剤に乗り換えることにした。新たな〝嘆かわしい代替〟の候補とし
て選ばれたのは、ハロゲンフリーの有機リン酸系（OP）難燃剤だった。

　しかし、OP難燃剤が〝安全〟であるという主張もすぐに覆され
た。ジョーが所属する学科の長であるラス・ハウザーが率いた研究で、
OP難燃剤が生殖系の働きに重大な障害を引き起こすことが明らかに
なったのだ。例えば、胚着床や受胎の確率が下がり、臨床的妊娠にた
どり着く可能性が低くなる［注36］。それだけではない。たとえ運よ
く妊娠できても、体内のOP難燃剤の濃度が高い人では無事に出産で
きる可能性も低くなるのだ（本書の執筆時点で、OP難燃剤は建物内
で広く使用されている）。

　では、そのような難燃剤が本当に必要なのだろうか？　全世界で熱
心に難燃剤の実験が行われたのは、1980年代に業界ロビーからの猛烈
な働きかけがあったからだ。そのロビー活動の目的は、家庭で増えつ
つある火災のおもな原因であるタバコから批判の目をそらし、燃えや
すい製品に世間の関心を向けさせることにあった。2012年に6回連
載された「Playing with Fire（危険な火遊び）」という記事を通じて、『シ
カゴ・トリビューン』はタバコ業界のロビイストのやり口を暴き出し
た。ロビイストたちは、低延焼性たばこ（自己消火たばこ）を支持す
る規制を弱めるために、ありとあらゆるものに難燃剤を使用すること
を求めたのである［注37］。賞を得たほど優れた内容だったこの連載
記事は、ロビイストたちが誤った科学を根拠に、火事で命を落とした
子供たちの話をねつ造する不誠実な医者たちの証言を武器に、自らの
意見を推し進めてきた事実を暴いている。そのような形で、彼らは人々
の心に疑いを生み出そうとしていたのだ。その結果として、全世界で、
ソファ、椅子、カーテン、テレビ、リモコン、乾式壁、コンピューター、
枕など、あらゆるものに難燃剤が使われるようになった［注38］。こ
れもまた、強大なタバコ産業が残した負の遺産だと言えるだろう。

　（私企業が科学的な議論に疑いを植え付けるために用いる戦術を

説いた本が 2 冊存在する。興味があるならデビッド・マイケルズ著
『Doubt Is Their Product（疑いが彼らの製品）』とナオミ・オレスケス、
エリック・コンウェイ共著『世界を騙しつづける科学者たち』を一読
することを勧める）［注39］

　BPAとフォーエバー・ケミカルと難燃剤は、私たちが普段使う製
品や住居や職場で使われている数多くの有害物質の 3 つに過ぎない。
建物のいたるところで見つかる化学物質のもう 1 つのグループとし
て、フタル酸類を挙げることができる。おもにポリ塩化ビニル（PVC）
の可塑剤として使われる物質で、建物内では、フローリング、充填剤、
接着剤、椅子などの詰め物、シャワーカーテンなどで見つかる。人の
健康という観点から見て、フタル酸がどうして問題なのだろうか？
体内の自然なホルモンに作用し、性的な発達を害することが明らかに
なったからだ。フタル酸がどんな障害を引き起こすのか、ここで列挙
してみよう。精巣上体（精子が通る精巣管）の欠損、精巣下降の不全
（停留精巣）、ペニスの先端ではなく下のほうでの尿道の開口（尿道
下裂）、肛門性器間距離の短縮、精巣損傷などだ［注40］。ある研究で
はフタル酸と早期乳房発達の関連も示唆されている［注41］。子供を
対象にした別の大規模調査では、ハウスダストにフタル酸BBzPが多
く含まれていると鼻炎や湿疹が、別のフタル酸類（DEPH）では喘息
が起こりやすくなることが確認された［注42］。

　暗い話が続くが、本章の終わりでこの悪循環を打ち破る方法を提案
するので、もう少し我慢してもらいたい。解決策の前に、ここでは経
済的な影響を見ていこう。

問題物質によるビジネスへの影響

　ここまで、有害化学物質の問題点を衛生科学の観点から論じてきた。
ここで紹介した化学物質は毒性があるにもかかわらず、建物のいたる

ところで見つかる。テーブル・椅子・ソファなどの家具類、カーペット、フローリング、壁・天井仕上げ材、合板、集成材、断熱材、漆喰、電子機器などだ。この事実がビジネスにどう影響するのだろうか？ひとつ確かなことがある。

　影響の大きさを実感するために、次のように考えてみよう。デュポン社に6億7100万ドルもの歴史的な額の賠償金支払いが命じられたわずか1年後［注43］、今度は3Ｍ社が8億5000万ドルを支払ってある訴訟の和解に応じた。3Ｍの訴訟では、4つの製造サイトにおける長年にわたるフォーエバー・ケミカル（防水スプレーの「スコッチガード」やテフロンに用いられていた）の投棄が争点になっていた［注44］。両訴訟を合計するとおよそ15億ドル。フォーエバー・ケミカルの一部に関する法的和解に、わずか1年のあいだで15億ドルが費やされたのだ。

　ここで、古くから存在が知られ、その影響が今も衰えない汚染物質（レガシー汚染物質）とそれらが建築業界に強いる費用に目を向けてみよう。1976年以前に建てられたビルを所有する人は間違いなくアスベストとポリ塩化ビフェニル（PCB）という汚染物質の名を聞いたことがあるはずだ。あまり詳しくない人のために説明しておくと、PCBはおもに変圧器に、それ以外には蛍光灯安定器、コーキング、外装塗料などに含まれていた化学物質類のことだ。一方のアスベストはおもに建物の断熱に用いられていた鉱物で、中皮腫や石綿肺、あるいは息切れや肺損傷などといった慢性肺疾患を引き起こすことで知られている。それらは1970年代に避けられるようになったのだが、安定で変化しないため、古い建物ではいまだに問題になっている。

　ビルのオーナーなら誰もが、建物の改修の際にアスベストやPCB対策に費用がかさむことを知っているだろう。ある試算によると、古いビルのコーキングからPCBを安全に取り除いて廃棄するのに、1平方フィート（sq. ft. = 0.093平方メートル）あたり9ドルから18ドル

がかかるそうだ。それが外壁塗装になると 24 ドルに跳ね上がる。そこに変圧器の 6 ドルとさらには有害廃棄物の処分費用も加わる［注45］。アスベストも同じで、もし改修の際にあなたのビルにアスベストが見つかったのなら、1 平方フィートあたり 5 ドルから 15 ドルの費用が余分にかかるだろう（建物のタイプや工事の難しさなどに応じて 150 ドルにまで増えることもある）。もちろん、ビジネスは中断しなければならないし、火災の危険も高まる。そもそも、数週間にわたって建物の内外で作業員が有害物質を抱えて走り回っていては、仕事がはかどるはずがない［注46］。

　つまり、レガシー汚染物質も数百万ドルにおよぶ追加の出費を強いるのである。そう考えれば、PCBも現在の建物で広く使われている化学物質と多くの共通点があることがわかるだろう。PCBはPBBとほぼ同じで、違いはPBBの臭素の代わりに塩素が結合している点だけだ。したがって、PCBはPBDEや他の臭素系難燃剤にとてもよく似ている。それらに似ているということは、T4 にも似ていることになる（そこから予想できたことだが、PCBとPBDEを組み合わせると甲状腺ホルモンへの作用が相乗的に強くなることが研究で明らかになった［注47］。規制当局にとっては両者は異なる物質だが、人体にとってはほぼ同じということだ）。どのフォーエバー・ケミカルにも、もう 1 つのハロゲン類であるフッ素が含まれている。どれも安定で変化せず、たまりやすくて、有毒だ。それが建物のいたるところに存在しているのである。容易に想像できることだが、今後、これらの物質の除去が問題になるだろう。もちろん有毒物質の不法投棄やそれに関する訴訟が起こる可能性も高い。

　費用がかさむという経済的な理由で、改修や廃棄処分の案をなかなか受け入れてもらえない？　ならば、こう問いかけてみよう。子づくりに悪影響を及ぼす化学物質で満たされた職場環境を若い男女に提供することで、どれほどの犠牲を払うことになるだろうか、と。その際、

「精巣癌」や「出生数の低下」などという言葉を挟めば、今までとは違う反応があるはずだ。そのような言葉が自分勝手な建築家の暴走を止める現場を、私たちは何度も見てきた。しかし、そのような背景を知る人はあまりにも少ない。壁やオフィスチェアに利用される難燃剤が出産に影響するということを知る医者もほとんどいないのが現状だ。

【監修注：日本でもアスベスト被害に係る多数の訴訟が起こされた。幸い、令和3年5月17日、最高裁は国と製造業者の責任を認め、賠償に応じるように命じた。国もそれを認め、すべての訴訟（全国で33件）で和解が進み、訴訟の原告（合計1200人）以外の人にも救済の措置が講じられるものとみられる。アスベストは日本でも古い建物に今でも残り、解体等に際しては細心の注意を払って除去する必要がある。日本での規制は、1976年に重量含有率5％以上の建材による施工の禁止、1995年に1％以上に強化、2006年0.1％以上の材料の製造、輸入、使用が禁止となった。したがって、1975年以前の建物では使用されている可能性が高く、2006年以降はほぼ安全、その間は含有材料使用の可能性が否定できない。いずれにしても、解体・改修等の場合には含有の有無を調査し、含有建材がある場合は適切に処理する必要がある。アスベスト診断士（民間資格）などの有資格者あるいは有資格者を雇用する業者の活用も有効であろう。危険な除去工程を飛ばして安価に行う "悪徳業者" もいるので注意が必要だ。PCBは、日本では1972年に使用禁止となった。代表的な健康被害としては1968年（昭和43年）に発生したカネミ油症事件がある。これは食用油にPCBが混入したことによる食中毒事件であり、PCBが社会問題となる契機になった。日本でも、変圧器やコンデンサー、業務用蛍光灯（学校や工場など）の安定器などに使用されたが、家庭用蛍光灯には使われていない。】

新しいTSCA

　TSCAは規制の枠組みをもたらしたのではあるが、(1) 商業的に利

用されている 8 万種ならびに毎年市場に新たにもたらされる2000種の化学物質を確実に監視することができず、(2) アスベストなどの既知の有害物質の規制や禁止に失敗し、(3) 代替物質は実際にはただの嘆かわしい代替だったにもかかわらず、それらがあたかも〝安全〟であるかのような幻想を人々に植え付け、(4) 将来レガシー汚染物質になっているに違いない物質のせいで多額の負債を抱えることになるだろう、という未来像を建物の所有者に背負わせた。

TSCAが失敗続きだったため、2016年に新たなTSCAがつくられることになった。それが「21世紀のためのフランク・R・ローテンバーグ化学安全法」だ。この法律の制定に力を尽くしたローテンバーグ議員にちなんで、そう名付けられた。だが残念なことに、この新法は幸先よいスタートを切ることができなかった。オバマ政権下で公布された同法は、EPAに対して現在使われている 8 万種の化学物質の再評価を求めた。しかし、毎年2000種もの新規物質が市場に登場するのである。そんな中で、どうすればすべての物質を評価できるのだろうか?

同法はEPAに、最初に着手すべき物質として、トリクロロエチレン、ペルクロロエチレン、塩化メチレンを含む 10 種類の化学物質を指定した。そんなペースでやっていけば、順番待ちをしている数万の物質を調べるのに何百年もかかってしまう。

それでもなお、新しいローテンバーグ法は以前のTSCAよりははるかにましだと考えられている。少なくとも、問題に取り組みはじめたからだ。ところが、それから数年たった今も、いまだに同じ 10 種類の化学物質の処理が終わっていないのである。アスベストも 10 種の1 つに数えられているが、信じられないことにいまだに禁止されていない。新法の支持者たちは、調査が遅々として進まないのはトランプ政権のせいだと主張している。トランプ政権がこの調査の優先度を下げたことは確かだ。しかし、そもそもの問題として、このもくろみが成功することは可能なのだろうか? 始めから欠陥があったと考えざ

るをえない。

透明性の欠如＝意識の欠如＝行動の欠如

　ビルのオーナーや開発者やテナントや消費者はどうすればいいの
だろうか？　「BPAフリー」の製品を買うという決断はすばらしいが、
実際には「BPAフリー（ただしBPSを含む）」製品を買うことになっ
てしまう。

　スーパーで「ピーナツは含まれていません」と書かれたシリアルバー
を買ったのに、実際にはピーナツと同じぐらい一般的なアレルギー源
であるアーモンドが入っていた——そんな話だ。「BPAフリー」製品
も同じで、BPAという潜在的に有害な化学物質が入っていないと書
かれていても、同じように有害な〝他の〟物質が入っているかもしれ
ないのである。

　そのような状況を見過ごすわけにはいかない。食品ラベルの場合、
私たちは「ピーナツは含まれていません」という表記だけでなく、内
容物の詳細な一覧を見て、〝他の〟危険な何かが入っていないか、自
分で〝確かめる〟ことができる。ところが、建物や建物に入れる製品
に関しては、そのようなことはまったく行われない。今度ビルのオー
ナーに、そのビルでは建築材料や内装品にどんな化学物質が使われて
いるか尋ねてみよう。オーナーはきっとぽかんとするはずだ（自分の
製品の材料を知らない食品メーカーを、あなたは想像できるだろう
か？）。

　悪い話はまだまだ続く。あなたが尋ねたビルのオーナーが、今度は
建築材料などのサプライヤーに中身を尋ねてみる。すると、それらを
納入したサプライヤーですら、製品にどんな物質が使われているかを
知らないのだ。例えば、こんなふうに（この例は建物とは関係ないが、
結果としては同じことだ）。ジョーは大手航空機製造業者と数度の会

合を開いた。そのメーカーはPBDEの禁止により、使用が規制されることになった有害難燃剤のデカブロモジフェニルエーテル（略してデカ）を飛行機から除去する必要に迫られていた。そこでジョーは驚愕の事実を思い知らされることになる。飛行機の〝どの部分に〟その物質が使われているかを調べるだけで、18カ月もかかったのだ。航空機メーカーは何も知らなかった。彼らのサプライヤーもだ。

　同じことが建物にも言える。

　根本的な問題は、透明性や追跡能力が欠如していることと情報管理が行われていないこと。透明性の代表例として、食品ラベルを挙げることができる。それを食べると体内に何が摂取されるのか、すべて明らかにされている。何よりもまず、食品ラベルのような透明性を確保しなければならない。建物にどんな成分が含まれているか、誰もがわかる状態にする。まったくもって当然の話で、こんなことを書かなければならないのが悲しいとさえ思えるほどだ。

　しかし、それは本当に透明でなければならない。この点を明らかにするために、日用品を例に見てみよう。透明か透明でないかという意味で、日用品は危ない橋を渡っていることが多いからだ。多くの製品できちんと成分表が記されているのだが、その情報が完全に透明とは言えないのである。今度シャワーを浴びるとき、シャンプーのボトルを見てみよう。おそらく成分表があるはずで、その項目として「香料」と書かれているのが見つかるのではないだろうか。あった？　これは確かに内容物の表記と言えるのかもしれないが、ここまで読んできたあなたなら、きっとこう考えたに違いない。「香料って何のことだろう？」。そして調べてみると、多くの場合で「香料」とはフタル酸のことなのである（フタル酸はPVCの可塑剤としてだけでなく、消費者向け製品に利用される実際の香料を長持ちさせるためのゲル化剤としても利用されている）。

　ここ数年、透明性に関してポジティブな動きが生じつつある。国際

リビング・フューチャー協会などの団体が、サプライヤーに製品の内容物を明らかにするように働きかけることを目的にした「デクレアラベル」プロジェクトを推し進めているのだ。ほとんど誰もが、もっと透明性が必要だという意見に賛成するのではないだろうか。しかしその際、顧客（スーパーで買い物する父親も数十億ドルの価値をもつビルのオーナーも、どちらも顧客であることに変わりない）に「2, 2', 4, 4'-テトラブロモジフェニルエーテル含有」などと説明しても役に立たない。誰も理解できないからだ。本当に必要なのは、内容物による健康被害の可能性を完全にオープンにすること。まさにこの点に尽力しているのが健康製品宣言協会（HPD協会）などの団体で、内容物の一覧だけでなく、それらが引き起こすかもしれない健康被害も明らかにする健康製品宣言（HPD）を開発した。HPD協会の真の強みは、同協会が250のメンバーからなる非営利オープンスタンダード団体として建築家やデザイナーに加えオーナーやメーカーも擁し、彼らのHPDは第8章で紹介するヘルシービルディングの評価システムとも調和する点だ。参加団体のおもな目標は建物や建築市場における透明性を高めること。そしてもちろん最終的には、環境に無害な化学物質などを通じて、既知の問題を解決していくことにある。

　しかし、注意も必要だ。私たちは、カリフォルニア州がプロポジション65で犯した過ちを繰り返してはならない［注48］（知らない人のために補足しておくと、プロポジション65と呼ばれる州法ができたため、あらゆるものに——本当にありとあらゆるものに——「発癌性物質を含んでいる可能性があります」というラベルが付けられるようになってしまった）。これは、よかれと思って製品に健康情報を表記するよう求めた法律が逆効果になってしまった残念な模範例だ。この法により、カリフォルニア州の建物は次のように掲示する義務を負うことになった。

この建物には癌や生殖障害を引き起こすことが知られている化学物質や素材が含まれている可能性があることにご注意ください。——カリフォルニア州プロポジション 65 健康および安全コード：第 6.6 章、第25249.6条

　例えば土産用のマグカップが 2 つあって、カップAにはプロポジション 65 のラベルが張ってあるが、カップBには張っていない場合、Bを買う消費者のほうが多いだろう。しかし、建物に関して言えば、そのような表記はまったく無意味だ。ラベルは、建物のどこかに癌を引き起こすかもしれない化学物質がある、と言っているだけなのだから。そんな情報を得たところで、自分の決断を変えようとする者はまずいない。そのように漠然とした警告を理由に転職できる立場にある人もほとんどいないだろうし、建物内で開業している医者の診察を拒む病人も多くないだろう。建物の入り口横の警告文に気づいて、ミーティングをすっぽかしてそそくさと去って行くクライアントがどれぐらいいるだろうか？【監修注：含有化学物質の情報を知る手段としてSDS（安全データシート）がある。導入当初はJIS Z 7250で定義されMSDS（製品安全データシート）と呼ばれていたが、2012年 4 月に、JIS Z 7253が制定され、国連 GHS（化学品の分類および表示に関する世界調和システム）の略称のSDSに変更された。2003年、建築基準法にシックハウス規定が導入された際、使用建材の安全性に関してMSDSの確認が奨励された。しかし、建築業者が建材メーカーからSDSを入手し、施主やオーナーに提供しているかというと、そうではない。したがって、日本でもオーナーはもちろん、建築業者すらそれらに無知なのは変わらない。一方で、どこに何が使われているかという透明性・追跡性に関する情報に関しては、日本では「住宅履歴情報」の蓄積と活用が、国の指導の下に民間ベースで行われている。（累計 357 万棟、2018年 9 月現在）この中には、住宅の建て方や仕様（使用されている材料・製品等）、過去の点検結果やリフォームの内容

が含まれ、使用材の追跡から含有物質の一部については特定が可能。ただし、材料・製品と健康性の関連付けは行われていない。】

解決策——需要側の購買力を活用して市場を変える

「疑わしきは罰せず」を基本とした現在の規制のやり方では、消費財や建築材料に含まれる懸念物質から人々を守ることはできない。これまで50年にわたり、私たちは供給する側から物事を眺め、その結果として嘆かわしい代替の歴史を重ね、プロポジション65のような建物にとって無意味な法律をつくってきたのである。今求められているのは、まったく新しいアプローチだ。そこで私たちは、より健康な建築材料の使用を促すために、一連の大手企業と手を組んで、反対側にいる人々、つまり買い手側の需要に重点を置いた市場中心のソリューションを提案してきた。

私たちはハーバード大学を拠点に、単純な考えからスタートした。私たちは学者なのだから、科学を無視するわけにはいかない。ハーバードだけでなく世界中の大学で、BPAやフォーエバー・ケミカル、その他の懸念化学物質に関するすばらしい研究が行われているのだ。そこで私たちは自問してみた。「私たちは今後もそのような化学物質を含む製品を買いつづけることができるだろうか?」と。答えは「できない」。ならば、研究を実際に役立てなければならない。そこで私たちは、ハーバード大学の持続可能性対策室長であるヘザー・ヘンリクセンと協力してハーバード・ヘルシアー・ビルディング・マテリアルズ・アカデミー（より健康な建築材料アカデミー）を設立した。このアカデミーは、何かを購買しようとするハーバード大学やその他の組織に、最新の科学情報を提供することを目的としている。つまり、研究成果を実際に役立たせるための組織だ。

私たちはハーバード大学で購買コミュニティに対して積極的に科学

的な教育を行った。そしてヘンリクセンやそのチーム、たくさんの購買者、プロジェクトマネジャー、製品仕様書作成者、デザイナー、企業幹部、施設管理者などのたゆまない努力のおかげで、製品の性能、プロジェクトの期間、費用などを犠牲にすることなしに、総合的に毒性の低い製品を買うことが実際に可能であることを証明した。本書の執筆現在、キャンパスでは、第1段階として難燃剤、防汚用フォーエバー・ケミカル、抗菌剤などといった特定の懸念物質を含まない製品のみの使用を認める新たなグリーンビルディング基準を試験的に取り入れたプロジェクトが数十件実施されている。

　いつもそうだが、その狙いは私たちが所属する大学の環境をよくすることだけではない。ハーバードを超えた広い範囲にソリューションを届けることが目的だ。そこで、2018年にはグーグルとのパートナーシップを発表し、同様の使命とビジョンをもつ他の大企業とも手を結んだ。グーグルのリーダーたちは、何が入っているかわからない食べ物を買うようなまねはしないだろう。それなのに、建物に設置する製品を何が含まれているかわからないまま買うのはどうしてなのだろうか？　おかしなことに、グーグルは全世界のデータを扱うことに特化した会社なのに、グーグルの外にいる私たちと同じで、同社のリーダーたちは自分たちの会社ビルに置く製品については、まったく無知だったのである。しかし、それも変わりつつある。

　そうこうするうちに、私たちは同じ問題に取り組む数多くの組織、建築家、建設業者に出会った。その多くは私たちと使命やビジョンをともにしていたが、サプライヤーにどうアプローチすべきか、という点では足並みがそろっていなかった。同じ問題に対してバラバラな考え方で取り組もうとしていたため、むしろ市場に混乱を広めてしまっていた。しかし、事態は好転しはじめた。早くも市場はそのような化学物質に危険が潜んでいることに気づき、それに対する解決策を講じはじめている。例えば、国際的な設計会社であるパーキンス＆ウィル

は、有害物質問題や、建物に関するどの製品が有毒な化学物質を含んでいる可能性があるかといった実用的な情報をまとめて、材料の健康に関するウェブページを立ち上げて、それを「トランスペアレンシー（透明性）」と名付けた［注49］。産業界も科学界も絶えず変化するものであるという考えから、そのウェブサイトには今後も嘆かわしい代替を避けることができるように、「監視リスト」や「予防リスト」も掲載されている。

ボックス 7.1　より健康な材料へのアプローチ

予防の原則に従う
・「健康第一」を意識し、可能な限り用心をする（人の健康を優先する）。
・「毒性が弱い」は「無害」や「他より安全」という意味ではない。毒性が弱くても「安全」だとは限らない。
・過去を無視しない（わざと過去を無視したうえで問題が生じたなら、それを「残念な出来事」などと言って言い逃れすることはできない）。

自分で責任をもって行動する
・規制は効果が薄いことが証明されている。業界の自主規制はあてにできない。
・「推定無罪」の原則は犯罪の審判では正しいかもしれないが、化学物質が相手のときは悲惨な結果をもたらすこともある。
・「レガシー汚染物質」とそれらが引き起こす莫大なコストを未来に残さないよう努める（PCBのような例を次の世代に残さない）。

既知の「悪者」への対処から始める
・悪性物質である難燃剤や防汚剤に対処する（それらには5000を超える種類があるので個別に対処するわけにはいかない）。
・残留する有機汚染物質が大きな問題となる。今室内を汚染している物質は、明日は屋外を汚染することになる。

科学を利用する
・自分が購入してビルに持ち込む製品にどんな物質が使われているのか、情報を開示するよう求める。
・（EPAがいまだにアスベストを禁止していない例などのように）規制当局が科学に追いついていないというだけの理由で、科学をないがしろにしてはいけない。科学は規制の数年、場合によっては数十年先を進んでいる。
・疑念をこじつけて、決断を遅らせてはならない（私たちは特定の化学物質を使わないほうがいいと〝十分にわかっていながら〟、証拠をもっとよこせ、研究結果をもっと見せろな

どと言うことが多く、結果として行動に遅れを出してしまっている)。

あなたのビルで最も多く使われている製品カテゴリーを優先する
・量的に最大の製品カテゴリーを見極める（建物の総毒性負荷を考える）。
・購入した製品の代替品を見つける（最大の製品カテゴリーの多くに対して、市場はすでに
　有害物質を含まないにもかかわらず同様の性能をもつ製品を、同じ価格で販売している）。

プロセスは動的である
・可能な限り代替品を利用する（一部の製品には今のところまだ代替品が開発されていない
　が、まもなく開発されるだろう）。
・法や規則に逆らわない（たとえば、難燃剤がいまだに義務化されている場合もある）。
・次に何を検討すべきかを意識しつづけるために、監視リストを作成する（ナノ素材の今後
　は？）。

　大ざっぱにまとめると、私たちの推薦するやり方は次のように単純
だ。透明性を高めることから始める。建物に入れてはならないと誰も
が同意できる有毒物質類をいくつか特定する。建物のなかで最も多く
用いられる製品群をいくつか特定する。不確かな部分があることを認
める。手に入る最善の科学的根拠に基づいて決断を下す。嘆かわしい
代替やレガシー汚染物質に用心する。健康を守るための改善に力を入
れる。

第8章
ヘルシービルディングの認証

教育は製品ではない。試験、卒業、就職、収入——この順で進む決して終わることのない過程だ。

——ベル・カウフマン

　大学を卒業しても、卒業証書を手にするまでは本当に卒業したという実感はわかない。そのあと仕事を始め、そして自分の成し遂げてきたことを世間に知らしめるために、デスクの後ろあたりに何かを飾りたいと願う。学んだ分野が何であれ、少なくとも1回は、あなたも自分が特定のレベルに達したことを〝認証〟されたに違いない。認証のおかげで、私たちは容易に医師や会計士や弁護士を選ぶことができる。クライアントは彼らの肩書きを信じればいい。有機化学、減価償却、特許法などの知識を個別にテストしてから、誰に依頼するかを決める必要はない。

　同じことが建物にも言える。昨今のビル所有者、開発者、投資家、地主は、自分たちの建物は特別だ、と世間に知らせたいと願っている。彼らは自分のビルに〝証書〟を、そして証書がもたらす価値の高まりを求めている。

　建物にかかわる人々の一部は、それをプライドの問題とみなすだろう。しかし、多くの人にとっては、ビジネス上の決断だ。第三者による認証があれば、認証されていない競合他社のビルから自分のビルにテナントを誘致しやすくなるし、場合によっては追加料金の請求もできるかもしれない。テナント側は、日常の決断と同じように、建物選びでも認証を信頼すればいいし、追加料金に見合う価値があるか、計

算することもできる。例えば医療サービスを受けるとき、医科大学の卒業証書（と医師免許）をもつ人物ともたない人物がいる場合、それ以外の条件が対等なら、あなたはどちらを選ぶだろうか？　簡単な話だ。同じことが建物にも言える。建物の所有者やテナントのなかには、水道システムの性能、建設廃棄物の処理、あるいは持続可能な林業に由来する材木が使われているかなど、事細かに調べる資格をもっている者がいる。しかし、ほとんどの人は、その建物が特定の基準を満たしていることを証明する外部機関の認証のほうを信用するだろう。

グリーンビルディングの認定証書は、かつては「あればうれしい」ものだったが、今では多くの先進的なテナント、地主、投資家にとって「絶対になくてはならないもの」とみなされるようになった。将来的に、聡明な企業はヘルシービルディングのいくつかの側面の実装と認証と意思疎通（コミュニケーション）のしやすさを決断の際に重要視することになるだろう。

しかし絶対に見落としてはならないのは、ヘルシービルディングに関する決断は、いくつかの優れた設計や設備オプションの積み重ねだけに限られるものではないという点だ。欠陥のあるシステムは人々を本当に病気にしてしまいかねない。そのため、ヘルシービルディングに関する知識が増えるにしたがって、人々の関心は基準や測定値だけでなく、誰が認証しているのか、そして彼らがシステムや測定結果をどれぐらい深く評価しているのか、という点にも広がっていくだろう。

本章では、評価やランキングの過去と現在を掘り下げる。また、斬新なヘルシービルディング評価システムの登場によって技術もやり方も急速に進歩しているため、どのような要素がこれまでの認証のやり方に影響してきたかについても手短に言及する。本章の内容を少し先取りすると、今後はセンサーによる広範な監視、分析、およびリアルタイム報告が主流になっていくと予想される。新しい評価システムが開発され、私たちは物事をどちらの方向へ進めるべきか、考えを共有することになるだろう。

本章の終わりまでに、次の5点であなたを納得させることが、私たち著者の狙いだ。

1　生まれたばかりのヘルシービルディング運動にとって、グリーンビルディング運動とグリーンビルディング認証が重要な先例になるが、〝健康〟のための認証要素と、〝グリーン〟のための認証要素はまったく異なっている。

2　最初に提案されたいくつかのヘルシービルディング認証は〝人中心〟の建物評価を促進するのに適したスタートとなるが、どの認証システムにもそれぞれの長所や短所がある。

3　ヘルシービルディングのための設備投資や認証費用は一見したところ膨大な額に思えるが、人のパフォーマンスや健康の向上を考慮すると、たいした額ではない。

4　何が認証されるかと同じぐらい、誰が認証するかが重要だ。

5　知識（とツール）はどんどん増えていくと考えられるため、認証システムや基準も絶えず変動すると予想される。

グリーンビルディング運動からの教訓

　建築家、設計士、設備機器メーカー、標準化団体などが関与した1990年代初頭の先駆的な取り組みをきっかけに、素材を賢く使い、エネルギーを節約する環境に優しいグリーンビルディングの創造に関する会話が始まった。グリーンビルディングという考え方自体は間違いなく重要だ。しかしグリーンビルディング運動は、いくつかの設計基準や他の建物とグリーンビルディング評価を通じて競い合う環境をつくったという点でも先駆的だった。これがのちの新しい動きにつながったのである。そのおかげで、他の人々もグリーンビルディングを〝認めて証明する〟必要性を感じるようになった。ある種の〝証書〟が求められたのである。

グリーンビルディング運動の中心プレーヤーの１つが、米国グリーンビルディング評議会（USGBC）で、創設者であり最初のCEOでもあるリック・フェドリッツィの指揮下、同組織は最も影響力の強いグリーンビルディング認証基準として知られる「リーダーシップ・イン・エナジー・アンド・エンバイロンメンタル・デザイン（LEED）」を提案した[注1]。その後まもなく、建物の入り口脇にグリーンビルディングを称した認証プレート（認証票）を飾るというアイデアが生まれた。そして、学校の卒業式と同じように、新しい建物に認証プレートを授与するセレモニーも行われるようになった。

　LEEDコンセプトは影響力がとても強かった。初期のグリーンビルディングの信奉者たちは、設計や工事のコミュニティに正式な立場をもっていたわけではないし、建築規格や設備基準、検査あるいは金融面で強い影響力をもっていたわけでもなかった。それなのに、自分たちが情熱的に推し進めていることを、幅広いコミュニティに認めさせることができたのはどうしてだろうか？　当時、業界のほとんどは用心深くて、〝グリーンにする（環境に配慮する）〟動きにあまり注意を払っていなかった。明確でわかりやすく、説得力があり、広い範囲で応用が可能なレーティングシステムを考案および確立し、文書の形に変え、徹底的に推進したことで、USGBCは結果として、地方や全国の建築規格に、アメリカ暖房冷凍空調学会のような団体が普及する業界基準に、さまざまな都市や町の土地区画や許認可プロセスに、あまたのテナントの賃貸基準に、さらには投資や証券引受に対する重要な資産家の決断にも、影響を及ぼした。

　LEEDとUSGBCが生まれて以来、全世界で 100 を超えるグリーンビルディング団体が発足し、何十ものグリーンビルディング認証システムが考案された。そのほとんどどれもが、基準を満たした建物に掲示用の認証プレートを授与した。運動を率いたリーダーたちの信じがたい成功とビジョンを示す証として。どのグリーンビルディング認証

コードにも数多くの共通項がある。それに先駆者として道をつくったのはLEEDであり、LEEDはいまだに多くの場所で業界標準と認められていることから、ここではLEEDを例に、グリーンビルディングのレーティングシステムの目標や働きを見ていくことにする。ここで書くことの多くは、細かい部分では違いがあるとはいえ、他のグリーン認証システムにも当てはまる。また、すぐに明らかになるように、ヘルシービルディング運動とも重要な共通点がある。その一方で、数こそ少ないが著しい相違点も存在する。【監修注：LEEDが先駆者としての道を開き、多くの国・地域で業界標準になっているのは事実であるが、認証システムとして最初に公開されたのは英国の建築研究所（BRE）による「BREEAM」（1990年）である。LEEDは1998年から。】

　グリーンビルディングはスコア方式で格付けが行われる。ビルディングチームは、彼らが実践するさまざまな戦略に応じて〝評点（スコア）〟を得る。例えばLEEDは、水効率、エネルギー効率、設計計画、持続可能性などの項目で得たスコアをもとに、ビルを格付けする。その際の総スコアに応じて、ビルは3つのレベル——LEEDシルバー、LEEDゴールド、LEEDプラチナ——のどれかに認定される。

　このやり方の利点は消費者と投資家の両方に共通するベンチマークを提供できることだ。LEEDは食品の成分ラベルの情報表示に似せてビルディングポイント、つまりスコアを設定した。すでに見たように、食品との対比はとてもわかりやすい。

　食品ラベルを見れば中身がわかって他の製品と比較がしやすくなるのと同じで、優れた建築物認証システムがあれば建物を比べやすくなる。ニューヨークのLEEDプラチナのビルは、ドバイのLEEDプラチナのビルと大きな差はないと言える（実際には100パーセントそう言い切れるわけではなくて、どのビルにもそれぞれ満たさなければならない条件があるし、場所によってパラメーターや環境条件も異なるし、オプションのスコアを通じて他とは違う形で認証にいたることも

図 8.1　ビルの〝成分表〟の例。USGBCのLEEDプログラムより抜粋。米国グリーンビルディング評議会

ある）。

　地域の壁を越えた建物の比較ができるようになったことで、経済的にも劇的な変化がもたらされた。そのおもな理由は、グリーンビルディングの〝顧客〟の多くが機関投資家だからだ。彼らは通常、直接の投資か、あるいは合資会社や不動産投資信託などの形で自らの

ポートフォリオの 5 パーセントから 10 パーセントを不動産に投資する。その彼らの多くがグリーンビルディングを好むことが、過去数年で明らかになった。グローバル不動産サステナビリティ・ベンチマーク（GRESB；グレスビー）は、全世界の 7 兆ドル分の不動産投資が、グリーンビルディングのパフォーマンスに関心を向ける投資家によって管理されていると報告している［注2］。

　グリーンビルディング認証システムの大きな問題点は、特定の時点における建物の設計と性能のみを評価することにある。あるオフィスに2007年に授与されたLEEDプラチナの認証プレートが飾られていたら、その建物は 10 年以上が過ぎた今も高い性能を維持しているだろうか？　ほとんどの場合で、その答えはノーだ（私たちのほとんども、大学の卒業証書をもらったころの知識を今テストされたら、きっと落第するだろう）。

　幸いなことに、教育の分野で「生涯学習」という考えが広まってきたのと同じように、建築の分野でも静的な評価から動的な評価へ移行する動きが現れて、建物の性能が継続的に計測され、評価されはじめている。USGBCの現CEOであるマヘシュ・ラマヌジャムの指揮の下、LEEDも建物の動的な評価へ動きはじめた（建物のパフォーマンスの計測や追跡については第 9 章で詳しく説明する）。

　不動産市場におけるLEEDの影響力は大きい。2019年の時点で、全世界で 80 億平方フィートの空間がLEEDの認証を受けている［注3］。なぜそれほど成功できたかというと、投資した費用をエネルギーの節約を通じて確実に回収できると見込まれたからだ。LEEDビルは、そうでない建物と比較すると、エネルギーの使用量をおよそ 20 パーセントから 40 パーセント節約できる［注4］。これが結果として、ビジネスの運用コストの削減につながる。しかも、第 4 章の表で見たように、このコスト削減はとても簡単に予測し、計算し、検証することができるのである。エネルギーの節約は誰もが理解できる運営予算の

項目だ。建物のオーナーや利用者のなかには、エンジニアリング投資、特にエネルギー効率に関して高度な費用便益分析を行う才能をもつ人もいて、彼らのなかには、LEED認証されたビルでは計算がとても単純で、本格的な財務分析をする必要がないことに気を悪くする者もいるだろう。しかしほとんどの人にとっては、このポイント方式は極めて効率がよく、業界をグリーンな方向に動かすきっかけになった。

　現在、ニューヨークやサンフランシスコなど一部の地域では、グリーンビルディングが標準になった。もしあなたが建てる新しい商用ビルがLEEDに認定されなければ、それだけで危険信号とみなされてもおかしくない。その理由の１つは市場の圧力だ（「ライバルがそれをやるなら、私はそれをもっとうまくやらなければ」）。もう１つは、期待の変化を挙げることができる（テナントも、投資家も、LEEDの認証プレートを目にすることを期待するようになった）。そして部分的には、地方政府の意向も理由に挙げられるだろう（ニューヨークは2019年に、同市の気候モビライゼーション法の一環として、市内のビルが放出する炭素量を2030年までに40パーセント、2050年までに80パーセント削減することを義務づけた）。

　LEEDそのものは、建築規準でもないし、米国国家規格協会（ANSI）が認める国内規格でもない。実際のパフォーマンスを測る方法でもなければ、詳細な費用便益分析と結びついているわけでもない。それなのに、USGBCとLEEDの影響で、デザイナーはより創造的に、建築業者はより優れたビルを建て、メーカーは革新的な製品をつくり、開発者はあらゆる点でより持続可能な建物を開発するようになったのである。人々や市場がそのような認証システムを受け入れ、シックビルディングがもたらす健康面や財政面の被害に気づいた今、次に何が起こるのだろうか？【監修注：日本には、LEEDに相当する認証システムとして、CASBEE（呼称：キャスビー、日本語名称：建築環境総合性能評価システム、英語名称：Comprehensive Assessment System for Built

Environment Efficiency）がある。「CASBEE・建築（新築）」が2003年に開発され、2004年には「CASBEE・建築（既存）」が開発されるなど、『結論』章末の付図に示す通りCASBEEファミリーは多様な評価システムを有している。特に、「CASBEE・建築（既存）」は現時点の運用段階の評価が可能なシステム（LEEDは開発段階）として、また「CASBEE・都市（世界版）」は都市レベルの唯一の評価システムとして注目に値する。GRESBにも対応している。CASBEEは、国（国土交通省）の支援の下に一般財団法人 建築環境・省エネルギー機構が運用し、「CASBEE」は同機構が保有する登録商標となっている。詳しくは　https://www.ibec.or.jp/CASBEE/を参照。】

ヘルシービルディング認証システム

　おそらく誰も驚かないだろうが、ヘルシービルディング運動が台頭して以来、グリーンビルディング認証の代用、競合、あるいは補足としてヘルシービルディング認証システムを求める声が高まった（代用とみなすか、あるいは競合または補足とみなすかは、その人が新しい認証システムをどう捉えているかによって異なる）。このギャップを埋めるために、さっそくいくつかの認証システムが登場した。それら初期の候補のいくつかを、褒めるためや批判するためではなく、それらが市場でどう機能しているかを知り、どう機能すべきかを考えるために見ていくことにしよう。私たちの見るところ、市場の認識は今かなりの勢いで変わりつつあり、主要なプレーヤーたちはそのような認証をもはや「あればいい」ではなく、「なくてはならない」とみなしつつあるようだ。その一方では、「認証疲れ」を訴える者もいる。彼らも建物とその中にいる人に最善を尽くしたいとは思っているが、認証を得るまでのプロセスの煩雑さや認証にかかる費用を避けたいと願っている。しかし、認証システムがあろうとなかろうと、新しい技

術と〝スマートビルディング〟の高度な性能がかなり大きなメリットをもたらし、ヘルシービルディングへの移行が加速すると、私たちは確信している。

初期──科学は進んでいるのに広まらない

冗談ではなく、ヘルシービルディング運動はすでに数十年前から存在している。しかし、当初この運動は「室内空気」というテーマに集まってきた科学者によって推し進められていた。室内空気質の研究が始まったことを受けて、国際室内空気質学会のような団体や、『インドア・エアー』のような学術誌（ジョーが共同編集者）が誕生した。学者のほとんどはビジネスに関係していないし、話し上手な学者はもっと少ない。不動産業界で意志決定できる立場にある人と関係している者にいたってはさらに少ない。そのため、建物内の健康な空気に関する強力な証拠の多くは、学術誌や学術会議の中にとどまりつづけ、研究者が最も伝えたい相手である市場で建物を設計し、運営し、維持し、認証している人々にまで届かなかった。

問題を目の当たりにしていたジョーは2016年のリアル・エステート・ラウンドテーブル会議でこう訴えかけた。「われわれはヘルシービルディングを所有するという意味をあまりにも複雑にしてしまっている。われわれが管理すべきものはごくわずかしかなく、誰もがそれらが何であるか知っているというのに」。その瞬間、そこにいた人々が身を乗り出し、〝室内空気畑〟の人々にとっては初歩と思われる疑問を口にしはじめた。豊富な科学的証拠が、現場の人々によってまだ応用されていないという事実を、まざまざと見せつける出来事だった。

最終的に、次の3点が明らかになった。（1）研究者と現場の人たちのあいだにギャップがある。（2）ヘルシービルディングに関する知識やサービスを求める声が市場から上がっている。（3）誰かがその需

要を満たそうとしている。こうして、ヘルシービルディングの認証案が生まれたのである。

WELL建築規格

　金融業界で経験の豊富なポール・シアラとピート・シアラの兄弟が、アメリカで最大の経済分野の2つである不動産とヘルスケアを組み合わせるととてつもなく巨大な可能性が生まれることに気づき、WELL建築規格を発案した。2人は衛生分野には精通していなかったが、その穴をビジネス界での経験で埋め合わせたのである。市場が生まれたことに気づいた2人は、デロスという医療およびウェルネス会社を立ち上げ、さらにはWELLをつくった自社の傘下組織として国際ウェルビルディング協会（IWBI）を設立した。

　兄弟とその会社は市場で瞬く間に目を見張る成果を上げた。彼らは既存のグリーンビルディング認証規格と競うのではなく、USGBCと手を結ぶ道を選び、グリーンビルディング界が開催する最大の会議であり、毎年1万人から2万人が参加する「グリーンビルド」にスポンサーとしてかかわった。そうやって、LEEDと自らの格付け方式であるWELLを非常にスムーズに結びつけたのである。

　WELLが最初に発表されたのは2014年で、わずか数カ月のあいだに世界中の不動産市場がWELLの話題を口にするようになった。私たちも、世界のどこへ行っても必ず、WELL建築規格について尋ねられた。この事実こそが、ヘルシービルディングという運動が確かに生まれたことと、IWBIの関係者たちの宣伝活動が巧みであったことの、何よりの証拠だろう。

　WELLが幸先のよいスタートを切ったことで、ヘルシービルディングに関するさまざまな要素が社会に知れ渡った。突然、グリーンビルディング界の人々が、グリーンビルディングの室内空気質基準──私

たちに言わせれば「室内空気質初級」——だけでは不十分だと理解し、照明や騒音や換気など、それまで問題にしてこなかったものにも目標値を設定しはじめたのである。要するに、WELLがきっかけで、グリーンビルディング認証に携わってきた人々が健康を〝優先〟しはじめたのだ。

　他のどの測定方式やインセンティブシステムとも同じで、WELLも格付け方式で金儲けしようとする動きに弱かった。この点はLEEDも同じだ。LEEDは、例えば「自転車用壁ラック（棚）の項目」があくどいと批判されることがある。自転車を収納する設備は建物によっては有意義な追加設備ではあるが、街から自転車専用路のない道路網でつながった、巨大な駐車場に囲まれている郊外のビジネスパークのビルなどに自転車用のラックを備え付けることは、認証を得るための〝得点稼ぎ〟でしかない。そんなビルはエネルギー削減につながる自転車通勤を奨励しているという意味でLEEDクレジットを得るのではあるが、実際には、そのコストを本当のエネルギーの節約に役立つ手段に使ったほうがいい。

　WELLの場合、そのような〝ゲーム性〟は目に見える形で現れる。モノや機械ができるだけ費用のかからない場所に置かれたりするのだ。その結果、批判するか笑うしかない事態が発生した。WELLプラチナのビルのメインロビーにランニングマシンが、そしてその横にはナッツの入ったボウルが置かれたりしたのである。そうやって、その会社は栄養と運動の両分野でクレジットを得たのだ。

　しかし、WELLは進化を続けた。2017年、IWBIはグリーンビルディング運動で中心的な役割を担っていた建築士のリック・フェドリッツィをCEOとして迎え入れる。リックは即座にUSGBCから主要人物を招き寄せた。以前USGBCでグリーンスクール・センターの部長を務めていたレイチェル・ガッターもその１人で、WELLで社長職に就いた。その結果、WELLと既存のグリーンビルディング運動のつな

がりがさらに強まり、新バージョンのWELLをつくる目的で専門家チームも結成された（数年間、彼らの数人がジョーが属するハーバード大学のセンターの諮問委員会のメンバーを務め、その一方でジョーはUSGBCのグリーンスクール・センターの諮問委員を務めていた。彼らがWELLに移って以来、ジョーが彼らと正式に協働したことは1度もない）。

　2018年にリリースされたWELLv2（バージョン2）は、最初のバージョンの成功を妨げていた多くの問題に解決策を示していた。第1に、認証価格が10分の1に引き下げられた。多くの仕様が合理化されスッキリとした。発展途上国でのWELLの採用を支援するための価格設定や割引も用意したし、大企業がすべてのビルを1つひとつ認証させなくても済むようにポートフォリオオプションも導入した。IWBIは諮問委員会にトップクラスの科学者を招き、さらに公衆衛生や他の医療分野で修士号をもっている科学者も数人採用した。どれも正しい動きだと言える。

　多くの意味で、v2は公衆衛生にとって大きな利益だ。その内容は、本書の第6章で紹介したヘルシービルディングの9つの基礎の要点と一致している。ただし、WELLは、空気、水、光、運動、温熱快適性、音、材料、精神、コミュニティ、栄養の10項目を挙げている。グリーンビルディング認証の世界から、たくさんの幹部が、リーダーが、投資家がヘルシービルディングの世界へやってきたことは、ヘルシービルディングに箔がつくことを望む人々にとってはすばらしい予兆になった。そのようなグリーンビルディングとビジネス界のリーダーたちは、ヘルシービルディングを大衆に届けるのに必要な手腕をもっているし、優れたリーダーがいつもそうであるように、自分たちが知識に乏しい分野に精通した専門家をあてがい、科学を活用し、研究と実践のあいだの隙間を埋める術を心得ている。【監修注：日本にはWO（ウェルネスオフィス）認証システムがある。『結論』章末の付図にある「CASBEE・

ウェルネスオフィス」である。2020年に開発され、同年秋から第三者認証制度もスタートした。評価要素は、健康性・快適性のための取組み、利便性、安全・安心、運営管理、プログラムの5つであり、60項目で評価し、総合得点（100点満点）によって、S，A，B＋，B－，Cの5段階にランキングされる。】

Fitwel

近年、注目を集めているもう1つの認証システムが Fitwelだ。Fitwelは、かたや健康を、かたや建物を扱う連邦政府の主要機関が協力して立ち上げた。米国疾病予防管理センターと一般調達局（政府の建物のすべてを管理する連邦機関）だ。最終的には Fitwelは両機関から独立し、現在は非営利団体のアクティブデザインセンターによって管理されている。その Fitwelの人気が高まりつつある。不動産大手のティッシュマン・スパイヤーも全世界で Fitwel認証を採用すると2017年に発表した［注5］。ボストン・プロパティーズは1100万平方フィート（約102万平方メートル）のクラスAオフィススペースにFitwelを導入した。

WELLと同じで、Fitwelも健康な室内環境を目指している。しかし、両認証システムは重要な点で異なっている。何よりもまず、Fitwelは自己管理用のチェックリストだ。基本的に、新築か既存ビルかにかかわりなく、代表者が Fitwelのリストにある健康促進項目が満たされているか確認する。

そのうちのいくつかは、ビルにAED（自動体外式除細動器）があるか、あるいはアスベストが適切に管理されているかなど、極めて常識的な項目だ。一方では、ゲーム性の高い項目もある（「室内空気質対策を採用し実施する」や「十分アクティブなワークステーションへのアクセスを確保する」）。一部は法規に則している（「各フロアに

障害を持つアメリカ人法に準拠した水源を備える」）し、健康とは関係のない項目（「1階を少なくとも1つの用途で一般の人々に開放する」）もある。

WELLとFitwelの最も重要な違いとして市場が注目しているのは、大規模プロジェクトの場合WELLでは何十万ドルもの費用がかかることがある一方で、Fitwelの場合は1つのビルを管理するのに数千ドルで済む点だろう。市場にとっては魅力的な話で、だからこそティッシュマン・スパイヤーのような企業が4つの大陸で400を超える建物の2000以上のテナントが占める1億6700万フィート分のスペースにFitwelを導入したのである。

しかし、重要な問題がまだ残っている。Fitwelには数千ドルの費用しかかからないというのは、他の認証システムに比べて確かに魅力的だ。それだけでオーナーは「ヘルシービルディング」であることを示す認証プレートを表に飾ることができるのだから。しかし、そのような自己管理用のチェックリストだけで、Fitwelビルは本当に他よりも健康に優しい建物だと言えるのだろうか？　今のところ、この問いに答えは見つかっていない。Fitwel認証システムのポイントや項目の一部はとても主観的で、人によって解釈が異なる。例えば、ある建物が室内空気質対策を施しているからという理由でFitwelのスコアを得たとしよう。しかし、悪魔は細部に潜んでいる。その対策は、「各階で二酸化炭素を監視する」などと基本的なことが書かれた、たった1ページの〝計画〟かもしれない。逆にヘルシービルディングの9つの基礎をすべて網羅した監視システムの綿密な青写真である可能性もある［注6］。なのにどちらもおそらくFitwel認証を得ることになる。市場にどうやってこの2つを見分けろと言うのだろうか？

しかしその一方で、Fitwelは最初の一歩としては優れていると言えるだろう。オーナーが健康に気を遣っていることがはっきりとわかるのだから。それこそが、重要なスタート地点だ。【監修注：日本

のCASBEEにも、ウェルネスオフィスの自己管理用チェックリストがある。『結論』章末の付図には、「CASBEE-オフィス健康チェックリスト」として示されている。これは、ビルのオーナーやテナントが、自己管理用として自ら使用するもので、健康的なオフィスとしてどこが良いのか、何が足りないのかを「気づく」ためのチェックリストであり、認証を目的とはしない。したがって自ら行う限り、費用は掛からない。チェックリストに認証の仕組みはないが、CASBEEには評価員制度（『結論』章末付図、参照）があり、評価を適切に行う経験と知見があることを講習と試験で確認し、評価員資格を付与している。この有資格者(CASBEE-ウェルネスオフィス評価員）が行ったチェックであれば、相応の正しさで評価されたと認めてもらえるであろう。】

RESETとLEED

市場が真のヘルシービルディングを求めはじめ、建物が健康であることを客観的に証明する手段などの解決策を探していることは、間違いなく事実だ。これはうれしい知らせだと言えるだろう。結果として、ビルの設計者もオーナーも、自らの決断を裏付けするためにより包括的な情報を求めるようになるに違いない。

本書の執筆時点で、数多くのプレイヤーが認証やレーティングビジネスに参戦しはじめている。例えば、もとは中国で開発されたRESET。これは費用という意味でも、厳格さという点でも、ちょうどFitwelとWELLのあいだに位置すると言える（どちらかといえばWELL寄り）［注7］。RESETは技術やパフォーマンスの観点からヘルシービルディングを評価するので、私たちにとっても興味深いものだ。RESETはチェックリストや規定の検査法を使わず、その代わりに結果に注目する。あなたの建物が室内空気質の点で特定のパフォーマンス水準を満たしていれば、それでよし。どうやってその結果にい

たったかは評価の対象にならない。RESET認証は、室内空気質の指標、例えば二酸化炭素、微粒子、気温、湿度などを継続的に測りつづける性能をもつ新しい技術の確立を前提にしている。RESETの弱点は、今のところまだヘルシービルディングの9つの基礎のすべてをカバーしていないことにある。それに、現在まだリアルタイム監視が不可能な要素もカバーできない（この点については第9章で論じる）。それでもRESETには将来性があると言える。9つの基礎のすべてがリアルタイムで観測されるスマートビルディングの未来がやってくるのは明らかなのだから。今後、他のヘルシービルディング認証システムも、同じようにリアルタイム監視に重点を置くと予想できる。

　もとは（エネルギー、廃棄物、水に重点を置く）グリーンビルディング規格として始まったLEEDもヘルシービルディングの方向へ影響力を広げつつあり、今のところは環境に次ぐ2番目の項目とはいえ、「健康と人のパフォーマンス」について盛んに論じるようになった。LEEDの最新版では、全項目のおよそ15パーセントが室内環境の質に関係している。少ないと思うかもしれないが、その具体的な中身を見てみると、LEEDが他のヘルシービルディング認証システムと同じ項目に注目していることがわかる。音響、照明、タバコの煙の制御などはもちろんのこと、製品から放たれる揮発性有機化合物のコントロールや、$PM_{2.5}$やホルムアルデヒドの計測を通じた室内空気質の検査も項目に含まれている。

　どのやり方にもそれぞれの長所と短所がある。私たちは、将来どの方法が主流になるかという点にはあまり関心がない（どのやり方にもそれぞれ需要があると考えている）。知りたいのはむしろ、ヘルシービルディング運動がどのぐらいの規模に成長するか、という点だ。その際、いくつかの要素が採用の障壁になると考えられる。最も高い壁は費用だ。

ヘルシービルディング認証の費用

　ここでは認証費用について少し詳しく見ていこう。WELLv2 認証を得るには、幾重もの費用が必要になる。登録、認証、現地での性能診断などだ。加えて、認証基準を満たすには、巨額の設備投資が欠かせない。

　具体的な数字を知るために、2019年のWELLのウェブサイトに記載されていた価格構成を 2 つの異なるタイプのビルに当てはめてみよう。 1 つは 10 万平方フィート（約9300平方メートル）、もう一方は100 万平方フィート（約 9 万3000平方メートル）のビルだ。私たちの計算では、認証の費用は 10 万平方フィートのビルで数万ドル、100万平方フィートの場合は数十万ドルになる（WELLをはじめとした認証システムの価格は頻繁に変わるし、建物の特徴によっても大きく異なる可能性があることをここで指摘しておく）［注8］。

　WELL自体の認証費用には追加の設備投資や「現地における性能診断」に必要なコストが含まれていないので、それらは別のソースを使って試算した。その際、初期のWELL建築規準を採用した建物を調査したアーバンランド協会（ULI）の報告を利用した［注9］。ULIはWELL物件のオーナーや開発者にインタビューを行い、認証を得るための建物の改善に必要な〝隠れた〟費用を聞き出したのだ。その額は、1 平方フィートあたり 1 ドルから 4 ドルにのぼる。また、ULIの報告ではWELL認証されたCBRE社のロサンゼルス本社が例として紹介されていて、そこでは追加の設備投資により、総工費が 5 パーセント割り増しになったそうだ（トロントにある別のWELL認証ビルではコストが 15 パーセント増加した）。【監修注：日本の建築環境評価システムにおける認証費用は、例えばCASBEE建築（新築）の場合、一般財団法人建築環境・省エネルギー機構では 1 万平方メートル未満の単一用途建物で約 70 万円、5 万平方メートル以上で約 100 万円となっている。認

表8.1 規模が異なる2つのビルにおけるWELL認証にかかる費用

	例1＝100,000平方フィートのビル		例2＝1,000,000 平方フィートのビル	
	1平方フィート当たりの費用	総費用	1平方フィートごとの価格	総費用
事前認証（オプション）	$0.02/sq.ft.	$2,000	$0.02/sq.ft.	$20,000
登録料	$0.028/sq.ft.*	$2,800	$0.0042/sq.ft.*	$4,200
認証	$0.175/sq.ft.	$17,500	$0.145/sq.ft.	$145,000
現地検査**	$0.08/sq.ft.〜$0.48/sq.ft.	$8,000〜$48,000	$0.08/sq.ft.〜$0.48/sq.ft.	$80,000〜$480,000
推定プロセス小計	$0.30/sq.ft〜$0.70/sq.ft.	$30,300〜$70,300	$0.25/sq.ft.〜$0.65/sq.ft.	$249,200〜$649,000
認証条件を満たすために必要な追加費用	$1/sq.ft.〜$4/sq.ft.	$100,000〜$400,000	$1/sq.ft.〜$4/sq.ft.	$1,000,000〜$4,000,000
合計		$130,300〜$470,300		$1,249,200〜$4,649,200

*登録料は5万平方フィートから24万9999平方フィートの建物では2800ドルに、50万平方フィートから100万平方フィートの建物では4200ドルに固定されている。その額をそれぞれ10万あるいは100万平方フィートで割って、1平方フィートあたりの費用を算出した。
**現地検査は認証に欠かせないステップであるが、第三者機関に委託される。そのため、WELL認証の価格には含まれない。ここではその額を、（1）ULIレポートが報告する認証と現地検査の合計額$0.18〜$0.58 / sq.ft.、ならびに（2）コンサルタント、監視機器、外部ラボを用いた同様の検査プロトコルを想定した私たち独自の調査結果の2つの値を用いて算出した。
【監修注：現地検査単価＄0.08〜＄0.48/sq.ft. は以下の式になると思われる。「(1)の費用 0.18〜0.58 /sq.ft.」－「認証の費用」＋「(2)の費用」＝0.08〜0.48 /sq.ft.】

証には現地調査を要しないため、その費用は含まない。また、同機構以外の認証機関でもおおむね同額である。ヘルシービルディングの認証に近いCASBEEウェルネスオフィス認証の場合、1 万平方メートル以上で約 80〜100万円（同機構）である。】

ヘルシービルディング認証は〝高すぎる〟のか？

　5 パーセントや 15 パーセントという数字を聞いて、あなたも「高い」と思ったに違いない。建物の〝健康〟向上策の多くは、費用が壁になって採用が見送られることが多い。しかし、私たちの考えでは、それを壁とみなすのは少し短絡的だ。私たちが話をした不動産業界の大物たちの多くも、コストの問題をしきりに口にした。しかし、税金や福利

厚生などの〝すべての〟コストを見た場合、健康保険の額が年間の給与支出の 25 パーセントを占めることだってあるのだ。加えて、食事、運動、ビタミン剤などにも出費がかさむ。毎日〝健康な〟食事をするために、余分にお金を使っている人も多い。個人としては、懸命に働いて稼いだ現金の多くを健康な生活を送るために費やすのに、どうして建物の健康のための出費にはそれほどの抵抗を感じるのだろうか?

それは、費用が大きくなるわりに、メリットが曖昧だからだ(後にもう 1 度触れるが、利害の分断も抵抗の原因になっている)。建物の健康のための支出は、経営、収益、業績、名声などの目に見える向上をもたらさない。退屈なコストとみなされて避けられている。本書の目的は、その考えは間違っていると証明することにある。

ヘルシービルディングに認証されていないからといって、その建物が健康ではないという意味ではない。しかしここでは、費用の問題を正しく理解するために、ヘルシービルディングの認証費用を第 4 章で利用した架空の費用便益分析に加えてみよう。

ちなみに、ここから私たちは科学的な手法にもとづく経験的な分析を離れ、未来に目を向けた不動産財政予測の領域に足を踏み入れることを指摘しておく。収支が極めて安定しているインフラストラクチャや不動産プロジェクトは別として、それ以外のすべてのケースの収支予測で、将来起こりうる結果を理解し、仮定を整理することが肝心になる。開発者は不確実なデータをもとに数多くの決断を下さなければならない。基本的に、彼らは建物に関して〝やるかやらないか〟を決めるために、さまざまな長期的な結果を予想するのだが、その際、収益や支出に目に見える形でつながっていない建物の構成要素の 1 つひとつに対して決断を積み重ねていかなければならない。つまり、窓に、カーペットに、キッチンに、キャビネットに、あるいはプールやジムに、駐車場にどれだけの費用をかけるか、そのつど決めなければならないのだ。その項目として、換気システムも含まれる。つまり開

発者には、そのような個別要素のすべてが組み合わさったときにどれ
ほどの魅力があるか、市場がそれにどれだけの額を支払うかを予想す
るための経験や直感が求められるのである。

　典型的な例としてアパートメント用の新しいビルを建てるのに 1
平方フィート（sq. ft.）あたり 150 ドルから 200 ドルがかかるとしよ
う。そこは寝室が 2 つあるアパートメント（2 ベッドルームユニッ
ト＝ 2 LDK）で完成後の賃貸料は毎月1500ドルから2500ドルぐらい
だろう。回収率は年間で 4 パーセントから 6 パーセント程度だと予
想できる。しかし通常は、そのような数字は建設計画が立てられた時
点ではまだ不明で、数年の時間をかけて次第に明らかになっていく。
大ざっぱな数字を使って、その様子を見てみよう。1000 sq. ft.（約
93 平方メートル）の 2 ベッドルームユニットで 1 平方フィートあた
り 150 ドルかかる場合、建設費は 15 万ドルになる。毎月の家賃が
2000ドルなら、年間で 2 万4000ドル。6.67 パーセントが資金の回収
率（キャッシュ・オン・キャッシュ・リターン）になる。例えば、開
発者が 5 パーセントの金利で融資を受ける場合（利率が回収率より
も低い場合）、単純計算でこのプロジェクトは〝儲かる〟と言える。
キャッシュフローが有利に働き、開発者は利益を得ることができるだ
ろう。しかし、1 平方フィートあたり 200 ドルなら、建てるのに 20
万ドルかかる。建設の開始から 3 年後にオープンしたとき、期待し
たほどの結果が得られなくて家賃が毎月1500ドルになった場合、収入
は 1 年で 1 万8000ドルで、コストの回収率は 3.6 パーセントでしか
ない。もし、完成時とその後の金利が 6 パーセントに増えたら、出
資者は赤字に陥る。キャッシュフローで金利すらまかなえなくなるだ
ろう。建てないほうがよかった。〔編集部注：本段落、数字は原書ママ〕

　分析の際、不動産業界の人間は 2 つの点に注目する。 1 つ目は、
自分たちの推測はどれほど厳密に現在の市場にもとづいているか。他
の業者の情報を適切に入手できて初めて、賃貸料の現状と過去の建設

費用を見積もることができる。その際問題になるのは、「異なる設計のこの案件に対して、この数字は本当に比較対照としてあてになるのか？」と「建設中に市場にどんな変化が現れると考えられるか？」の2点だ。2つ目の点は感度テスト（銀行にとってはストレステスト）と関係している。開発者にとって重要な感度テストは、例えば次のようなものだ。「他の条件がすべて同じ場合、キャッシュフローをポジティブに保つために、最低でどれだけの入居率が必要になるだろうか？」。銀行の場合は「市場の利回りがどれだけ上昇したら、ローン資産価値比率（ローン・トゥ・バリュー・レシオ）を維持できなくなるだろうか？」という問いだ。

　両当事者ともに、利益を確保できる限界を知ろうとする。決断のときに確かなデータがないのだから、過去の経験をあてにできない。そのような不確実な状態が不安を呼び起こす。しかし、ダムの建設業者から住宅供給者、あるいは大都市のオフィスビルの開発者にいたるまで、プロジェクト開発者は不確かな状態で決断せざるをえないのである。そこで、次節からは「もしも」の例を使って、そのような決断を意味のあるものにするための境界線を探ることにする。根拠を示しながらたくさんの数字を挙げるので、あなたはそれらの影響力を想像しながら、ここで例にするモデルと条件や市場の期待が異なるあなた自身の環境ではどのような結果になるか、考えてみよう。

　不動産業界で費用便益計算がどのように行われるかを理解したところで、本節の冒頭の問いに戻ろう。全体としてみた場合、ヘルシービルディング認証は〝高すぎる〟のだろうか？　この点について論じるために、あるオフィスビルの設計が従業員1人当たりのスペースとして 250 sq. ft.を設定していると想定しよう（あなたのオフィスはおそらく 16 × 16 フィート—— 4.88 × 4.88 メートル——ではないだろう。この 250 sq. ft.という数字にはロビー、会議室、トイレなど、共用スペースの割り当ても含まれている）。建物自体とテナント用の設

備工事を含めて、建設費は 1 平方フィートあたり 400 ドルと仮定する。ニューヨークやサンフランシスコなどの大都市では低いが、郊外のオフィスビルなら妥当な数字だ。ヘルシービルディングの認証を確実にするための追加の労働と資材にかかるコストを総額の 3 パーセント（すでに挙げた数字の中央値）だとすると、1 平方フィートあたり 12 ドルの出費増になる。1 人に 250 sq. ft.の空間が与えられるのだから、従業員 1 人につき3000ドルの増加だ。

　ここで架空のヘルス・アンド・ウェルス（H&W社）の財務モデルに戻り、ヘルシービルディングを建てて認証を得るために必要となるであろう支出を分析に加えてみよう。資本支出の観点から見て、従業員 1 人につき3000ドルという額はとても大きな負担のように思えるが、これは 1 回きりの支出なのだ。典型的なオフィスの賃貸期間が 10 年だとして、3000ドルのすべてをテナント会社が負担する場合、従業員 1 人あたりの年額は 300 ドルになる。H&W社には 40 人の従業員がいるので、会社は 1 年で合計 1 万2000ドル支払う計算になる。一方、第 4 章で見たように収益の点では、換気をよくすることで、健康の改善によって 3 パーセント分の生産性の向上が期待でき、給与効果は 1 パーセントと見積もられる。それらの数字は、モデルの左側に見ることができる。加えてここでは、認証とも関係しているヘルシービルディングの 9 つの基礎の他の項目（照明、騒音、ダスト内のアレルゲン、水質など）がもたらす利益も計算に入れてみよう。それらは、第 3 章で論じた換気と空気浄化に加えて〝さらなる〟利益をもたらすのである。ここでは少し控えめに、それらをすべてひっくるめて、収益と給与効果のそれぞれに 0.5 パーセントの向上をもたらすと想定する。第 6 章での科学的な観察——適温で生産性が向上する、照明が気分や集中に影響する、ビルのメンテナンス不足が原因で作業全体がストップした実例など——から、それぐらいの向上は確実だと思えるからだ。数字に置き換えると次のようになる。

表8.2 ヘルシービルディングの9つの基礎すべてから得られるあらゆる生産性と健康の向上を加味したH&Wの損益計算書

ベースラインとなる前提	
従業員数	40
平均給与	$75,000
収益に対する給与の比率	50%

ベースラインとなる建物の前提	
総平方フィート数	10,000
従業員1人あたりの平方フィート数（共用エリアも含む総面積）	250
1平方フィートあたりの建設費（基礎建築とテナント）	400
リース期間（年数）	10

（X）　もしも？	影響
運用コスト（エネルギー）	$40/人/年
給与効果：健康	-1%
給与効果：他の戦略*	-0.5%
生産性の向上：換気	3%
生産性の向上：他の戦略	0.5%
賃貸料の値上げ*	15%
ヘルシービルディング認証：10年で償却	$12,000
ヘルシービルディング認証：年間費用：	$1,667

*マークの項目がこのモデルの新項目

	ベースライン	（X）　ヘルシービルディングを選ぶことで生じる変化					ベースライン＋ヘルシービルディング
		賃貸料／運用コストへの影響		給与効果：健康	生産性の向上：健康	ヘルシービルディング認証	
収益	$6,000,000				3.5% $210,000		$6,210,000
給与	$(3,000,000)			-1.5% $45,000			$(2,955,000)
賃貸料	$(300,000)	15%	$(45,000)				$(345,000)
公共料金	$(30,000)		$(1,600)				$(31,600)
ヘルシービルディング認証(設備投資の償却)						$(12,000)	$(12,000)
ヘルシービルディング認証(年間費用)						$(1,667)	$(1,667)
その他支出	$(1,000,000)						$(1,000,000)
税引前純利益	$1,670,000						$1,864,733
税(30%)	$501,000						$559,420
税引後純利益	$1,169,000						$1,305,313
変化							11.7%

　ここまで用いてきた数字にもとづき、すべての仮定を加味すると、H&W社の収益（税引後の純利益）は116万9000ドルから130万5313

ドルに増える。およそ 12 パーセント増だ。

　この数字は正しいのだろうか？　それともただの夢物語？　私たちはこの程度の増収は現実に可能であり、考慮されるべきだと考えている。しかも、収入が増えることに加えて、人々がより健康に、幸せに、創造的にもなるのである。繰り返すが、ヘルシービルディングの規格に準拠するビルを建てるのに必要な設備投資やその他の関連費用――多くのビルオーナーにとってためらいの原因――を計算に含めて、この数字なのである。

　ざっと見ただけで、全体からすれば認証にかかる費用はささいな額に過ぎないことがわかるだろう。建設費が 1 平方フィートあたり 400 ドルで、ヘルシービルディング化にかかる追加費用が 1 平方フィートあたり 12 ドル未満なら、またたく間に取り返すことができる。 1 平方フィートあたり 12 ドルを 10 年をかけて償却するということは、従業員 1 人につき年間 300 ドルを償却することになる。 300 ドルなど、毎週 1 杯ちょっと高めのコーヒーを飲むのと同じような額だ！

利害の分断？

　あなたは、この分析は（オーナー自身が入居するビルを例外として）コストを負担している者と利益を得ている者が同一ではないという単純な理由から、あまり信用できないと考えたかもしれない。ビルのオーナーと開発者が追加の設備投資や認証費用を支払い、テナントが従業員の生産性と健康の向上から利益を得るのだから、コストと利益の利害が一致していない。

　あなたもそう考えたのなら、もう 1 度見積もり表を見てもらいたい。気づいたと思うが、この表ではすでに賃貸料が 15 パーセント増しで計算されているのだ。それでも会社には収益増が見込まれるのである。大家は 15 パーセントも追加賃貸料を請求できないかもしれな

い。テナントのほうが交渉に長けていて収益の増加分を可能な限り独り占めしようと（あるいは従業員に分け与えようと）することもあるだろう。しかしいずれにせよ、分け合うのに十分な利益が生じる事実を数字が示している。私たちは生まれる価値の大きさを示すために、追加賃貸料を 15 パーセントと想定しただけであって、必ずしも賃貸契約にそのような文言が含まれる必要はない。誰もが利を得る。地主は家賃を増やせるし、テナントは生産性が高まる。そして従業員は健康になるのだから。

人々のためのタワー――425パークアベニュー

　仮定の話はここまでにして、ここからは実在する建物を例にして、ヘルシービルディング認証がどれほどの経済的影響をもたらすか、見ていくことにしよう。以下、ハーバード・ビジネス・スクールとハーバード大学T・H・チャン公衆衛生大学院が共同で行ったニューヨーク市425 パークアベニューのケーススタディ（ジョーの博士課程学生であるエミリー・ジョーンズと共同執筆した「A Tower for the People（人々のためのタワー）」の結果を紹介する［注10］。

　開発者のL&Lホールディングの会長兼CEOであるデビッド・レヴィンソンの言葉を借りると、425 パークアベニューは「ニューヨークのパークアベニューで 50 年ぶりの新築オフィスビル」だ［注11］。1950年代に建てられたビルに代わる新しいビルの設計を、レヴィンソンはフォスター・アンド・パートナーズ社のノーマン・フォスターに依頼した。彼らは新しい空間として壮大なビジョンを表明した。フォスターはこう言っている。「私たちの目標は、今の時代においても、時代を超えても、特別な建物をつくること。それが建つ環境と誉れ高くモダンな近隣を尊重しながら。街と人々のために街のなかで機能するタワーを建て、オフィスデザインに新たなスタンダードを設定し、

世界的に有名な地区にふさわしい永遠のランドマークをつくることである」［注12］

　レヴィンソンは斬新な設計で時代を先取りしてきた人物だ。その彼が私たちに、彼は業界で積んできた何十年にもわたる経験から得た直感（そしてきっと綿密な調査）にもとづいて、いつも決断を下すと言っている［注13］。では、425 パークアベニューでは、レヴィンソンはどんな直感を得たのだろうか？　健康こそがそのタワーにふさわしい特徴だ、と考えたのだ。マンハッタンで最初のWELL認証オフィスビルにすべきだ、と。

　私たちの会話から得られた最も興味深い教訓は、おそらく次の点だろう。レヴィンソンは彼のテナントが今年や来年に何を望むかを考えるだけでは満足しなかった。彼は今から 5 年後、10 年後、さらには 20 年後を見据えたのだ。その際、最大の関心は、もし今ヘルシービルディングの方向へ舵を切らなければ、そのビルは果たして数年後には時代遅れになり、「最新かつ最高級の」他のビルによって立場を脅かされることになるのではないか、という疑問だった。ある意味、レヴィンソンにとってそれはリスク管理の問題だったのである。彼は将来性をとることにした。

　このケーススタディでは、私たちはタワーが建てられる前に設計時の意志決定を調査した（この案件はニューヨーク市で最初のWELL認証を目指した商業用ビルであり、地主の関心が高まりはじめたばかりでもあるので、本書執筆の時点では、入居者の健康や室内の空気質にも同じように注意を払う最終的な調査結果や賃貸関係や安定した例はまだ知られていない）。設計の時点での収支予想は、まさに〝予想〟に過ぎない。レヴィンソンらは換気やフィルターなどWELL認証に欠かせない決断を数多く下し、私たちはそれらを追跡した。ここでは、ヘルシービルディング認証を得るための経済的な側面だけを見ていくことにしよう。

425 パークアベニューのビルは、47 階建てで合計して 67 万5000平方フィートの賃貸可能面積を有している。平均賃貸料は、トリプル・ネットリース契約で 1 平方フィートあたり 1 年で 150 ドル（トリプル・ネットリースとは一般的なオフィス賃貸契約の形で、テナントは独自の運営経費に加えて、固定資産税とビルの維持費も分担するため、結果として 1 平方フィートあたり 200 ドルを超えることになる）。 1 平方フィートあたり 1 年 150 ドルというのはビル全体の平均であって、誰もが予想できるように、上層階の賃料は下層階のそれよりも高いので、そのような事情も考慮して計算した。マンハッタンのミッドタウンの中心にこのビルを建てるのに、土地代を除いても 1 平方フィートあたりおよそ 750 ドルかかる。

　私たちは、新規の不動産開発の経済的なパフォーマンスを探る際にいつも用いられる手法をここでも用いて、開発費に推定純営業利益を対比してみた。次に、全体的な影響を知るために、WELL認証を得るのに必要になるとL&Lが算出した 3 パーセントの追加建設費と、賃貸料の 2 パーセントの上乗せを考慮に入れて、同じ計算をやってみる。

　最初の計算では、開発費の 12 億ドルに対して、予測年収は7200万ドル。つまり、当初の建設費のおよそ6パーセントを毎年回収できる計算になる（ニューヨーク市の新築オフィスビルでは標準的な数字）。ビルの建設では、銀行融資、プロジェクトの資金に関するパートナーシップ、借り換えや売却時の価値予測など、他にもさまざまな要素が収益の計算に関係してくる。ここで深入りするつもりはないが、それらはジョンがハーバード・ビジネス・スクールで開いている不動産コースのテーマである。

　私たちの例では、レヴィンソンとL&Lは純営業利益（営業から得られるキャッシュフロー）が年間 150 万ドル増え、キャッシュ・オン・キャッシュ・リターンはおよそ 25 ポイント向上する。つまり、初期費用が増えても、その価値はあるのである。家賃を増やして回収する

ことができるのだから。そのような市場・投資・コスト戦略には、開発者や建築家の視点から考慮すべき点が 3 つある。(1) ヘルシービルディング戦略を採用することで、建物が満室になる可能性が高まるだろうか？　(2) ヘルシービルディングと認証される建物に、家主は今の時点において、実質的に賃貸料を増やすことができるだろうか？　(3) 市場の傾向として、そのような特徴をもつ建物は、あまり健康的でない建物よりも賃貸料が早く上がっていくだろうか？

　レヴィンソンは 1 平方フィートあたりの純賃料を年間 150 ドルに設定しながらもテナントを誘致するには、ヘルシービルディングという付加価値が必要だと確信した。ヘルシービルディングにするための追加費用を払うか払わないかの決断が、のちに満室のビルと空きのあるビルの違いを生むとしたら？　経済的に見て、その差はとても大きい。425 パークアベニューの場合、入居率が 95 パーセントに下がるだけで、回収率は 6 パーセントに満たなくなり、収益が 300 万ドル減ることになる。ヘルシービルディングであるという事実が、不況時にそのビルに空き室ができることを防ぐと言えるだろう。

　上の (2) と (3) に関して言えば、レヴィンソンとL&Lはこのタワーでより大きな追加料金を請求することができる。例えば、テナントの従業員の健康が促進されるという理由で、賃貸料に 2 パーセントどころではなくて 5 パーセントの上乗せができるとしたらどうだろうか？　それだけで、収益が年間 300 万ドルも増えるのである。大きな額だ。また、本書の前半ですでに指摘したように、空間により多くを支払うことは、テナントにとって優れたビジネス判断だと言える。その結果、そこで働く人々の生産性や効率が高まる可能性が増すのだから。つまり、利害が一致する。レヴィンソンは追加料金を請求できるし、賢いテナントはそれを払ってでも入居したいと願うはずだ。

　レヴィンソンはこれら 3 点の重要性に気づいた。実際のところ、この 3 点があったからこそ、L&Lは数十億ドル規模の賭けに出たの

である。レヴィンソンはこう言った。「私は、好況時には上乗せ料金を、不況時にはテナントを得ることができる」[注14]

うまくいかない場合は？　専門家の出番

　まだ若いヘルシービルディング運動にとって最大の難問は、グリーンビルディングの場合、LEEDの専門家が認証の際に水やエネルギーの分析でミスをしたとしても、それ自体は悪いことではあるが、誰も死ぬわけではない一方で、もしWELL認証の専門家が間違いを犯したら、その建物にいる人の健康を危険にさらしてしまう可能性があるという点だ。ビジネスに〝健康〟を持ち込むことで注目を集めることができるが、そこでは大きな責任も生じる。余談ではあるが、ここでは少し、ヘルシービルディングを無節操に追い求めた場合の道徳や法的な危険に目を向けてみよう。

　エリザベス・ホームズは、セラノス社の創業者兼CEOにして自称億万長者だった。セラノス社は静脈から採血することなしに、指先にピンを刺して得たごく少量の血液だけで健康診断を行うと約束した。もしそれが実現できれば、本当に革命的なことだ。しかし、実現できなかった。そもそも、会社自体が詐欺だったことが、『ウォール・ストリート・ジャーナル』の記者であるジョン・カレイロウによって暴かれ、彼の著書『Bad Blood（悪い血）』に記された［注15］。

　カレイロウが詳しく報じたように、セラノスはドラッグストアのウォルグリーンズのチェーン店内で、その結果が正しくないことを知りながら、人々に血液検査を行っていた。のちにセラノスに対して訴訟を起こしたある女性は、甲状腺障害という間違った診断を受け、必要のない薬を飲むようになった。心臓手術を受けたことがある別の患者は、セラノスの誤った検査結果を理由に薬を変えてしまったため、本来不要だったはずの治療を受けなければならなくなったと訴えてい

る。この 2 例だけではない。セラノスが行った検査のうち 1 万件以上がのちに無効とされるか、修正されるかした。

　ここからが建物と関係した話だ。ホームズは、シリコンバレーがそれまでやってきたことをまねしただけだと言える。彼女は不完全な製品をリリースして、そのうち会社がそれを完璧な状態にもっていくと約束したのだから。問題は、不完全なソフトウェアを発売して、のちにパッチで修正できるシリコンバレーのソフトウェア会社とは違って、セラノスは人の命を預かる業種に属していた点である。同社が売っていたのはソフトウェアではなくて、健康だった。だから会社が間違うと、人の命が危険にさらされた。本書の執筆時点で、ホームズは起訴されている。彼女の〝過ち〟は事故などではなく、訴状に記されているように、意図的な違法行為だったからだ。

　同じことが、ヘルシービルディングの格付けでも言える。この分野でもミスや、あるいは科学にもとづかない約束は、結果的に人の健康や命を脅かしかねない。結局のところ、現状のヘルシービルディング認証方式の最大の問題点は、何が基準かという点だけではなく、誰が評価するのか、という点にもある。また、彼らが間違った場合、何が起こるのかという問題も無視できない。

　ビルを建てるとき、あなたは建築家を雇う。建物の認可が必要なら、計画の承認を得るために建築士を雇うだろう。契約書に署名する前には、契約書を精査する弁護士を雇うはずだ。それら専門家の誰もが、れっきとした資格をもっている。ならば、建物が健康であるという認証を得るためには、室内の健康に精通した専門家を雇うべきだろう。

　公認専門家（AP）と呼ばれる人が建物の評価と認証を行うLEEDのやり方にならって、ヘルシービルディング認証もAP制度を利用している。両認証システムの成功にとって、極めて重要な立場にあるのがAPたちだ。彼らが認証システムに対処するためのガイドラインや戦略的サポートを提供し、建物に望まれた性能（例えばLEEDのシル

バー、ゴールド、プラチナ）を確保するために、建築家やデザインチームの架け橋になる。

WELLにはWELLのAPが、RESETにはRESETのAPがいる。Fitwelの場合は同じ役割をもつ者たちをFitwelアンバサダーと呼んでいる。共通規格のためのトレーニングと認証を用いるこのやり方は建築部門にかかわる何十万もの人々を巻き込み、彼らに認証にもとづくオーナシップや、それに機会も与えたものだから、業界は、いや世界は大きく様変わりした。現在すでに数十万人ものAPたちがいて、実質的にLEED、WELL、Fitwelなどの広告塔として活動している。

APたちの多くが欠かせない存在であるのと同じように、別の種類の専門家も必要とされている。建物のなかの環境データを計測、監視、解釈するのに十分な知識をもつ人々だ。WELLはすでに行動を起こしていて、WELLの認定外部機関である「WELLパフォーマンス・テスティング・オーガナイゼーション」のWELLパフォーマンス・テスティング・エージェント（性能検証担当者）と呼ばれる人々に建物の性能検証を委託している。検証担当者になるための資格はAPになるためのそれとは異なっていて、WELLが実施する 2 日にわたるトレーニングを受けなければならない。

スタートとしてはそれで十分だろう。しかし今後のために、ヘルシービルディング運動が認定インダストリアル・ハイジニスト（CIH：産業衛生士）と手を組むことを強く要求したい。CIH認証は米国産業衛生協会が管理する資格で、すでに 40 年の伝統がある。「産業衛生」という言い回しは広く使われているが、ジョーはこの言葉が嫌いだ。産業衛生士になろうと思う者がいるだろうか？　石油採掘現場で働く歯科助手のように聞こえる。そこで、本書では彼らのことを略語でCIHと呼ぶことにする。彼らの実際の役割である「認定インドア・ヘルス（Certified Indoor Health）」とも頭文字が一致するので、都合がいい。

では、ヘルシービルディングはなぜCIHと手を組むべきなのだろうか？　CIHはワーカーの危険を予測し、評価し、管理し、制御できる職人だ。科学を 4 年学び（多くはさらに 2 年間の修士課程をへて）、さらに 5 年を経験豊富なベテランのもとで修行しなければCIHになれない。産業における衛生は、食品加工、工場、製油所、病院などだけで重要なわけではない。人がいるあらゆる空間で、もちろん商業的なオフィスビルでも、彼らの能力が必要とされている。

　次の一覧で、CIHたちに求められる能力と、認定試験の例を示す。それを見れば、彼らこそ、建物のなかで何が起きているかを知るのに必要な能力をもつ職人であることが、あなたにも理解できるだろう。

ボックス 8.1　認定インダストリアル・ハイジニスト（CIH）

必須学歴：生物学、化学、工学、または物理学における学士号
必須職歴：5 年間の経験および専門家による推薦
審査項目：
・空気のサンプリングとその機器
・分析化学
・基礎科学
・バイオハザード（生物学的有害物質または生物災害）
・生物統計学および疫学
・コミュニティの環境暴露
・工学的制御と換気
・健康リスク分析と危険有害性通知
・産業衛生プログラム管理
・騒音
・非工学的制御
・放射線・非電離放射線（近紫外線から低周波領域の電磁波）
・熱ストレス要因
・毒物学
・労働環境と産業プロセス

試験問題の例：
・［空気のサンプリング］　あるサンプリング法における定量限界は 9.3 μg/sampleである。あるインダストリアル・ハイジニストが≧An濃度のTLVをターゲットにした個人暴露監視調査を行おうとしている。問題となる物質のTLVは 0.1 ppmで、その物質のグラム分子量は30.031 g/molである。吸着チューブによるサンプル収集における規定流量は0.050 LPMである。

濃度が少なくともTLVの10％を超える場合、規定流量でサンプル収集を行う際に定量可能なサンプルを集めるのにかかる時間は何分か？

- [分析化学] ある空気サンプリング法は±16％以内の精度をもち、分析の精度は±9％以内にとどまる。総合した分析の精度は次のどれか？ 16.7％、17.6％、14.8％、18.4％
- [基礎科学] ある混合物には次の成分が含まれている。ベンゼン50 mL (m.w. = 78 ; v.p. = 75 mmHG; sp. gr. = 0.879)、四塩化炭素25 ml (m.w.= 154 ; v.p.= 91 mmHG; sp. gr. = 1.595)、トリクロロエチレン25 mL (m.w.=131.5; v.p. = 58mmHG; sp. Gr. = 1.45 g)。ラウールの法則に従うと仮定した場合、上記の混合物の蒸気で飽和した760 mmHGの空気中のベンゼン濃度は？
- [バイオハザード] 胞子トラップや顕微鏡による検出に不適切な真菌種は次のどれか？ アルテルナリア属、スタキボトリス・アトラ、アスペルギルス・フミガーツス、バシディオスポレス
- [生物統計学および疫学] インダストリアル・ハイジニストは全員が同じような暴露に遭っている従業員グループの暴露データを入手した。その物質の職場における暴露限界は100 ppmである。インダストリアル・ハイジニストは平均暴露量が暴露限界の10％に満たないことを確認したいと考えている。このグループの平均暴露量の95％信頼上限は？
- [リスク評価] OSHAが職場で許容可能な癌リスクとみなすのは、次の内どの値か？ 10^{-3}、10^{-4}、10^{-5}、10^{-6}
- [放射線] 人の体はどの周波数範囲の非電離放射線を最もよく吸収できるか？ 3 KHzから30 MHz、30 MHzから300 MHz、3 GHzから6 GHz、>6 GHz
- [熱ストレス] R＝放射熱負荷（BTU/時）ならびにtw＝周囲物体の放射温度（F）であるとき、R= 15 (tw- 95)の式を用いて、101°Fの熱を放射する周囲の物体から放射されると推定される熱負荷を計算せよ。
- [毒物学] 一酸化炭素はおもにどのような仕組みを通じて毒性を発揮するか述べよ。
- [換気] 速度圧が1.1インチ水柱でダクトの円周が56.25インチのときの風量をcfmで算出せよ。

出典：例題は以下から抜粋し編集。American Industrial Hygiene Association, "Sample Exam Questions," http://www.abih.org/become-certified/prepare-exam/sample-exam-questions; Bowen EHS CIH exam prep, https://www.bowenehs.com/exam-prep/cih-exam-prep/.

　必須の教育と経験、そして認定試験の例題を見れば、彼らがヘルシービルディングの科学に精通していることがわかる。何かがおかしいとき、CIHには問題を見つけ出し、解決する能力がある。CIHが健康だとみなした建物なら、私たちは安心してくつろぐことができる。

　もちろん、今後ヘルシービルディングが主流になってきたら、CIHの費用が問題になってくるし、CIH不足も考えられる。今後は、厳格かつ客観的なCIHの知識を大々的に取り入れた認証プロトコル（手順）

と認証規格が長期的に影響力を広げることだろう。【監修注：日本の
ウェルネスオフィス認証に関しては、既に示した通りAPに相当するのが
CASBEEウェルネスオフィス評価員である。一方で、性能検証を担う可能
性がある資格としては、国家資格である建築物環境衛生管理技術者（ビル
管理士）が最も近いと考えられる。ビル管理士は、「建築物における衛生
的環境の確保に関する法律」（略称：建築物衛生法）に基づいて、3000㎡
以上の特定建築物に必ず設置しなければならない資格者であり、1ビルに
1人が専任する（1人で複数のビルを管理できない）必要がある。2年以
上の実務経験と空気環境や給排水衛生に関する専門知識が求められること
から、CIHに近い資格である。しかしながら、CIHが求める経験や知見の
方がより高度であり、インドア・ヘルスの計画、維持管理、計測評価等に
はさらに高度な知見や技術が求められる。したがって、インドア・ヘルス
を含むウェルネスオフィスの性能検証に対応するためには、ビル管理士を
ベースとしながらより高度な資格制度が必要であろう。社会的なニーズが
高まれば、そのような資格制度創設の可能性はわが国でも十分にある。】

優れたヘルシービルディング認証に必要なもの

　以上のようなヘルシービルディング認証が現れはじめたのは、ポジ
ティブな兆候だと言える。市場がソリューションを求めていることの
何よりの証拠であり、今後に期待がもてる。どんな場合も最初の試み
には修正が必要で、そのうちのいくつかは本章ですでに指摘した。需
要が非常に高いため、すべて正しく機能するまで、市場が繰り返し修
正を求めるだろう。
　以下、ヘルシービルディング認証プロトコルを〝正しいもの〟にす
るために必要だと思われる要素を挙げる。

　1　査読済み科学（論文）に裏付けされた証拠にもとづく。

2 新たな研究成果や技術の進歩に柔軟に対応できる。

3 標準化され、定義が一貫していて、検証が可能である。

4 費用対効果が高い（人の健康とパフォーマンスも含めて費用便益分析を行う）。

5 1つの時点のみに頼った定義を行わない。

6 危険の予測、評価、管理、制御の訓練を受けた専門家による現場検証を通じて管理および検証を行う。

7 人が多くの時間を過ごす場所で、健康成果指標（第9章を参照）の監視（室内環境のリアルタイム監視など）を含むパフォーマンス検証を行う。

8 エンドユーザー（デザイナー、建築家、オーナー、投資家、テナントなど）や建物の健康の専門家（エンジニア、衛生学者、医療関係者など）と密接に手を組んで認証プロトコルを開発する。

9 市場と投資家から商業的価値を生み出す制度として認知される。

10 利害関係者間（投資家、オーナー、テナントなど）で価値を共有するよう促す。

　どの仕組みがヘルシービルディング認証の「ベスト規格」の地位を得ることになるか、今のところまだわからない。この分野は日進月歩で変化していくだろう。それはすばらしいことだ。ヘルシービルディングの認証システムが発展を続け、そのうちLEEDや他のグリーンビルディング認証システムと同じぐらいの影響力をもつ日が、今から楽しみである。

第9章
KPIからHPIへ

従業員は会社がもつ最大の資産だ——彼らこそ、競争力の源である。
——アン・M・マルケイヒー

　第6章から第8章までをさいて、ヘルシービルディングとは何か
を見てきた。ここからは建物による健康への作用をどう測定するかに
ついて考える。なぜなら、経営論で名をはせたピーター・ドラッカー
が言ったように、「測れなければ、改善もできない」からだ。これま
でのところ、建物のパフォーマンスを効果的に計測することに成功し
た者はいない。しかし、あなたにはできるはずだし、すべきでもある。
本章では、そのための方法を示す。その際、行程を2つに分け、ま
ずはこうすべきではないという悪い例を示してから、のちに正しいや
り方を説明する。

　フェリックス・バーバーとライナー・ストラックが『ハーバード・
ビジネス・レビュー』に「The Surprising Economics of a 'People
Business'（〝ピープルビジネス〟の驚くべき経済）」というタイトル
の記事を発表し、そこで従業員のパフォーマンスが収益を左右すると
主張した［注1］。私たちも同じ意見だ。人の労働や知恵、あるいは創
造力や分析力が求められる職業では、従業員のパフォーマンスが会社
のパフォーマンスに直結するという主張は、特に目新しいものではな
い。だが、次の点に注目したことが、彼らの洞察の鋭さを物語っている。
「ビジネスの業績評価や経営慣行は、人主導型ビジネスという特定の
経済を反映していない」。要するに、ずれがあるのだ。私たちは人の
パフォーマンスが会社のパフォーマンスを高めることを知っていなが

ら、計測するのが下手なのである。

　下手なだけならまだしも、実際には間違ったものを測っていること
も多い。例として、シリコンバレーの大手投資家として知られるジョ
ン・ドーアの仕事と、彼の著書『メジャー・ホワット・マターズ　伝
説のベンチャー投資家がGoogleに教えた成功手法　OKR』」が示す洞
察を見てみよう［注2］。ドーアはクライナー・パーキンスの会長で、
アマゾン、グーグル、ウーバーなどの初期支援者でもあった。自らが
「OKR（目標と主要成果）」と名付けたアイデア──ドラッカーの考
えをスタートアップやイノベーションにまで広げ、発想から実行まで
の道筋を示す考え──にもとづいて行動している。ドーアは企業に対
して、重要ではない主要成果指標（KPI）から重要な主要成果指標へ
移行するよう働きかけてきた。彼の働きのうち、最も有名で最も重要
なのがグーグルの共同創業者であるラリー・ペイジとセルゲイ・ブリ
ンへのアドバイスだろう。当時のグーグルはまだ、メンローパークの
ガレージで活動していた。ドーアは 2 人にOKRシステムを採用する
よう説得した。成功を測って追跡するという目的のために、特別にデ
ザインされた手法だ。

　私たちはバーバーとストラックの洞察とドーアの厳格さを結びつけ
て、測定対象を建物の健康パフォーマンスにまで広げたうえで、正し
いものを計測するためのツールを進化させるつもりだ。本書の中心
テーマは、従業員のパフォーマンスが収益に直結するだけでなく、〝建
物〟（あるいは室内環境）が人のパフォーマンスの改善において重要
な役割を果たすという事実を明らかにすることと、そのような〝建物
のパフォーマンス〟がこれまでずっと誤って計測されてきた事実を示
すことにある。私たちはこれまで、従業員の自己報告をあまりにも率
直に受け入れすぎていた。続きを読めば（あるいは疫学者に尋ねれば）、
そのような調査方法は誤解を生みやすいことを、あなたも理解するだ
ろう。

間違ったやり方――「ピープルビジネス」の計測ミス

　建物に関係する生産性やパフォーマンスの測定方法として最も広く用いられているのが「居住後調査」だ（一般的には「居住後評価」と呼ばれることが多いが、のちに説明する理由から、私たちは「調査」と呼ぶことにこだわる）。ヘルシービルディングの価値が一般に知られはじめてから、建物の健康や従業員の生産性に関してさまざまな主張が繰り広げられるようになった。それらの主張のいくつかは調査にもとづいているので、どのような調査が行われているのか理解しておく必要がある。ここでは居住後調査のデータから 5 つの実例を眺めながら、それらのデータが生産性や健康に対するワークスペースの影響を説明するために、どのように用いられるべきかを考えていく。われわれの目的は、そのような調査が全く役に立たないと主張するのではなく、調査をするなら慎重にしなければならないと言いたいのである。また、致命的な欠陥が見つかったら、その都度回避策を提案するつもりだ。ジョーの兄であるブライアンがいつも言うように、解決方法を示さずに問題を指摘するだけでは、ただ文句を言っているのと同じだからだ。

　念のため、ここから先は機会均等に対する批判と受け取られかねない内容も含まれていることを指摘しておく。

　以下、新築または移転した新規オフィスに関して居住後調査を行った企業が挙げた 5 つの主張を紹介する。特に注目すべき例を選んだのではあるが、現実問題として、誰もが共感できる内容だろう。

- ・A社では、従業員の 91.6 パーセントが室内空気質がよくなったので以前より健康になったと感じ、56 パーセントが見た目のよさが改善したと報告し、42 パーセントが音響が向上したと発言している。
- ・B社は、従業員の 80 パーセントが新オフィスのおかげで生産性が高

まったと確信していると報告した。

・C社では 95 パーセントが新しい空間に満足している。

・D社は、他の普通の建物と比べて、高性能ビルではエネルギーと水が
　節約され、運用コストが下がり、廃棄物が減り、入居者の満足度が上
　がると報告した。

・E社は、グリーン認証を受けた建物では、入居者がシックビルディン
　グ症候群を発症する恐れが 30 パーセント低下すると発表した。

　健全な用心深さを持ち合わせる人なら、これらの多くがでたらめ
に聞こえるだろう。実際にでたらめで、だから私たちは居住後評価
（Post-occupancy Evaluation）ではなく「居住後調査（Post-occupancy
Survey）」と呼ぶことにこだわるのだ。居住後調査の頭文字をつなげ
ると Piece Of Shit と同じ POS になるからだ。

　なぜ POS が問題なのかを、選択バイアスと依存的測定誤差という疫
学で用いられる 2 つの概念を使って説明しよう。難しい話はやめて
くれ、と思ったかもしれないが、安心してほしい。疫学の専門用語が
出てくるたびに、それを「常識」のひとことで置き換えたら、だいた
いの意味は理解できるはずだから。

致命的な欠陥 1 ──選択バイアス

　最も基本的な形の選択バイアスは、ある調査がその調査に参加でき
る、あるいは参加すべき人々を対象とせずに行われたときに生じる。
A社からE社までの大それた結論を見るとき、私たちは調査対象になっ
た人の数やタイプ、あるいは脱落例の有無を問うべきだろう。

・サンプルサイズ（調査対象者の数）──社員全員が対象？　それとも
　一部だけ？

・代表性（調査対象者のタイプ）──特定の種類のワーカーあるいはグ
　ループだけが対象？

・脱落例（追跡不能例）──調査に漏れている人はいない？

　A社がなぜ、上記のような結論にいたったのか、私たちにはわからない。それだけの理由で「この結果はおかしい」と言いたいわけではないが、いくつか仮定の数字を導入して、選択バイアスの 3 要素が「従業員の 91.6 パーセントが室内空気質がよくなったので以前より健康になったと感じている」という主張の解釈に影響していないか、確かめてみよう。

　サンプルサイズ
　91.6 パーセントという数になるパターンはいくつか考えられる。A社の従業員数が 600 人で、全員に調査用のアンケート用紙を配ったところ、500 人が回答したと想定しよう。サンプルサイズとしてはかなりの大きさで、回答率も高い（ 83 パーセント）。この場合、458 人の従業員が、室内空気質のおかげで体調がよくなったと答えたことになる（ 458 / 500 = 91.6 パーセント）。
　だが、同じ 600 人規模の会社で、たった 83 人（13.8%）だけが調査に応じた場合はどうだろう？　その場合、76 人がポジティブな回答をするだけで、同じ満足度が得られるのである（ 76 / 83 = 91.6 パーセント）。どちらの場合も、91.6 パーセントの人々が空気の質がよくなって満足しているのではあるが、その中身は大違いだ。サンプルサイズが総従業員数の 15 パーセントにも満たない場合、91.6 パーセントが室内空気質に満足しているという主張を額面どおりに受け入れることはできない。

　代表性
　600 人の社員のうち 500 人が回答したと想定しよう。この場合、サンプルサイズは申し分ない。しかし、その 500 人全員が幹部職や

知識労働者で、昔ながらの大部屋とは違う窓のある立派な個人用オフィスを使っているとしたらどうだろうか？　そして回答しなかった100人が事務員でキュービクル畑（大部屋）で働いているとしたら？

　少し極端ではあるが、仮に大部屋の100人全員がオフィス内の空気の質に不満を覚えているとして、彼らも含めて計算したら、空気質に満足している人の〝本当の〟比率は76.3パーセントにまで下がる（458 ／ 600 = 76.3パーセント）。91.6とはずいぶん開きのある数字だ。

　次に、この会社が選択バイアスを避けるために、社員の600人全員に調査アンケートを配布したと仮定しよう。その場合、回答した人と回答しなかった人のあいだに、違いがあるとは考えられないだろうか？　自らの意志で調査に応じる道を選ぶことを、学者は「自己選択」と呼ぶ。彼らは自ら手を挙げ、参加することを望むのだ。回答者と非回答者の違いはとても重要で、疫学分野の文献でも自己選択者は他とはまったく違う人たちとして扱われている（イェルプ効果という言葉を聞いたことがあるだろうか——口コミサイトのイェルプ（Yelp）には極端に満足しているか、極端に不満かのどちらかで、しかも時間の余裕がある人だけが投稿すると言われている）。

　A社の場合も、誰が自己選択者だったのか、知る必要がある。彼らはマーケティング部門に属していなかっただろうか、あるいは経営幹部、もしくは空気の質のコントロールを任されている施設管理者ではなかっただろうか。言い換えれば、同社が新規オフィスに数百万ドルを費やしたことを知っていて、そのすばらしさを市場にアピールしたいと願っていた人ではなかったのか、ということだ。会社は全員を調査に含めようとしたにもかかわらず、大部屋の職員たちは誰も回答しなかったということは、結局のところ、この調査結果は個室をもつ人々だけが対象になっていると言えるのではないだろうか？

　あらゆる形の選択バイアスを理解し、検証することはとても大切で、疫学の研究では、ほぼすべての査読付き論文が最初の一覧にサンプル

サイズを示し、回答者と非回答者のあいだにどのような違いが潜んでいるかを検討している。そうやって、その研究の参加者に選択バイアスがかかっていないことを証明するのだ。架空のA社の例でも、調査結果のなかに、回答者の 500 人と非回答者の 100 人が年齢、性別、役職、給与、教育、オフィスのタイプと場所などの点で類似していることを証明する一覧表が含まれていれば、調査結果は信用に値するだろう。

　選択バイアスは、サンプルサイズが小さい場合でも、対象者をランダムに選べば避けることができる。

脱落例（と健康ワーカー効果）
　たとえA社がサンプルサイズや代表性の問題をクリアできたとしても、もう 1 つ、選択バイアスを引き起こしかねない要因がある。例えば、その日オフィスにいた人だけを調査対象にするケースだ。疫学では、この種類の選択バイアスは脱落例（および「健康ワーカー効果」と呼ばれる現象）が原因で生じると言われている。

　なぜそれがバイアスに通じるかというと、基本的に職場に来ている人は、出社していない人とは違うと言えるからだ。出社していない人は病気なのかもしれないし、他に何か理由があって仕事ができないのかもしれない。もう別の仕事を始めていて、連絡が取れない可能性だってある。調査から漏れた彼らは〝脱落例〟だ。

　A社に話を戻すと、社員 600 人からランダムに 500 人を選んだとしよう。つまり、代表性は確保されているし、自己選択バイアスもかかっていないことになる。では、その日オフィスにいたこの 500 人は、本当に分母にふさわしいのだろうか？　言い換えれば、彼らは本当に〝リスク〟にさらされている可能性のある集団を代表しているのだろうか？　クライアント訪問や会議で外出していたため、あるいは休暇中だったため、そこにいなかった人もいるだろう。一方、病気が理由

でその日欠勤していた人もいるはずだ。その人は、調査に含まれていないのである。病気になった〝原因〟が、建物そのものにあるのかもしれないのに。もし、〝健康なワーカー〟だけが回答したのだとしたら、そのような調査は信用できるのだろうか？　一部の従業員が新しい職場に拒絶反応を起こして、調査が行われた日にはすでに職を離れていたのだとしたら？　彼らも調査には含まれていない脱落例なのだ（不満をもつ人や満足していない人はすでに出て行ったのなら、オフィスにいるのは会社のことを好きな人ばかりだと言えるので、この場合は「健康ワーカー効果」というよりも「満足ワーカー効果」と呼ぶほうが正しいかもしれない）。

　この問題を避けるために、調査は健康で満足している人だけでなく、リスクにさらされている人すべてを対象にしなければならない。

　あくまで仮定の話として、私たちはここまで「致命的な欠陥 1 」の問題点を探ってきた。その結果として、「従業員の 91.6 パーセントが室内空気質がよくなったので以前より健康になったと感じている」というA社の主張を裏付けるサンプルの詳細はわからない、と結論することができる。この点が問題なのだ。

致命的な欠陥 2 ──依存的測定誤差

　選択バイアスの基本を踏まえて、POSのもう 1 つの大きな問題に目を向けてみよう。その問題とは、デザインと結果のあいだの因果関係を見いだすためにPOSを利用することだ。そのような場合、POSが依存的測定誤差を生んでしまう恐れがあるため、結果が間違っていることがある ［注3］。

　具体的には何が問題なのかを知るために、まずは仮説を、次に実際の例を見ていく。あなたは自分の環境に満足していて、私たちから今あなたがいる部屋について質問されたと想像してみよう。あなたはこう言うだろう。「いい部屋です。空気はきれいだし、明るいし」。次に、

私たちがあなたの気分について尋ねる。あなたはこう答える。「上々です」。頭痛は？　「ありません」。疲労は？　「ありません」。

　次にあなたの仕事仲間に質問する。あなたも知っている人物だ。今日の気分は？　「ひどいもんです」。頭痛は？　「毎日、ずっと」。疲労は？　「くたくたです」。そのうえで、こう問いかける。この建物とこの部屋が気に入っている？　「大嫌いですよ」。空気の質は？　「耐えられません」。これ以上続ける必要はないだろう。

　このPOSは、実際には人々が「ストイック」か「不平家」かをテストしているだけだ。ストイックな人はすべての質問にポジティブな答えを返すだろう。もちろん不平家は何に対しても不満を漏らす。このような依存的測定誤差が紛れているのを見つけるのは容易ではない。なぜなら、研究者や調査結果のアナリスト、あるいは会社は、ストイックな人と不平家の回答を、そのどちらでもない中間の人々の回答と混ぜ合わせて、そこから最適と思われる回帰直線（図 9.1 の点線）を導き出すからだ。

　そうやって〝現象〟と〝結果〟のあいだに極めて強力な、しかし誤解にもとづく因果関係が現れる。回帰直線のグラフ（図 9.1 ）では、不平家が左下、ストイックな人々が右上を構成することになる。そのような結論に説得力をもたせるために、「統計的に有意」などのもっともらしい、しかし実際には無意味なフレーズが用いられることが多い。しかしながら、ストイックグループと不平家グループを調査から除外して、中間層の人々の回答（図の塗りつぶされていない円）だけを考慮すれば、空気の質と気分のあいだに相関関係は見いだせないのである。

　これが依存的測定誤差と呼ばれているもので、この例では現象の測定値と回答を一体にして評価されている。つまり、現象と回答がいっしょくたにされていて、それぞれが個別に評価されていない。

　それの何が問題なのだろうか？　調査で実際に〝明るみに出た〟の

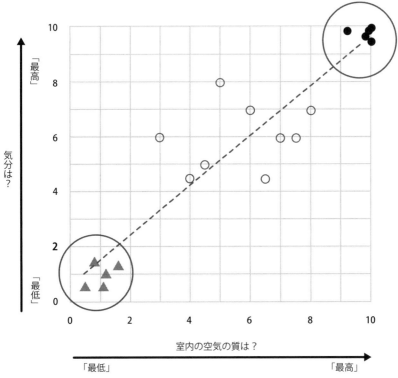

図 9.1　依存的測定誤差と「ストイックな人対不平家」の構図

は、この会社にも他の会社と同じようにストイックな者もいれば不満たらたらの者もいるという事実だけだったのに、空気質と健康の関係を示すことを目的に、回答の分析が行われてしまっている。それの何がまずいのかというと、会社がそのような偽りの〝発見〟を報告すると、幹部はその偽りにもとづいて会社や建物の決断を下してしまうのである。

　この問題は、現象の客観的な測定（当該環境の空気質の測定など）、あるいは健康結果の客観的な測定（認知機能検査など）、または両方の客観的な測定を行うことで避けることができる。

正しくやる――健康成果指標

　ここまで見てきたように、POSの根本的な重大欠陥は、それが主観的であり、人の知覚のみに頼っている点にある。だからバイアスや誤解釈につながりやすい。解決策はさまざまな指標のパフォーマンスをそれぞれ〝個別に〟かつ〝客観的に〟調べることだ。ビジネスの世界では、それがすでに数十年前から行われている。ならば、その手法を建物にも応用すればいいのである。

　ビジネス界では、毎秒、毎日、毎週、毎月「KPI（重要業績評価指標）」を追跡している。おもな追跡対象は利払い・税金・減価償却・償却控除前利益（EBITDA）と純利益率、つまり営業キャッシュフローだ。しかし、建物のコストの 90 パーセント――つまりそこにいる人々――を資産活用しようとするとき、KPIは正しいやり方なのだろうか？　答えは「ノー」だ。従来のKPIを使うことで〝ピープルビジネス〟の誤った測定につながることが、バーバーとストラックによって示されている。

　私たちの考えでは、「重要なことを測定する」とは、健康面での成果、つまり健康パフォーマンスを測定することを意味している。理屈は単純だ。〝人〟がビジネスの出費と生産性の大部分を構成するのなら、〝健康〟が彼らの能力や生産力の主要因子であり、最も大切なKPIだ。したがって、ジョーらが最近の論文で主張したように、企業は従業員の健康や幸福の計測法の検討を始めるべきだ。言い換えれば、重要業績評価指標ならぬ「健康成果指標（HPI）」［注4］を測るのであり、それにはPOSを使うだけではまったく足りない。

　健康とパフォーマンスを高めるために建物を最適化する――そのために役立つ要素を追跡するのがHPIだ。本書では建物だけに応用するが、HPIのコンセプトはビジネス全体に拡大することもできる（建物以外にも、従業員の健康を促進し、収益の上昇につながる要素を見つ

けることができる。社風、産休や育児休暇、自主性、給料、目標などだ。〝有毒〟で敵対的な社風は不眠症やストレス、長時間労働などの原因となり、健康に大いに悪影響を及ぼす）。

　ここでは建物だけに注目し、私たちのフレームワークにすべての企業が建物に関するHPIの追跡を検討すべきだという新たな考えを加えるにとどめる。あなたはこれまで莫大な時間を、労力を、資金を、意欲と才能にあふれる最善かつ最高の社員を見つけるために費やしてきた。その投資から最大限を引き出せる最高の環境をつくりたいと、思わないだろうか？

HPIフレームワーク

　HPIフレームワークをつくる際、私たちはKPIの用語を採用した。流用したと言ったほうが正確かもしれない。ビジネス界で親しまれている用語やコンセプトを用いたほうが、企業に受け入れられやすいと考えたからだ。KPIと同じように、HPIにも先行指標（適用前）と遅行指標（適用後）があり、健康の直接的な指標（人を計測する）もあれば、間接的な指標（建物を計測する）もある。このあたりは、HPIを４つの領域に分けるとわかりやすい。

　ジョーを中心にした研究チームは、HPIについて手短に触れた最初の研究論文で、いくつかの例を挙げている。本書では、過去２年間に私たちがさまざまな業界（不動産、科学技術、製薬など）あるいは企業内の諸分野（人事、経営層、施設管理など）を相手に行ってきた会議、ワークショップ、会話などをもとに、私たちのフレームワークにHPIという新しい考え方を植え込むことにする（HPIは会社によってその内容は必ず異なり、特に図 9.2 上半分の直接的な指標で違いが大きくなるが、下半分の建物に関係する指標はおおよそ共通する）。

　それでは、図の左上の領域から始め、反時計回りに進んでいくことにしよう。

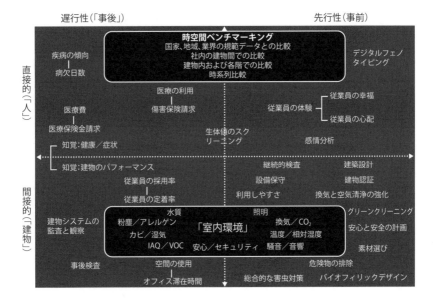

図9.2　建物の健康成果指標（HPI

直接的で遅行性のHPI──健康の事後測定

　毎年末、企業はいくつかの指標を計測して、その年の健康パフォーマンスが〝建物から〟どれほど影響を受けていたかを知ることができる。そこには全体的な傾向、つまり従業員の病欠日数、ヘルスケアの利用率、喘息やインフルエンザなどといった特定の病気の流行などといった項目が含まれる。重要なのは上部のボックス内に書かれている項目で、測定した内容が建物と関連しているかどうかを知る手がかりになる。つまり、分析とベンチマークの結果を空間や時間の面で標準的なデータと照らし合わせる必要がある（時空間ベンチマーキング）。どういう意味だろうか？　簡単に言えば、企業はそれらの指標をさまざまな場所と時間で、社内でも、社外でも追跡しろ、ということだ。

　この種のHPIを分析することで、実用的な情報が得られる。その例として、ジョーのヘルシービルディングチームの研究員であるホセ・

ギジェルモ・セデノ・ラウレントが行った最近の調査を見てみよう［注5］。彼がさまざまな建物に住む大学生の健康記録を分析し、その結果を単純にキャンパスの建物で分類してみたところ、キャンパス内の上級生用の建物で生活する学生でアレルギーの発症率が低く、その数値は 5 年にわたり、毎年明らかに低下していたのだ。健康データから、その建物は他とは何かが違うことが明らかだった。では、何が違ったのだろうか？　HPIの左上の領域を分析することで、そのビルでは何か特別なことがあると予想できた。データに興味を覚えた私たちは、追跡調査を行った。その結果、その建物は調査対象のなかで唯一、機械的な換気システムが備わっていて、十分な換気量の清浄な空気が送り込まれていたのである。

　たった 1 つのKPIだけでは、会社の業績に関して知るべきことのすべてを知ることができないのと同じで、HPIも 1 項目だけですべてを推し量ることは不可能だ。しかし、ほとんどの企業がすでに収集しているデータを用いながら、一連のHPIを総合すれば、建物が健康にどう影響しているかを知る強力な指標になる。

　実例——病気の傾向を用いて癌のクラスターを見つける
　アメリカのある大都市の郊外のオフィスビルを拠点に活動している300 人規模のサービス業者は、従業員の疾病傾向を監視していた。その建物はかつて工業地帯だった場所の一画にあり、最近改装され、オフィスとして生まれ変わったのだった。美しくて高い天井、大きな窓、一部のエリアでは斬新な吹き抜けのあるオープンなフロアが広がり、メインホールを見下ろす形でミーティングスペースもあった。 1 年の疾病傾向（遅効性かつ直接的なHPI）を調べたところ、不審な点が見つかった。同じフロアで仕事をするベテラン従業員の 2 人が、顔面神経麻痺（ベル麻痺）と診断されていたのだ。顔の半分で筋肉が弱くなり、だらりと垂れ下がったような状態になる症状だ。原因は不明

だが、ウイルス感染など、いくつかの仮説が立てられている。揮発性有機化合物（VOC）への暴露など、環境要因がリスク因子であることを示す証拠も見つかっている。

この症例を重視したその会社は、正式に調査を始め、問題の所在を突き止めようとした。その過程で、同じ時期にさらに 2 人の従業員がベル麻痺を発症していたことが明らかになった。そこで同社は産業医の資格をもつ疫学者を雇い入れた。疫学者は、私たちのHPIフレームワークの上部中央のボックスが示すとおりに、発症率を同一の建物内でも、他の建物とも、あるいは全国の疾病記録を頼りに全国民のデータとも比べてみた（つまり時空間ベンチマーキングを行った）。その結果、疫学者は同社におけるベル麻痺の発症率は偶然とみなせる範囲を超えていると結論づけた。そこで、認定インダストリアル・ハイジニスト（CHI）に環境調査を依頼したところ、ビルの下にある地下水がVOCの発生源であった事実が明らかになったのである。隣にあったビルで、何年も前に敷地内に投棄していた溶剤が地下水を汚染し、それが揮発してガスとなって広がり、改装されたビルにまで届いていた。室内の検査で、地下水から発生したVOCが新しい建物の内部にまで侵入していた事実も明らかになった（この現象はそれほど珍しいものではなく、蒸気侵入と呼ばれている）。解決方法は？　室内の気圧を高く（陽圧に）保つために機械システムを調節し（気圧が低いと掃除機のようにVOCを建物内に吸い込んでしまう）、さらに床スラブからの蒸気浸入を抑止する対策を行った。

間接的で遅行性のHPI──健康パフォーマンスの間接的事後評価

図 9.2 の左下に目を向けると、健康の間接測定の領域に入る（「室内環境」と書かれたボックスは今のところ無視してかまわない。この部分はHPIの全領域をぐるりと一周したあとに重要になる）。左下領域にも、企業が年末や月末に調べるべき指標が含まれている。ただし、

ここでは、建物や空気質に対する従業員の認識、ビルや異常事態の事後観察（不快なにおい、システムの予期せぬ不調）など、健康パフォーマンスに間接的に関連する要素を評価する。

　ここでは関連する 2 つのHPIである「空間の使用」と「オフィスで過ごす時間」を例に、それらが在宅勤務モデルの会社でどう作用するか見てみよう。最近では不動産コストを節約するために、在宅勤務へ移行する会社の数が増えているが、その一方では社員同士の直接のふれあいを通じた協力関係に重点を戻す会社も多い。例えばIBMは2009年に大々的に在宅勤務の方向へ舵を切ったが、10 年もたたないうちに、完全に後戻りした。

　それがHPIとどう関係しているのだろうか？　もしあなたの目標がIBM（あるいはグーグル、アップル、エトナ、ヤフーなどのようなオフィスに人を集めたい会社）と同じなら、従業員が戻ってくる社屋を、彼らが戻ってきてよかったと思える場所にしなければならない。それに失敗したら、あなたは従業員を失うだろう。では、改善されたあなたの建物が、どれほどワーカーの結びつきを強めているか、それをどうすれば知ることができるだろうか？　人が実際に建物内で過ごしている時間数のようなHPIを継続的に測り、さまざまな建物のあいだで違いがあるか、あるいはヘルシービルディング化の前後で変化があるかなどを調べるのである。オフィスが気に入っている人や、そこにいれば仕事がはかどると感じている人は、そこで過ごす時間も増えるだろう（皮肉を込めて、「みんなそうやって監視されるのが大好きだ」などと思ったかもしれないので補足しておくと、基本的にそのような監視はすでに行われていると考えていい。ただ、それが公にされていないだけだ。あなたがコンピュータにログインするたびに、メールを送信するたびに、会社にはあなたの居場所がわかるのだ。あなたが出社しているということだけではなく、あなたが社内のどこにいるかもわかる。社内を歩き回っても、あなたの携帯電話がWi-Fiに絶えず接続

するので、その仕組みを利用すれば、あなたの動きを 1 日中完全に追跡できる）。そのようなデータを駆使することで、どの場所が従業員に優しくてどこが優しくないかを知り、次回の改善策の優先順位を決める手がかりにする。

　実例——建物のパフォーマンスの観察と理解
　2008年後半になって、米国消費者製品安全委員会に住宅所有者や建築業者からフロリダでおかしなことが起こっているとの連絡が多数寄せられはじめた。新築住宅のエアコンや他の電化製品が数カ月で故障するというのだ。交換しても同じだった。調べてみると、故障したエアコンの冷却コイルにうっすらと黒い層が付着していた。他の金属の表面にも同じような黒っぽい層が見つかった。さらには、宝石の表面にも。故障した電化製品は腐った卵のようなにおいを発した。
　それからの 4 年間で、消費者製品安全委員会に 43 の州からおよそ4000件の報告が寄せられたのだが、その大多数はフロリダからだった。初期の兆候は、欠陥のある乾式壁が原因であることを告げていた（のちに、問題視された製品はすべて中国製であることがわかったため、この不良品とそれにより家庭で生じた問題は一般に「チャイニーズ・ドライウォール（中国製乾式壁）問題」と呼ばれている）。この問題の根本原因を見つけて改善策を講じるために、委員会は過去に例のない大々的な調査に巨費をつぎ込んだ。ジョーとジャック・マッカーシー、ならびにエンバイロンメンタル・ヘルス＆エンジニアリング社のコンサルタントチームが、空気のサンプリング法と建物内への「腐食分類試験片」の設置を組み合わせた方法を用いて、51 家屋で調査を行った。その結果、それら新築住宅に使われていた乾式壁が室内に硫化水素を発散していることがわかった［注6］。硫化水素は銅と銀を腐食させる。それが銅と銀の表面上で黒っぽい層（正確には硫化銅と硫化銀）をつくっていたのだ。また、腐食により腐った卵のようにに

おうことも知られていて、その臭気はごく微量（1兆分の1）でも知覚できる。

ローレンス・バークレー国立研究所が小型チャンバーを用いて欠陥乾式壁からの化学物質の放出量を調べたところ、家庭での観察から得た推理が正しかったことが証明された。実際に、乾式壁から硫化水素や他の還元硫黄化合物が発生していたのである［注7］。また、気温と湿度が高いほど、放出量が増えることもわかった［注8］。問題が特定できたので、次の疑問は「各家庭のどこで乾式壁が使われているのか？」だった（塗装された乾式壁は、問題の中国製も、そうでない正常な壁も、どれも同じに見える）。そこで次の調査として、私たちはリアルタイム指紋センサー技術を使って壁を〝透視〟し、中国製の乾式壁の特徴を検出することにした（興味がある人のために言っておくと、正確には携帯型の蛍光X線およびフーリエ変換赤外分光法を用いた）。のちに追跡調査を行った米国保健社会福祉省は、問題の乾式壁が使用されていた家屋にいた人々は硫化水素の悪影響でさまざまな健康被害を受け、特に呼吸器系の持病の悪化、目と鼻の炎症、鼻道疾患が顕著だったと結論づけた［注9］。

この事例から、オフィス、家庭、学校などで何かがおかしいとき、その多くはまず建物の性能の変化（システムの不調、腐食、壁の損傷など）を通じて知覚されることがわかる。中国製乾式壁のケースでは、システムや電化製品が刺激の強い化学物質のせいで故障したという特徴的な手がかりがあったため、調査がスムーズに進んだ。もし同じことがにおいのない化学物質を原因にしていたなら、電気製品の不調の理由が突き止められるまでに多くの時間がかかり、住人はそのあいだずっと、汚染された空気を吸いつづけていたことだろう。

間接的で先行性のHPI——カーブの先

HPIと建物の関係を考えるとき、最も重要になるのが右下の領域だ。

会社、ビルのオーナー、そして管理者が、従業員の健康と生産性に、すなわちビジネスそのものに最も大きな影響を与えられる領域だと言える。ここに属するのは先行指標なので、会社は建物からすぐに利益を得ることができ、問題が生じるのを待って、ネガティブな影響が現れてから対処する必要はない。

　まずは、ヘルシービルディングのライフサイクルで最も大切な最初のステップを見てみよう。建物の設計だ。ヘルシービルディングの9つの基礎の多くは、設計の段階ですでに建物の遺伝子に組み込むことができる。もっと換気量を多くしたい？　そう設計しよう。もっと健康な建築材料を使いたい？　よしわかった。高性能のフィルターがほしい？　注文しよう。要するに、ヘルシービルディングとそれがもたらす経済効果を手に入れるための最善の方法は、最初からそう設計することなのである。

　体にいいビルを設計したあと、それがいよいよ完成したら、試験運用してみて、注文どおりのものができあがったか確かめる。設計して、そして建てたのに、テストをしないのでは、飛行機を買ってテスト飛行もせずに客を乗せるような話だ。誰もそんな飛行機の初飛行に乗りたいと思わないのと同じで、きちんとテストされていない新しいビルに一番に入居しようとする者もいない。試験運用はビルの〝テスト飛行〟なのだ（飛行機と違って、試験されていない建物では入居者がすぐに死ぬことはないので、このたとえは完璧ではないと言えるかもしれないが、両者の違いといえば「すぐに」か否かぐらいで……）。

　飛行機のたとえを続けると、テスト飛行はやったけれど、それ以降は1度も検査されていない飛行機に乗るのもいやだろう。それと同じで、建物にも最初だけでなく、継続的な検査運用が求められる。飛行機が最も安全な交通手段である理由を、あなたは考えたことがあるだろうか？　答えは、健康と安全が飛行機産業界の人々の心に刻み込まれているからだ。飛行機は200回から300回のフライトごとに

〝A整備〟を受ける。あなたの建物でも、同じような検査を行うべきだ。本書はここまで、健康パフォーマンスの向上を理由にあなたのやる気に火を付けようとしてきたので、少し本筋から外れるのではあるが、ひとこと付け加えておくと、検査をすることでかなりの量のエネルギーを節約できるようだ。ローレンス・バークレー国立研究所の調査によると、検査によってエネルギーを 13 パーセントから 16 パーセント節約できる［注10］。

　右下領域にある他のHPIは、建物が規定の要件を満たしているかどうかを確かめることに重点を置いている。認証条件、安全対策、グリーンクリーニング法の準拠、統合的な害虫対策設備などだ。それらを追跡および管理することで、会社はビルのパフォーマンスに関係するほぼすべてをコントロールできるようになる。言い換えれば、健康が遺伝子に組み込まれるのである。

　実例──材料選びで毒を減らす
　アメリカの医療会社であるカイザーパーマネンテは 20 万人以上の従業員を抱えていて、患者だけでなく、従業員の健康にも多大な注意を払っている。加えて、40 ほどの病院や 600 を超える診療所など、自らが所有する建物にも大いに気を遣っている。2006年、同社は建築材料への抗菌剤の使用を検討しはじめた（要するに、より健康な材料を選ぶことに意識を向けはじめた）。考え方としては、そのような化学物質を使うことは正しいことのように思える。病院が壁や床を抗菌仕様にするのは、当然の成り行きのように感じられるだろう。

　しかし調べてみたところ、論理的だと思えた抗菌剤の使用──医療施設の調度品や布地など、とにかく手に触れることが多いあらゆる表面に抗菌処理をするという考え──が、科学的にはまったく支持されていないことがわかった。一連の研究が、普通の石けんで手を洗うのは抗菌石けんを使うのと同じぐらい効果的であると証明していた。逆

に、病院の表面仕上げへの抗菌剤の使用が患者の健康に寄与することを示す証拠は見つからなかった。それどころか、それらを使いすぎると抗生物質に対する耐性が高まることや、数多くの抗菌剤、特にトリクロサンが健康を害することもわかった（トリクロサンは第 7 章で論じたいくつかの化学物質と同じハロゲン化物質で、2 つのフェニル環をもち、甲状腺ホルモン機能と生殖機能の妨げになる）[注11]。

　さて、そのような調査結果を踏まえて、カイザーパーマネンテはどう決断したのだろうか？　まず、建物に抗菌剤を使用しないよう指示を出した。次に、有害作用を理由に、トリクロサンの使用を完全に禁止した。そして最後に、最近になって、建物や病院内で広く利用されている一連の化学物質を、同社の施設の表面に使用することを禁じたのである［注12］。では、その結果何が起こったのだろうか？　不要な抗菌剤が生じさせていた毒性作用が減り、建物が健康になったのだ。アメリカ最大級の医療サービス企業であるカイザーパーマネンテが建物内で抗菌剤を使うのは無意味あるいは有害だとみなしたのである。あなたがオフィスビルや自宅でそれらを使う正当な理由があるだろうか？

直接的で先行性のHPI──従業員の健康とパフォーマンスのリアルタイム測定

　右下の領域は、建物を従業員の健康とパフォーマンスにとって確実に有益にするためにあらゆる企業が重点的に注力すべき項目を含んでいる。その一方で、右上は「ここがいちばん大事だ」と〝誰もが考える〟領域だろう。従業員の健康とパフォーマンスを示す先行指標を手に入れることができれば理想的だと、誰もが願っているはずだ。もちろん、従業員に定期的に認知機能テストをやらせ、健康指標のリアルタイム生体計測データを集めるように指示すれば、それも可能かもしれない。しかしここで白状すると、そんなことは学者に任せておけば

いい。あなたがやる必要はないのだ。実際、私たちはすでに調査を行い、そこでは生体および認知機能データを集めるために全員にケーブルをつなぎ、室内環境要因が人の生理機能にどれほどの影響を及ぼすかを測った。その結果として、右下の領域に含まれる項目の測定および記録が重要であることに気づいたのだ。

　そうは言うものの、右上の領域にも調べる価値のある項目が含まれている。特に重要なのが「従業員の体感」だろう。言い換えれば、「従業員の声に耳を傾けよう——彼らは満足している？　それとも不満？」ということ。建物の管理者に、彼らが毎日、気温に関してどんな不満を聞いているか尋ねてみよう。すると管理者はうんざりした表情で、不満の多い従業員から毎日のようにあれやこれやと文句を言われていると答えるに違いない。しかし第 6 章で示したように、経済的な観点から見れば、そのような不満を無視するのは大きな間違いだ。代わりに、施設の管理者に、自分のことを医療関係者だとみなして従業員の不満や報告に正しく対処するのが、会社の成功にとって不可欠だと考えるように促すのがいいだろう。

　今後、スマートフォンやウェアラブル技術を利用して従業員の健康をリアルタイムで追跡、監視、支援することが可能になると、私たちはパーソナライズされた健康の領域に足を踏み入れることになる。これは「モバイルヘルス」と呼ばれていて「mHealth」と表記されることも多い。研究者はすでに、スマートフォンのセンサーから送られてくる逐次データを使って、利用者の行動、社会交流、発話パターン、身体活動などを知ることができる。そのような情報の利用を、ハーバード大学のＪ・Ｐ・オンネラが【 監 修 注 ： デ ジ タ ル タ イ プ 分 類 】「デジタルフェノタイピング」と名付けている［注13］。ただし、あなたが従業員のデジタルフェノタイプを特定し、彼らの社会活動を逐一分析するつもりなら、あらかじめ従業員たちに伝えることをお勧めする！　それを伝えた途端、あなたの好感度は一気に下がるに違いない。とはいえ、人工知能（AI）に

よる分析やスマートビルディングセンサーなどの技術が建物に応用されることが増えるにつれ、この右上の領域が重要になっていくことを忘れないでおこう。私たちの予想では、デジタルフェノタイピングと感情分析が大規模に行われる時代はすぐそこに迫っている。

実例——従業員の不在をリアルタイムで追跡し、問題を早期に特定する

大型の多国籍企業で働くトップエンジニアから聞いた話。彼らの所有するビルの1つで特定のフロアにおよそ30人の従業員がいて、彼らの全員が6桁の給料をもらっていた。そのうちの数人が、頭痛、疲労、集中困難など、シックビルディング症候群の症状を訴えはじめた。初めのうち、マネジャーたちはそのような訴えは〝不平家〟従業員の文句に他ならないと考えて無視していた。しかし、問題は大きくなっていった。症状を訴える従業員の数が増え、電話で病欠を伝え、そのビルで働くのを拒む者があとを絶たなかったからだ。会社幹部も、欠勤が急増していることに気づいた。そこで、前述のトップエンジニアが呼び出され、建物に問題があるのかどうか、調べるよう依頼されたのだった。彼が機械システムを調べてみると、外気ダンパーのモーターが故障していて、ダンパーが閉じたままになっていた。要するに、外気が建物に入ってこなかったのだ。そこでモーターを修理したところ、不調を訴える声はすぐになくなった。一件落着だ。

しかし、その時点ですでに損害は発生していた。30人の合計年収が300万ドル（25万ドル／月）を超える従業員たちが1カ月もまともに仕事ができず、そのうちに数人にいたっては出社すらしなかったのだから。その一方で、何カ月、何年と機械の故障に気づかないまま深刻な被害者を出してしまわずに済んだのは、幸いだったと言える。

従業員の体感をリアルタイムで観察しながら、次節で説明する内容——空気質のリアルタイム監視——を行うことで、この問題にもっと

早く対処することができただろう。

建物の室内環境を測る

ここまで、私たちは下の 2 領域にまたがって横たわる大きなボックスを単純に無視してきた。いちばん大切なものを最後にとっておきたかったからだ。人間の体と同じで、建物もつねに変化する。だから、建物の室内環境をつねにチェックするための仕組みをもつことが絶対に欠かせない。

建物の室内環境を測ることは、(間接的に) 従業員の健康を測ること。そのためには、環境を監視する必要がある。環境の監視が、建物に確実に性能を発揮させるための最初の防衛線になる。監視の仕組みがなければ、あなたは目が見えないのと同じで、従業員から最大限の働きを引き出すことも不可能になる。

現在、建物の〝室内環境〟がどのような形で測られているのか、考えてみよう。ほとんどのビルの場合、オープン時に 1 回きりの竣工検査を行い認証を得る。ジョーの職場があるハーバード大学Ｔ・Ｈ・チャン公衆衛生大学院のランドマークセンターの壁にあるLEED認証プレートが、その最たる例だろう。オープン時の建物の性能こそ証明しているが、16 年たった今も、この建物は同じ性能を発揮できると考えられるだろうか？　もちろん、そんなわけがない。それでも、壁には認証プレートが飾られつづける。なかに入っていく人に、建物の性能を示すために。あなたが普段使っている車は、ノートパソコンは、暖房用ボイラーは、何年、何十年たったあともずっと新品のように機能するだろうか？　絶対にありえない。同じ疑いを、建物にも向けるべきだ。商業用のビルや公共建築物は極めて複雑な機械であり、細部にまで気を配る必要がある。自動車のラジエーターの液漏れやタイヤのパンクのように、わかりやすい異常ばかりではない。

幸いなことに、市場が大きく方向転換しようとしている。センサー技術とモノのインターネット化（IoT）が進んだおかげで、私たちはかつてないほどに建物の室内環境を正確に測りつづけることができるようになった。私たちは静から動へ急速に転換しようとしている。室内環境をつねに監視および追跡できるようになったし、建物もリアルタイムで反応できるようになった。そこには間違いなく巨大な可能性が潜んでいる。人類は初めて間接的HPI——建物のコストの 90 パーセントを占める〝人〟が最高のパフォーマンスを発揮するのに必要なあらゆる要素——を監視し、それに働きかけることができるようになったのだ。

　以下、なぜ環境の監視が重要であるのかを示し、「建物は不変である」という意見に反論するために、2 つの例を紹介する。

例1——目に見えない危険

　つい最近、オフィスビル内のワーカーを対象にしたグローバルな研究の一環として、知識労働者が利用している改装されたばかりのオフィス空間の環境パフォーマンスを監視した。基本的に、そのオフィスは清潔で、居心地がよく、きちんと設計されていて、トップ企業のトップチームによって管理されていた。〝異常〟を示す兆候は何も見つからない。まさに、誰もが働きたいと、あるいは誰もが自分の息子や娘を働かせたいと願う場所だ。そのような場所で、私たちは監視を始めた。空気中の粉塵（$PM_{2.5}$）の計測データを見てみよう。

　まず最初に目につくのは、空中の粒子量が就業時間とそれ以外の時間帯で大きく異なる点だ。午前 8 時から午後 7 時までの粒子濃度は、早朝や夜あるいは深夜よりもはるかに低い。一方で、それ以外の時間帯では室内濃度がとても高い時間が継続していた（比較のために指摘しておくと、米国環境大気質基準が定める外気の粒子濃度の許容値は、$12 \mu g/m^3$である）。

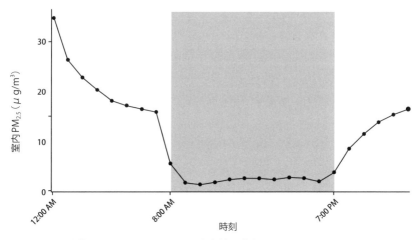

図 9.3　ある改装されたオフィスにおける室内粒子濃度

　このオフィススペースのリアルタイム計測は、何かがおかしいこと
を示している。改装されたばかりなのにオフィスの空気に含まれる粒
子の量が長時間にわたって 12 μg/ m³ を超えていたし、その値は 24
時間のあいだに大きく変化していた。この種の粒子は肉眼では見えな
いので、測定を行って初めて問題の存在が明らかになった。では、こ
のオフィスではいったい何が起こっていたのだろうか？

　このビルは中国の成都に建っていて、私たちが調べた日の外気の
PM$_{2.5}$ 濃度はおよそ 40 μg/m³ だった。では、どうしてこのビルで
は、日中の室内濃度が極端に低いのだろうか？　私たちは調査に乗り
出した。すると驚いたことに、そのビルでは MERV14 のフィルター
が使われていたことがわかった。PM$_{2.5}$ の捕捉能が極めて高いフィル
ターだ（第 6 章で説明したように、MERV 8 フィルターはおよそ 50
パーセントの PM$_{2.5}$ を捕捉する能力がある。MERV14 の効率はおよ
そ 90 パーセントだ）。では、フィルターを高性能なものに交換する
のに、どれほどのコストがかかるのだろうか？　20 ドルだ。密なフィ
ルターに空気を通すためにファンを他よりも少し強く回すため減圧が

生じ、それが〝エネルギー損失〟をもたらすが、その額は年間で数ドルでしかない。大企業が所有する建物内で米国環境大気質基準が許容するよりも汚染レベルが高い空気を 10 人の従業員が毎日吸いつづけた場合に発生するであろう急性疾患の治療費と比べれば、微々たるものだ。

　では、このグラフが示すもう 1 つの特徴である、24 時間の濃度の変動はどう説明できるのだろうか？　ここまで読んできたあなたには、就業時間以外の汚染濃度が高い理由がすぐに想像できるだろう。その建物では、機械的な換気システムが毎朝 8 時ちょうどに作動し、午後 7 時に止まるのである。建物の室内環境を測ることで、見えなかったものが見えるようになり、建物のシステムが日中そこで働く人々をどれほど効果的に守っているのか明らかになった。機械が止まっている夜間に室内で働く従業員は、外の空気を吸っているようなもの。この例は、リスクは避けられるという事実を如実に示している。それを可能にするのが、建物の室内環境の計測と単純で安価なフィルターの使用だ。

　アメリカやヨーロッパの読者は、「私の街の外気は中国ほど汚染されていないから」という理由で、この例は自分とは関係ないと思ったかもしれない。確かに、あなたの街の汚染レベルは低いかもしれない。しかし、例えばカリフォルニア州でも、年間3000もの人々が$PM_{2.5}$だけのせいで寿命を全うできずに命を落としているのである。ヨーロッパでは外気汚染が原因で、年間 50 万人の命が犠牲になっている。あなたの建物は、あなたを守ってくれるのだろうか？　それを知る唯一の方法が、室内環境の計測だ。

例2──日々の変動

　建物は刻一刻と変化する。その例として、ロサンゼルスのビルで実際に計測されたデータを、第 4 章で紹介した古典的な湿り空気線図

と照らし合わせてみよう。

　乾湿計算法の詳細は本書の範囲を大きく超えるので扱わない。気温と湿度と水分量の関係を定義する方法の1つで、サーマルヘルスの〝最適範囲〟を見つける役に立つものと理解しておけば十分だ。図9.4は、湿り空気線図上に、アメリカ暖房冷凍空調学会のスタンダード55.1が定める快適範囲——人々の80パーセントが〝快適〟とする範囲——を示している。

　なぜ、この話をしているのか？　ここに示すのは現実に存在するオフィスビルで実際に計測されたデータで、黒い点がワーカーのデスクの置かれている場所の状況を示している。見ればすぐにわかるように、上図ではすべてのデスクが快適範囲に収まっているが、下図では事情が違っていて、ほとんどすべてのデスクが快適範囲の外にある。気温が快適な範囲を下回っているからだ。従業員がいつも寒いと不満を漏らすオフィスは、このような状態に陥っていると考えられる。

　さて、同じビルで計測日がたった1日違うだけで、この2つのグラフの差が現れたと知ったら、あなたは驚くだろうか！　そう、高性能かつ最高級のオフィスビルでいつもと変わらぬ業務が行われたとしても、気温や湿度は大きく変動するのである。右の図は生産性が下がる日を表している。快適範囲を外れた黒い点のすべてが収益や利益が逃げていっていることを物語っている。

　この図から、もう1つのことも理解できる。それは、そのような変化があなたのビルでも起こっていないかを〝見る〟ための唯一の方法が、リアルタイムでの測定だ、ということだ。積極的な監視を行うことで、人々が頻繁に不完全な環境で働き、生産性を損なっている事実が明らかになる。その際、ワーカー自身、生産性が下がっている事実に気づいていないことが多い。それに、たとえ彼らが何らかの異常を訴えたとしても、ふつうは無視されてしまう。

　常時測定をしていないがために予防的な対応もできないのなら、あ

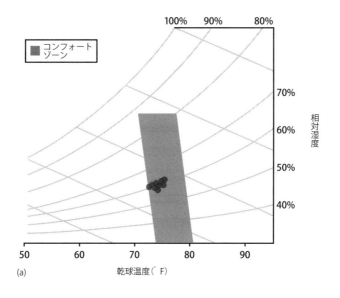

(a)

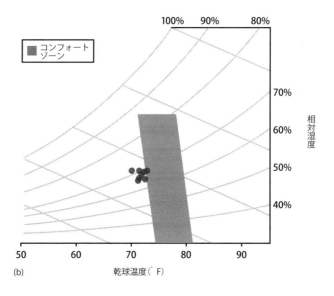

(b)

図9.4　1日の違いでオフィスワーカーが〝快適な〟気温範囲を外れた様子を示す湿り空気線図

なたはワーカーの誰かが施設管理チームや上司に電話やメールで不調を訴えてくるまで、問題が存在することに気づかない。それも、運がよければの話だ。もし、ワーカーからの不満が 3 日か 4 日ほど遅れてきたらどうだろう？　その場合、第 6 章のサーマルヘルスとの関連で見たように、3 日か 4 日、スループット（生産性）が低い日が続くことになる。

　それがどれほどの経済的損失につながるのかを予想するために、架空のヘルス・アンド・ウェルス（H&W社）に話を戻そう。この会社では 40 人が働いていて、全部込みの平均給与は年間 7 万5000ドルだ。彼らが年間 250 日働くと想定した場合、会社は給与に毎日 1 万2000ドルを支払う計算になる。第 6 章で、典型的な快適範囲を外れて気温が華氏 2 度変化するだけで、生産性が 1 パーセント下がることを証明した研究を紹介した。第 6 章の図は平均摂氏 2.2 度の変化を示しているので、生産性が 2 パーセント下がると考えられる。

　すべてを総合すると、H&W社では気温が少し変わることで、生産性に換算して 1 日におよそ 240 ドルの損害が出ると考えられる（ 1 万2000ドルの 2 パーセント）。 240 ドル程度なら、とあなたは思ったかもしれない。 240 ドルが 3 日か 4 日続いても、たいした額ではないと言えるかもしれない。しかし、この気温問題が 1 カ月続いたらどうだろうか？　営業日が 20 日だとしたら、月間の損失は4800ドルにのぼる。もし、問題が 1 年続いたら？　 5 万7600ドルだ。もしあなたの会社が 40 人ではなく、400 人、あるいは4000人のワーカーを抱えていたら？　室内気温がほんの少し変わるだけで、何百万ドルもの損失につながる恐れがあるのである。

　そこで、リアルタイム監視システムを導入したと想定してみよう。すると、わずかな気温の変化すら、すぐに把握できるようになる。ワーカーが不満を言い出す前に、施設チームが対処できるだろう。その結果、生産性の低下による損失を防ぐことができるのだ。

ビッグピクチャー

　ここまで紹介した 6 つの実例のすべてにおいて、建物の問題を示す目に見える兆候は存在しなかった。どの例も成功している会社の美しいオフィスで、一見したところ、働くのに理想的な環境であるように思えた。どのケースでも、HPIを計測しなければ、会社は従業員が建物から被る大きな害に気づかなかっただろう。

　では、次のテーマは？　第 2 部の目標は、あなたにヘルシービルディング戦略を立てて運用する手助けをすること。そのために、第 6 章でヘルシービルディングの 9 つの基礎を紹介した。加えて、実践的なガイドとして、建物をあなた自身とあなたの収益に役立たせるためにあなたが今すぐすべきことも説明した。それらすべてが、科学的なデータや証拠に基づいている。

　第 7 章では、私たちが建物に持ち込む製品が健康にどう影響するかを観察し、第 8 章では市場にすでに存在するヘルシービルディング認証方式について論じた。そして本章では、建物の健康パフォーマンスを計測し追跡する方法を示した。言い換えれば、私たちの環境が健康と富のためにつねに最適化されているかどうか、どうやって確認すればいいのか、という問題だ。

　そして残る最後の 2 章では、エネルギー、大気汚染、気候変動、公衆衛生の観点からヘルシービルディングを考察し（第 10 章）、ヘルシービルディング運動の未来に思いを馳せることにする（第 11 章）。新しい技術がどのように市場に影響するか、社会と環境に対して建物がどのような意味をもつことになるか、そしてそれらすべてがあなたとあなたのビジネスにどうかかわってくるかなど、極めて重要なテーマに触れるので、最後までお付き合い願いたい。

第10章
4枚の壁の向こう

建築は空間や隣人に対する暴力であってはならない。

———I・M・ペイ

　本書ではここまでずっと、建物の内部にばかり目を向けてきた。パフォーマンスを高めるための物理的な仕組みや機械的なシステムを検討し、ヘルシービルディングがオーナーやテナント、そして従業員にとっても健全な投資であることを証明した。言い換えれば、私たちは〝人のパフォーマンス〟の向上と〝建物のパフォーマンス〟の向上という2つの目的に集中してきた。この点で、私たちはあなたを説得できたものと確信している。しかし、上の2点よりも広く、しかも同じぐらい重要な目的も存在する。ヘルシービルディング運動においてもう1つの主要な利害関係者に他ならない一般大衆に恩恵をもたらすことだ。

　話題になったブラックロックの手紙や他の投資傾向が示すように、今の企業には環境・社会・ガバナンス（ESG）への責任ある対処や、ビジネス目的の拡大が求められている。この動向が建築業界にも難しい（そして必ず答えなければならない）課題をもたらしている。「あなたの不動産資産の〝社会的パフォーマンス〟はどれほどだろうか？」。その答えを導くのに有益な証拠があれば、私たちは新たな投資機会——投資家が「社会に役立ちながらも利益を得る」ことに集中できる機会——への扉を開くことができるだろう。

　本章では、分析対象を1つのビルやいくつかの大型テナントからもっと大きな世界へと広げることにする。その際、エネルギー効率と

ヘルシービルディングの方程式、温室効果ガス問題に対する建物の貢献、ポートフォリオ（所有する資産全体）あるいは都市レベルでの健康効果の算定、そしてレジリエンス・ファイナンスがおもなテーマになる。

建物とエネルギーと健康と気候とレジリエンスの接点

本書の冒頭で、世界に、建物に、私たち自身に、大いに影響する巨大な変化について話した。なかでもおそらく最も重要なのが、人口増加、急速な都市化、資源の枯渇、そして気候変動の 4 つだろう。それらは自然環境を変化させ、人と固定資産の両方にとって、挑戦とチャンスの両方を突きつけている。気候変動に関して言うと、比較的単純で、5 つの側面が互いに関連している。

建物——建物は全世界で生産されるエネルギーの 40 パーセントを消費する［注1］。
エネルギー——全世界のエネルギーの 80 パーセントが、化石燃料を使って生産されている［注2］。
健康——化石燃料を燃やす際に生じる大気汚染物質が、人々の健康を直接的に害している。
気候——化石燃料を燃やす際に温室効果ガスも発生し、それが気候変動を引き起こし、さらには人の健康、エコシステム、財産などにも一連の影響をもたらしている。
レジリエンス——建物は大気汚染や気候変動にさらされていて、汚染、洪水、干ばつ、山火事などの事象の結果が不動産の評価や意思決定に影響している。

つまり、建物も大気汚染と気候変動の一因なのだ。しかし、ヘルシー

ビルディング戦略は問題解決の助けになることもできる。なぜなら、エネルギー効率を意識したアプローチを採用したヘルシービルディングは大気汚染物質の一部の削減にも貢献するので、いわゆる〝健康コベネフィット〟を生み出すことができるからだ。どのような仕組みでそれが可能なのか、それをESGの観点からどう定量化できるのかを知るには、大気汚染と健康に関する科学を理解する必要がある。

化石燃料の燃焼による健康被害

　1970年代に始まり1980年代に終了したハーバード 6 都市研究は、文字通り、そして比較可能なデータとして、大気汚染を地図に置き換えた［注3］。その研究ではそれぞれ$PM_{2.5}$ レベルが異なるアメリカの6 都市に住む 1 万人の成人と 1 万人の子供の健康状態を記録した。 6 都市で最も大気汚染がひどかったのは工業地帯の中心にあるオハイオ州スチューベンビルで、空気がいちばんきれいだったのがウィスコンシン州ポーテジ。他の都市はその間にある。この研究を通じて初めて、$PM_{2.5}$ に多くさらされると早期死亡のリスクが高まることが証明された。この大発見にもとづき、アメリカでは環境大気質基準が制定され、大気汚染に上限が設けられた。世界の他の国でも大気汚染の基準が設定された。

　それ以来、ハーバード 6 都市研究の結果が正しかったことが、繰り返し証明されている。最近の成果は「 600 都市」研究だ。ここでもまた、$PM_{2.5}$ と早期死亡のあいだに強い関連があることが、ただし今回は数多くの国にまたがって確認された［注4］。この結果は時間とともに、世界各地でも追認されている。しかし、おそらくさらに重要なのは、2018年に発表された研究結果だろう。それによると、現在設定されている最も厳格な汚染上限を下回るレベルの屋外大気汚染でも、健康リスクがあるようだ［注5］。さらに、早期死亡に加えて、$PM_{2.5}$

は入院リスク［注6］、喘息発作［注7］、学校での長期欠席［注8］、認知症やアルツハイマー病やパーキンソン病による入院［注9］などのリスクの増加とも関連していることが明らかになってきた。また、妊娠後期に大量のPM$_{2.5}$にさらされると、生まれてくる子が自閉症になるリスクが高まることも確認されている［注10］。【監修注：日本では、四日市の大気汚染公害や水俣病の水質汚濁に対応して「公害対策基本法」が1967年（昭和42年）に成立した。その後、数回の改正を経て「環境基本法」に引き継がれている。ハーバード6都市研究の経緯とはやや異なるが、大気質や水質の基準が制定されている。】

化石燃料の燃焼による気候変動

　化石燃料を燃やすと生じる汚染物質には健康に有害なものだけでなく、二酸化炭素のように気候の変化を促す物質も含まれている。気候変動の影響はすでに目に見える形で現れており、例えばアメリカではハリケーンの頻度と強さが増している。最近では、プエルトリコとヒューストンを襲ったハリケーンが記憶に新しい。またカリフォルニア州や米国北西部で見られるような、前例のない山火事、あるいはマイアミやノーフォーク、オークランドで見られる海面上昇も、気候変動の結果だ。気候変動のリスクには、直接目に見えないものも含まれる。しかしそれらが生じていることは、あるいは生じると考えて間違いないことは、科学的な研究の成果が示している。いくつか例を挙げると、水が媒介する感染症（水系感染症）の増加、海面の上昇、エコシステムの崩壊などだ。林業・漁業・農業も打撃を受けていて……私たちの食の安全が脅かされている。全世界のエネルギーの主要な消費要因である建物は、建設という点でも、運用という点でも、化石燃料による健康被害や気候変動に手を貸していると言える。では、どうすればそれらの解決に建物を役立てられるのだろうか？

エネルギー効率の高い建物がもたらす健康コベネフィット

　建物のエネルギー効率が高くなってエネルギー需要が減ると、電力が少なくて済むので燃料の輸送や燃焼量も少なくなり、結果として大気への汚染物質の排出量が減る。このようにして削減された排出量は、省エネビルの健康コベネフィットとみなすことができる。これは机上の空論ではない。このコベネフィットは算定することもできる。エネルギー効率向上にともなうコベネフィット（「複合便益」と呼ばれることもある）の分析は、発電に関する政策決定の評価にも用いられてきた。そのなかで最も注目に値するのは、オバマ政権下におけるクリーンパワープラン政策のコベネフィットの評価だろう（ある調査によると、クリーンパワープラン政策が制定されると 290 億ドル規模の健康コベネフィットが生じるはずだった）［注11］。ジョーたちはこの方法を建物に応用し、その際に用いたツールをCoBEと名付けた。「建築環境のコベネフィット（co-benefits of the built environment）」という意味だ［注12］。コベネフィット分析の３つの主要な成果として、経費節約、排出削減、健康の向上が得られる。

成果1「経費の節約」

　CoBEツールがもたらす最初の成果は、エネルギーの節約で得られる利益だ。この種の費用便益分析は簡単で、すでに何十年も前から行われてきた。グリーンビルディング運動の推進力でもあったし、建物に省エネ対策を施すおもな理由でもある。分析は単純で、建物のエネルギー使用を計測し監視するだけでいい。エネルギーのコストは明らかだし、予想値から大きく外れることもない。例えば米国エネルギー

情報局が、エネルギーの使用と生産の分布、各エネルギー源のコスト、アメリカ国内における地域差などの情報を公開している（もちろん、各企業も自らのエネルギーの使用と費用に関する過去のデータや予測値を把握している）。ほとんどの建物管理者と企業は、この種のエネルギー費用分析をすでに行ったことがあるはずだ。あなたの会社も、エネルギーを節約するために、空気の侵入を防ぐ気密対策や断熱強化、熱回収型換気システム、高効率な照明や高機能ガラスの導入など、グリーンビルディング戦略を採用した経験があるかもしれない。エンジニアはそのような方法の導入から投資回収期間で節約したエネルギーを算出することも、投資費用と予測節約量を使って投資利益率を割り出すこともできる。

成果2「排出の削減」

　CoBEツールの2つめの成果は、燃やされる燃料が減ることで、大気汚染物質の排出が削減されるという点だ。エネルギーの節約は「何キロトンのCO_2削減」などと表現されることが多い。気候変動を止める闘いにおける重要な指標なのだが、ごく一部の持続可能性や気候の専門家を除いて、ほとんどの人にとってはよくわからない指標でもある。3万600キロトンの二酸化炭素が排出削減されると聞いて、それが私たち人間やこの地球に何を意味しているのか、すぐに理解できる人がどれだけいるだろうか？　それでもなお、過去20年ほどにおよぶ持続可能性運動が、企業にその数字を報告するよう求めてきた。企業もそれに応え、そのような数字を年次報告書の持続可能性の章で（もちろん年次報告書にそのような章があればの話だが）報告している。しかし、普通はそれでおしまいだ。温室効果ガスと気候変動の問題に対処する目的で削減された二酸化炭素量を算出するまではいいのだが……それを一般の人々にもわかりやすくする努力は行われていな

い。

成果3「健康の向上」

　CoBEの 3 つ目の成果はとても重要だ。なぜなら、「それが健康にとって何を意味するのか」という問いに直接関係しているからだ。典型的な分析は成果 1（コスト節約量）と成果 2（CO_2 削減量）で終わりなのだが、その先にある成果 3 では、大気汚染における二酸化炭素の減少によりどれほどの健康効果が期待できるかを推し量るために、測定された削減量——キロトンの二酸化炭素——を公衆衛生分野の研究結果と組み合わせる。そうして得られるのは、定量化可能で客観的な一連の指標であり、救われた命の数、仕事や学校を休まずに済んだ日数、避けられた喘息発作の件数など、一般の人々にも何とか理解ができる具体的な数値だ。

　では、それを公衆衛生にどう活かせばいいのだろうか？　アイデアの全体像はエレガントでわかりやすい（実行するのは難しいかもしれない）。ある国で、政府が行動を起こし、すべてのビルに投資して、エネルギー使用量が前年より 30 パーセント減ったと想像してみよう。私たちは先述のエネルギー情報局のような機関が公開するデータを用いて、その国の各地域における燃料構成を見定める。この地域では石炭火力で発電しているのだろうか、それとも原子力や天然ガスだろうか、などということだ。報告やその他の研究などのおかげで、各種発電施設が発電・送電量あたりどれほどの大気汚染を引き起こすかもわかる。それら発電施設から排出される大気汚染物質の量を算出し、その値を大気モデルに応用することで、その近隣や風下で生活する人々が吸い込む汚染物質の濃度を割り出すことができるのである。天気のパターンや、化学物質が空中を浮遊できる時間なども加味すれば、国や州の境界線を越えて影響がどう広がるかを追跡することも可能だ。

そして最後に、ハーバード 6 都市研究やその他数多くの優れた研究のおかげで、私たちは「暴露反応関数」と呼ばれるものを得ることができる。それがあれば、ユニットごとの一連の特定大気汚染物質の濃度が上がるとどれほどの健康被害が出るか予測することができるのだ。例えば、PM$_{2.5}$ による健康被害を調べた最近の研究によると、PM$_{2.5}$ が 10 μg/m^{3}増えるごとに死亡率が 7.3 パーセント高くなる［注13］。これが暴露反応関数だ。

つまり、建物におけるエネルギーの使用と節約、各種発電施設からの汚染物質排出量、大気モデル、人口統計、疫学的暴露反応関数のすべてを組み合わせることで、私たちは一連の建物におけるエネルギーの節約を通じて救われる命の数や、欠勤日数などの経済指標を予想することができるのである。これらは経費の節約に還元することができるため、対象建築物の壁の外で生じる健康コベネフィットのすべては、経済的問題に帰結できる。

例：グリーンビルディング運動の健康コベネフィット

これまでの議論が現実でどう働くかを示すために、私たちが行った世界的なグリーンビルディング運動の健康コベネフィット調査を手短に見てみよう。 6 カ国におけるグリーンビルディングがもたらすエネルギーの節約量をCoBEにかけたところ、アメリカの場合、20 年にわたるグリーンビルディング運動によって促されたエンジニアリング（機械システム）の修正や建物管理の変化により、67 億ドル分のエネルギーが節約されたこと（成果 1）がわかった。次に、私たちはエネルギーの節約により回避された汚染物質排出量（成果 2）を推定した。ここで重要ではあるが、退屈で理解しがたい数字を紹介しよう。そのような数字がほとんどの人にとって無意味であるということを示すために。調査対象だったビルは合計で 3 万 600 キロトンの

二酸化炭素を、1.62 キロトンのメタンを、0.32 キロトンの亜酸化窒素を、36.6 キロトンの二酸化硫黄を、28.2 キロトンの窒素酸化物を、そして 0.39 キロトンのPM_{25}を削減していた。これは、専門家でない限り、理解しようのない数字だろう。

　では、成果 3 に目を向けてみよう。ここからが面白くなる。アメリカでは、グリーンビルディングの主要メソッドを導入することで、導入しなかった場合に比べて、以下を防ぐことに成功していた。

・5 万4000件の呼吸器疾患

・2 万1000日の欠勤

・1 万6000日の学校欠席

・1 万1000件の喘息の悪化

・最大 405 件の早期死亡

・256 件の入院

　経済価値に換算すると、以上のような健康コベネフィットはさらに 40 億ドル分の健康および気候コベネフィットにつながり、そこに 67 億ドル分のエネルギーの節約が加わるのだ。トータルで 107 億ドルの効果である。1 ドル単位に直すと、アメリカの場合 1 ドル分のエネルギー節約で、じつに 0.59 ドル分（40億ドル／67億ドル）もの健康および気候コベネフィットがあるのだ。しかも、この数字は（建物のオーナーや入居者に直接役立つことがなかったため）これまで無視されてきた。インドや中国など、使用される化石燃料のほとんどが石炭である国では、その影響はさらに大きくなる。そのような国では、1 ドル分のエネルギーを節約するたびに 10 ドルほどの健康および気候コベネフィットが生じると予想できる。とてつもない比率だ［注14］。

　これらの数字が何を物語っているのか、よく考えてみよう。エネルギーの節約に重点を置いてきた 20 年のグリーンビルディング運動で、

エネルギーコストの削減とほぼ同額の社会利益がもたらされていたのである。発展途上国にいたっては 10 倍もの社会利益が見込めるのだ。私たちが調査結果を発表するまで、このような追加的な健康コベネフィットは 1 度も数値として示されたことはなかった。しかし今では、省エネビルのオーナーは、自分のビルに取り入れた節約法がどれほど社会に貢献しているか、数字で示すことができるようになった。彼らはついに、ESGの社会的側面を定量化する方法を手に入れたのである。

全資産のコベネフィットと個別建物のコベネフィット

グリーンビルディング運動の効果を調べることで、地域の壁を越えて広範囲におよぶ建物の〝社会的パフォーマンス〟が明らかになった。そしてこの社会的パフォーマンスこそが、ヘルシービルディングにとって貴重な新しい尺度なのである。重要なのは、このアプローチはポートフォリオ、つまり所有する建物すべてにも、あるいは個別にも応用できるという点だ。

それが地域的あるいは局地的にどう機能するかを示すために、例を2 つ紹介しよう。元ハーバード・ヘルシービルディング研究チームの博士研究員で、今はビュー社（View）でヘルス戦略の主任を務めているピアズ・マクノートンが、CoBEを使ってハーバード大学の建物ポートフォリオ（グーグル社が占有する土地とほぼ同じ広さ）に応用した。一方、私たちは同じ分析アプローチをキャリア社がフロリダに新たに建てたインテリジェントビルディング・センターに用いてみた。

まず、ハーバード大学のデータを見てみよう。ハーバードは2006年に 10 年にわたる抜本的な省エネ化計画を開始していた。同大学はエネルギーの使用量（成果 1）と温室効果ガスの排出量（成果 2）がじつに 30 パーセントも減ったと発表したのではあるが、他のケースと

同じで、それが健康にとってどう作用するのか（成果 3）については報告されていなかった。成果 3 を知るために、私たちはハーバード大学でのエネルギー節約量を、CoBEの計算にかけてみた。その結果、エネルギーの節約による健康および気候へのポジティブな効果を通じて、額にして1230万ドルがさらに節約できていたことがわかった。大学自身はまったく自覚していなかった額だ。自分たちの抜本的な省エネ政策が近隣地域に住んだり働いたりしている人々の健康にどんな利点をもたらすか、ハーバード大学は十分に把握していなかったのである。知っていて損のない話だろう。

　CoBE分析は大学だけに適しているわけではない。私たちがハーバード大学を最初に選んだのは、データを手に入れやすかったからに過ぎない。この種のアプローチは医療システム、商業用不動産、政府施設群、都市など、あらゆるタイプのポートフォリオに応用できる。

　次に、個別の建物に対する健康コベネフィット分析の例を見てみよう。キヤリア社が2018年に新たにオープンしたグローバル本社は、誰もが予想できるように、同社が製造する最先端建築設備の技術力の高さを誇示するように設計されている。おそらく誰も驚かないだろうが、空調などの建築設備技術の世界的大手として、同社は新社屋にも高性能のチラーとエアコン、自動化システム、アクセス制御などを用いている。キヤリア社のハイテク製品を使えば、他社の製品を使った場合よりも、エネルギー効率が高くなる事実を強調することも、設計の際のもくろみの 1 つだった。この意味で、新社屋は実際によくできていて、従来の同様の建物に比べて、エネルギーコストが年間推定17 万2000ドルほど節約できるようにデザインされている。念のため指摘しておくと、このコスト削減は収益増に直結している。では、健康コベネフィットはどうだろうか？　CoBEを使って分析したところ、エネルギーの節約で得られる健康および気候面でのメリットは 8 万3000ドル。エネルギーの節約額と合わせれば、年間 25 万5000ドルの

利益だ。つまり、次のようにまとめることができるだろう。キャリア社はエネルギーの節約でもうけを増やしながら、同時に新社屋の近隣のコミュニティにも利益をもたらしているのである。ビジネスとしてもすばらしく、そして近隣社会に対しても、会社をパートナーとして力強く印象づけることができる。

「グリーン」と「ヘルシー」の両立はできない？ 思い込みにだまされるな

第4章で、想定されうるエネルギーと健康のトレードオフについて論じ、運用コストの削減と換気および健康の改善にかかる出費の最適なバランスを見つけることが必要だと説明した。確かに、建物内に新鮮な空気を多く取り入れるのにはコストがかかる。だが、換気量を増やすことが人と建物にもたらす利点のほうが追加コストを補ってあまりあると、納得できる形で証明したつもりだ。しかしこの点は、本章で見てきた内容と少し食い違っていないだろうか？ ここまで私たちはずっと、換気量を増やすことはエネルギーコストの増加を招くと言ってきた。それなのに本章では、建物のエネルギー消費を〝減らす〟ことの利点を論じている。この2つの見解は相いれないものなのだろうか？

答えは「ノー」で、この2点は食い違っていない。ヘルシービルディングは通常の設計を施された建物よりも換気量の増加を図りながらも、エネルギーの使用量を減らすことができる。プレゼンテーションの際、私たちはこの点について頻繁に反論を受け、換気量を増やして室内の空気を健康にしながら、同時にエネルギー効率をよくすることは不可能だ、などという主張を聞いてきた。ここでは、その考えが間違いに過ぎないことを証明しようと思う。その仕組みはこうだ。

まず、建物に関する個別の要因について考えるのをやめて、この〝問

題、を全体的に眺めてみよう。要するに、エネルギーと換気を分けるのではなく、同時に考えるのだ。例えば、すでに説明したように、ジョーのチームが行った経済的な分析によると、換気量を 2 倍にすると最終的に 1 人あたり年間最大 40 ドルの費用がかかると予想できる［注15］。しかし、そのような換気量の向上を、エネルギーの使用を減らすための全体的な戦略の枠組みのなかで見た場合はどうだろうか？

　そう考えると、いくつかの機会が見えてくる。同じ論文でジョーのチームが、もしあるビルが換気量を 2 倍にすると同時に、たった 1 つの省エネ対策——熱回収型換気装置（ERV）——を施した場合に何が起こるか推測している（一般的なERVは熱交換器の一種で、排気の熱や湿気を取り込み、それを使って吸気を温めたり冷やしたりする）。ERVのような省エネ対策を施したビルでは、換気量の倍増による追加コストが 1 人当たり年間 40 ドルからわずか数ドルにまで減るのである。要するに、ERVを設置するだけで、換気量の向上に必要なエネルギーコストのほとんどを相殺することができるのだ。 2 倍ではなく、規格で定められた最低換気量の 1.3 倍だけ換気量を増やした場合の試算結果はさらに効果的だ。その場合、換気量を 30 パーセント高めても、ERVの節約分のほうが追加コストよりも大きくなる。つまり、省エネ技術を使うことで、換気量の増大にかかる費用をまかなうことができるのである。ERVは、換気量を増やしながらもエネルギーを節約する方法の 1 つだ。

　ビルを新築しなくても、あるいは既存のシステムをERVのような技術で改造することが不可能な場合でも、節約は可能だ。第 9 章で紹介したローレンス・バークレー国立研究所の分析を思い出してみよう。既存のシステムを適切に検査することで、エネルギーを最大 16 パーセント節約できるのである［注16］。

　では、そのような検査と換気量の増加を組み合わせるとどうなるのだろうか？　表 4.5 に戻って、モデルのH&W社に対する全体的な

影響を確認しよう。例として、同社では年間のエネルギーコストを3万ドルと見積もった。検査で16パーセントが節約できた場合、その年のエネルギーコストはおよそ2万5000ドルにまで減る。次に換気量を2倍にする。1人あたりの年間コスト増額が最大限の40ドルだったと想定すると、40人の従業員がいる同社では年間のエネルギーコストが1600ドル増えることになる。したがって、ヘルシービルディング戦略を省エネ対策と換気量増加の両方を含めた全体としてみた場合、同社の支払うエネルギーコストは2万6600ドル。もとの3万ドルと比較すれば、3400ドルが節約されているのである。加えて、換気量を増やすことには収益をおよそ9パーセント高める働きがあることも忘れてはならない。換気量の増大とエネルギーの節約、そして健康と気候のコベネフィット。会社にとってはおいしいことばかりだ。要するに、私たちは全体的に物事を考えて取り組む必要がある、ということだ。

　将来的には、「エネルギーと健康は対立する」という誤解を解く方法が増えていくだろう。どの時間にどの場所で新鮮な空気を取り入れるのが効果的かなどということが明らかになれば、誰もいない会議室に給気したりせずに実際に人がいる部屋にだけ空気を送ることができるようになれば、エネルギーコストをコントロールしながら換気量を増やした状態を保つこともできるようになる。頭上のダクトとは違ってなかにいる人の呼吸エリアに近い場所から空気を送ることができる置換換気や床吹き出し換気も賢い選択だ。室内の二酸化炭素をリアルタイムで計測し、その濃度に応じて必要なときに換気量を増やすデマンド制御型の換気システムにも期待がもてる。建物をもっと賢く換気する——それこそがソリューションだ。このアプローチの本質は、技術を用いて無駄を省くことにある。

避難、レジリエンス、暴露、不確実性、機会

　建物が大気汚染と温室効果ガスという問題の一因である事実は（そしてそれらの解決策があることも）すでに示した。ここでは視点を逆にして、それらの問題が建物にどのような悪影響を及ぼしているかを考えてみよう。汚染や気候変動は不動産に大いに影響することは明らかだ。世界には、大気があまりにも汚れていて健康に深刻な被害を及ぼす恐れがあるため、できるだけ外に出ないように人々に呼びかけている地域も多い。例として、中国で2018年の 12 月に起こった出来事を見てみよう。当時、中国では汚染された大気の厚い層に覆われた 79 の都市に対して、衛生の観点から「外に出るな」という警告が発令された［注17］。指定エリアは広大で、北京に加えて数多くの省（山西省、陝西省、河南省、江蘇省）を含んでいた。理屈として有害だという話ではない。命にかかわるほど危険で、病気の原因になり、認知機能を損なう汚染物質が実際に大気中に漂い、健康を害していたのである。

　さて、「外に出るな」とは、いったい何を意味しているのだろうか？

　建物は汚染された外気からの避難所だと言っているのである。多くの場合、その考えは正しい。第 6 章を思い出してみよう。そこではフィルターのレベルの違いについて話した。室内に侵入する外気の汚染物質の濃度は、適切なレベルのフィルターを用い、ビルの機械換気システムを適切に運用することで、著しく下げることができる。そのような場合、建物は外気の汚染濃度の変化に対して効果的に対応できる。言い換えれば、建物は優れたレジリエンスと対応性を発揮する。そのような状況では、室内にとどまろうと呼びかけるのは正しい。しかし、アメリカでも、ヨーロッパでも、中国でも、インドやブラジルのような発展途上国でも、建物の多くはそのような対応力を持ち合わせてい

ない。高度なフィルターシステムを備えていないので、室内にいても、汚染物質に触れる量は減るかもしれないが、決して安全ではないのである。室内は、外よりはましだが、安心できるほどではない。それなのに、そのような警告を発することで、建物が実際よりも安全な場所であるという錯覚を人々に与えてしまいかねない。

暴露と不確実性

建物が大気汚染による直接的な健康被害からいかに人を守るかという点に加えて、気候変動の脅威に対するレジリエンスにも考えを巡らせる必要がある。2018年の気候変動に関する政府間パネルの報告は、エネルギーの使用が現状のまま続けば悲惨な結果につながると予想している［注18］。投資家たちもこの点に注目したようだ。2018年、地理的変動要因を加味して投資評価を行うジオフィ（GeoPhy）のアリ・アユーブとニルス・コックが分析を行い、アメリカの 133 の不動産投資信託（REIT）のポートフォリオに含まれる建物の気候リスクを調べた。合計すると 3 万6000棟の建物と数十億平方フィートの不動産だ［注19］。 2 人は連邦緊急事態管理局が所有する過去の洪水リスクデータと洪水リスクの予測データを組み合わせて、各REITのポートフォリオがどれほど高いリスクにさらされているか評価した。その結果がじつに興味深い。彼らの調べでは、133 のREITのうちたった 2 つだけが〝高い〟洪水リスクにさらされていなかったのである。いくつかのREITではポートフォリオに含まれる不動産の 10 パーセント近くが、ジオフィによって高リスクと評価された。この例のような地理的条件と気候と金融の融合は、私たちの誰にとってもなじみの薄いものだろう。しかし、世間には私たちの知らない多くのデータにもとづいて不動産に投資する、情報通で賢い投資家がすでに存在すると考えて間違いない。近い将来、彼らのデータに洪水リスクと並んで健

康リスクも加わる可能性は高い。

投資機会

　ジョンの仕事の多くは、不動産とインフラストラクチャのレジリエンスに対する投資と関係している。ジオフィがREITに対して行ったようなマクロ分析も、個人の意志決定に影響を及ぼしはじめている。わかりやすい例として、ジョンがハーバード・ビジネス・スクールで教えている事例から、ビジネスのオーナーであるメアリーと銀行のマネジャーであるナンシーに登場してもらおう。ナンシーとメアリーは架空の人物だが、2人が抱える問題は現実に存在する。

　単純な状況を想像してみよう。メアリーはバージニア州のノーフォークに、あるいはマイアミビーチに、あるいはテキサス州のブラウンスビルに、1件の小さな店舗を所有している。地方銀行のマネジャーであるナンシーは、バランスシートに抵当権を抱えている。メアリーは自分の建物の価値を60万ドルと考えている。彼女の抵当は、建物が破壊されるほどの洪水が発生する確率を1パーセント（100年に1度の大洪水）と想定して書かれていた。

　ところが、その町が作成し直した洪水水位マップを見てみると、彼女の店が予想されていたよりもはるかに高い洪水リスクにさらされていることことがわかったのだ。洪水被害の推定リスクは5パーセントに引き上げられた（20分の1の洪水リスク）。銀行も同じ情報を得た。さて、期待値（EV）と正味現在価値（NPV）にもとづけば、メアリーは抵当権のローン・資産価値比率条項に違反していることになる。このリスクの高さでは、市場は洪水保険契約さえ結ぼうとしないだろう。

　さあ、メアリーはどうするべきだろうか？　店を売る？　財産をつぎ込んで建物を〝補強〟する？　それとも何もせずに、銀行が何も気

づかないことを、そして洪水が起こらないことをじっと祈る？　何しろ、普段の生活では、洪水のリスクが増えた自覚などないのだから。

　メアリーの店舗建物の抵当権を握っているのはナンシーだ。メアリーはローン・資産価値比率条項に違反している。また、住宅ローンの承認条件であった基準洪水位（BFE）条項にも違反している。ナンシーは差し押さえに踏み切るべきだろうか？　そうしないのであれば、メアリーの手形の期限が来たとき、再融資すべきだろうか？　そのときは、どんな条件で？

　あるいは、ナンシーの銀行がメアリーに対して、建物のレジリエンスを高める〝補強〟工事をするために必要な5万ドルを貸すという方法も考えられる。そうすることで、洪水被害の可能性はまた1パーセントぐらいにまで下げることができるだろう。今のままなら店が壊れるような事態にも、補強しておけば対抗できるに違いない。

　最近『ハーバード・ビジネス・レビュー』で発表した「Climate Change will Transform How and Where We Build（気候変動によって変わる私たちが建てる方法と場所）」［注20］という論文で、ジョンは気候が引き起こす災害──海面上昇、河川の氾濫、山火事、干ばつなど──に直面している不動産（および自治体）には、基本的に5つの選択肢が残されていると論じている。補強、撤退、リバウンド、制限、再建の5つだ（もちろん、6つめの選択肢として「何もしない」がある）。ナンシーとメアリーの状況では、補強目的の融資が理にかなっている。他の多くの不動産所有者や都市にとっては、開発エリアの制限や撤退が賢明である可能性も考えられる。

　この単純な例は、現在、アメリカの沿岸都市では、住宅所有者、不動産所有者、企業、銀行、そして保険会社が数多くの問題に直面していることを物語っている。今のまま炭素を排出しつづけると、ほぼ確実に海面は上昇し、暴風雨も増えるだろう。メアリーとナンシーのような人が増えるということだ。彼らはどう考えて、何をすればいいの

だろう？　建物をストレスに負けない屈強なものにしたいと願うあなたに手を貸してくれる業界は現れるのだろうか？　私たちは、大きな業界が誕生すると期待している。

ヘルシービルディングとクリーンエネルギーの未来

　本章では建物が大気汚染や気候変動にどう貢献できるか、あるいは健康および経済的なリスクに照らして適応力やレジリエンスをどう戦略立てればいいのかを検討してきたが、根本にあるもっと大きな問題を見落とすわけにはいかない。クリーンな燃料を用いて発電すれば、実際のエネルギー消費量はさほど大きな問題にならず、結果として気候変動への影響は著しく減ることだろう。

　どうすれば、クリーンなエネルギーの未来を実現できるのだろうか？　私たちの考えでは、その鍵は、再生可能エネルギーの経済を促進し、新しい技術をうまく利用できるかどうかにある。アメリカでは現在すでに、風力や太陽光を用いる新世代発電施設における運転年数均等化発電原価は、石炭を燃やす新築プラントの均等化発電原価よりも低くなっている。この好ましい傾向に加え、バッテリーやエネルギー貯蔵の性能が向上して風力や太陽光発電の弱点を克服しつつあるし、マイクログリッドの普及で、地域の需要にうまく対応できる機敏なエネルギーシステムも実現した。また、そのような新技術を補うものとしてブロックチェーン技術が台頭し、買ったエネルギーが実際に再生可能なエネルギー源から来ているのか、さかのぼることができるようになった。これを証券化して取引すれば、新しいエネルギー市場が生まれ、発展するだろう。

　今後、化石燃料への依存は減っていくと予想できるので、ここでは少し挑発的に問いかけてみよう。100年以上長持ちする建物を、エネルギーを重視して設計して電力系統をクリーンに保つ場合、どんな

ヘルシービルディングができあがるだろうか？ つまり、エネルギー消費の外部環境コストがゼロになった場合はどうか、ということだ。エネルギーの問題に悩まされることなしに健康のために設計できれば、数多くの新しい可能性が扉を開くだろう。エネルギーペナルティのない未来が現実感のない話のように思えるのなら、ニューヨーク州知事のアンドリュー・クオモが2018年に発表した宣言を思い出してみよう。2040年までに州全体で 100 パーセント脱炭素電力を実現すると宣言したのだ [注21]。生活、仕事、買い物、遊びのための場所を設計するとき、一にも二にも三にも健康のことを考え、エネルギーのことは重視しなくてもいい未来は、もう近くに来ているのである。

　では、クリーンな電力の未来へ向かっていけば、建物が大気汚染の一因ではなくなるのだろうか？ その答えは、2 つの驚くべき理由から「ノー」であることが明らかになっている。

　第 1 に、多くのビルは敷地内でいまだに化石燃料を燃やしている。そしてそれが、あなたが考えるよりはるかに多くの温室効果ガスを排出しているのだ。米国環境保護庁の試算によると、排出される温室効果ガスのおよそ 30 パーセントが、住宅や商業用ビルで燃やされる化石燃料に由来している [注 22]。では、この問題にどう対処すればいいのだろうか？ 求められているのは、ガスストーブ、給湯器、あるいは暖房用のボイラーやバーナーなど、建物用のありとあらゆるものを徹底的に電化することだ。建物内で化石燃料を使っているすべてを電化する。なぜか？ そうしなければ、再生可能エネルギーを用いた未来の電力網はクリーンな電気を送ってくるのに、末端では、つまり私たちの建物のなかでは、化石燃料が燃やされつづけてしまうのである。

　第 2 に、エネルギーの使用によって大気が汚染されることに加えて、もう 1 つ新しい問題が生じている。それを私たちは「室内空気の汚れた秘密」と呼んでいる（第 3 章で紹介した「屋外大気汚染の隠れた秘密」と対の関係にある）。

石炭火力発電所などを原因にする従来の大気汚染はかなり減ってきた一方で、今では室内で発生した化学物質が屋外の大気汚染のおもな源になっていることがわかったのである。2018年に発表された極めて重要な論文が、建築材料、洗浄剤、芳香剤、衛生用品などから発生する揮発性有機化合物（VOC）が屋外に漏れ出している事実を明らかにした［注23］。漏れ出たVOCが、車の排気ガスに含まれる窒素酸化物など、もとからあった汚染物質と反応し合い、オゾンや粒子状物質が生じる。調査対象だった 33 の工業都市において、そのような室内由来のVOCが屋外の大気汚染の大部分を占めていた。

　ショッキングな発見だ。同時に、建物と建物内の設備が屋外の公衆衛生にとって重要であることの証拠でもある。エネルギー源を化石燃料から再生可能資源に変え、建物を電化していく一方で、建物由来のVOCが屋外大気汚染の最大の源になるかもしれないのである。ビルのオーナー、管理者、テナント、そして投資家は、建物由来のVOCの排出量を測定し、管理し、そして規制しなければならない未来に供えておくべきだろう。

4枚の壁の向こう

　本章では、おもに建物とエネルギーと健康と気候とレジリエンスの複雑な関係を取り上げ、それらが建築環境に与える影響について論じてきた。ありがたいことに、建物を〝カーボンニュートラル〟にする努力はすでに行われている。建設資材に含まれる炭素に改めて重点を置く、ネットゼロ・ビルディングなどと呼ばれるこの動きはまだ始まったばかりだが、いよいよ軌道に乗りそうだ。

　しかし、エネルギーだけが建物と健康の接点ではない。建物は、その立地、水や資源の消費、廃棄物の発生、その他さまざまな要因を通じて、健康な環境の提供に貢献したり、エネルギーコストを下げたり

しながら、私たちの健康に影響している。私たちの建物が、そして人類の発展が地球の生命を維持する自然系に多大な影響を与えている。この点は、いくら強調しても誇張にはならない。人間の活動が数え切れないほどの生物種を絶滅の危機に陥れ、いわゆる「第6の大絶滅」を引き起こそうとしている。第2章で指摘したように、E・O・ウィルソンが著書『Half-Earth』で私たち人類は今すぐ地球の50パーセントを自然に捧げなければならないと言うほど、状況は差し迫っている［注24］。

このあたりの話題は極めて重要ではあるが、本書の範囲を超えている。本章の目的は次の2点を明らかにすること。第一に、真のヘルシービルディング戦略は建物の外の影響を考慮しなければならない。第二に、そのような外的な影響を考えることで、私たちはヘルシービルディング運動の関係者と投資家の輪を広げることができる。

人口増加、都市化、資源の枯渇、そして気候変動という4つの巨大変化の目に見える影響が、私たち、そして私たちのビジネスが地球に与える影響に対する考え方を変えるきっかけになった（第2章で紹介した巨大変化の10番目は価値観の変化だったことを思い出そう）。そのような考えは、私たち現代人は屋内種になったという現実にもとづいたものでなければならない。私たち人間は、自然界のために室内空間を犠牲にすることはできない。この2つの世界は共存する必要がある。その共存のための手段が、原則としてのヘルシービルディングなのだ。そう考えたとき、大きな疑問が生じる。ヘルシービルディング運動を隙間市場を超える大きな動きにするには、どのレバーを押して、どんな力を働かせればいいのだろうか？

第11章
ヘルシービルディングのこれから

未来はここにある。――それはまだ広くいきわたっていないだけだ

――ウィリアム・ギブスン

　世界の不動産および建築業界は巨大でありながら、バラバラに分断されていて、その洗練度合いは一定していない。室内のそして屋外の空気の質も、世界各地で大きく異なっている。安価でどこにでも設置できる通信可能なセンサーの普及や、それによる過去の記録や予測データの共有と議論の可能性、健康に関心を向ける個人が増えたことなどから、空気質についての知識が広まり、人々の選択にも変化が現れると予想できる。

　突き詰めて言うと、私たちの関心は、すでに始まりつつある業界の変革をいかに加速するかにある。本章では、ヘルシービルディングというアイデアの普及を促す方法と、次世代のそれがどのような形になるかについて展望する。つまり、〝今〟と〝これから〟を考えるのがこの章の目的だ。

今の状況は？ 採用曲線と業界構成とクロックスピード

　今のところ、ヘルシービルディング運動にはエリート企業と裕福なオーナーだけが参加しているように見えるかもしれない。ある意味、それが今の実際の状況だと言える。主要な動きのほとんどは、パリ、ニューヨーク、香港、ロンドン、サンフランシスコ、上海、シンガポールのような場所で行われている。そのような場所では、不動産業界の

トッププレーヤーが自らのビジネスと不動産を差別化する方法を、あるいは今後ますます多くの情報にアクセスできるようになる入居者が抱くに違いない心配事にどう対処すべきかを、真剣に考えている。

　私たちはヘルシービルディング運動に関与する大手企業と協力関係にある。しかし、私たちが「マンハッタンの不動産開発大手に協力している」、あるいは「健康な建築材料を使うという点でグーグルと手を結んだ」、または「ハドソンヤードに新本社の建設を計画しているファイザー社にアドバイスしている」などという話をすると、人々はうんざりした表情を浮かべる。確かに、それらはごく普通の会社ではない。大きなビジョンと野望をもってヘルシービルディング運動に取り組み、それを実現するだけの資本力ももっている大企業だ。私たちがそのような会社がうまくやっているという話をしても、他の人々はそれが自分自身や自分の会社に関係するとは、必ずしも思えないのである。

　私たちは本書を通じて、ヘルシービルディングの利点がエリート企業だけのものではないことを示したいと願っている。そのために、私たちはあえて従業員が40人で1万平方フィート（約930㎡）の建物を使っているヘルス・アンド・ウェルス社という小さな架空の会社を例として用いたのだ。グーグルやファイザーほどの資本力も調査力もない圧倒的大多数の企業とその建物の代表例として。

　興味深いことに、ヘルシービルディング運動に最初に参加したグループは、人口がもはや急速に増加していない都市で活動している企業だ。ニューヨーク、パリ、サンフランシスコなどでは、ビルの総数はあまり増えていない。街を眺めても、クレーンなどほとんど立っていないのだ。そのような都市におけるヘルシービルディング運動は、新築よりもむしろ既存のビル空間に大きな機会を見いだしている。そういった場所では、すでにLEEDやWELL認証を得るために投資していた不動産業界の先駆者たちの今後を展望する必要がある。

世界の他の場所では人口がどんどん増えているので、新規開発がおもな焦点になる。発展途上国の多くでは、住宅、オフィス、政府機関、学校、病院が急増している。既存建物が少ないため、改装に値する経年ビルの数は多くない。急成長中の土地は貧しい国であることが多く、そのような場所では建物を所有する地主もさほど裕福ではない。また、道具を使って計測をしなくても、見るだけで外の空気が汚れていることがわかる。ムンバイ、メキシコシティ、ラゴス、重慶などの都市がそうだ。

すでにビルが並んでいる都市も、今後新たに開発されていく都市も、おもに若くて、情報通で、互いに結びついていて、自分と自分の子供たちの健康に気を遣う人々を特徴としている。スタート時の状況は異なっていても、どこにもきれいな空気と健康な建物を提供する機会がある。社会を動かすには、これらの問題に関する考え方を変えなければならない。最近では〝外気〟は公共の財産だと考えられるようになり、この意識が空気質の問題に関心を集める役に立っている。それに応じるように、世界保健機関は〝健康な室内空気〟を基本的人権の1つであると宣言した。これはとても重要なサインだ。

本書で紹介した手段と方法を業界全体に広げるには、何が必要だろうか？　私たちの調べによると、3つの要素を考える必要がある。イノベーションの拡散、不動産と建設の特性、そして資産の寿命の3つだ。私たちはこの3つをヘルシービルディングの「普及曲線」、「業界構成」、「クロックスピード」と呼んでいる。

ヘルシービルディングの普及曲線──知識生成、初期導入、主要市場

「ロジャースの普及曲線」はアイオワ州立大学が1950年代に提唱した理論で、農家が新しいアイデアや技術を農業に採用する過程をモデ

ル化した[注1]。この理論はその後何度も応用され、なかでもインターネット時代の始まりにキャズム・グループのジェフリー・ムーアが著したマーケティングガイドの『キャズム』や、クレイトン・クリステンセンが書いた極めて影響力の強い『イノベーションのジレンマ』が有名だ[注2]。普及曲線の考え方では、イノベーションはイノベーターからアーリーアダプター（初期採用者）へ伝わり、そこからアーリーマジョリティ（前期多数派）、レイトマジョリティ（後期多数派）、そして最後にラガード（遅参者）へ普及していく。これらすべての合計が市場を構成する。

　この考え方を広範囲な建築業界におけるイノベーションの普及の予想（あるいは普及への働きかけ）に応用することで、私たちはヘルシービルディングの普及曲線を得ることができる。一部のエリート（アーリーアダプター）が始めた競い合いを〝あらゆる場所のあらゆるビル（多数派）〟にまで広げる方法を知るには、私たちが今どの地点にいるのかを考えるべきだろう。ヘルシービルディング戦略が主要市場で採用されはじめたので、私たちは曲線上を前進していると言える。これはすばらしい知らせだ。しかし、悪い知らせもある。私たちは今、上り坂の最も急な部分にさしかかったのだ。頂上にたどり着くために何をすべきかを考える前に、ひとまず普及曲線の最初の部分を見てみよう。

知識の生成

　基本的に、普及曲線は知識の生成で始まる。多くの場合、企業や学者が新しいツールを発明したり、新技術を開発する。すると、一握りの目ざといアーリーアダプターが新知識や新技術を見つけ、テストし、採用する。そうやって、新しい知識が研究室を出て実際の市場に入るのである。

　このあたりの事情に詳しくない読者は、ヘルシービルディングの場

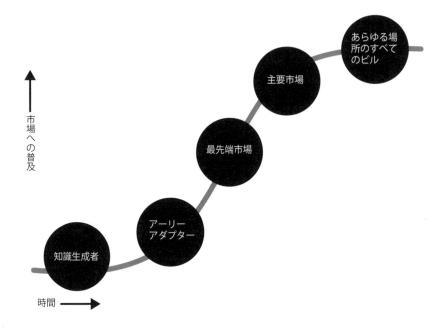

図 11.1　ヘルシービルディングの普及曲線

合、第 8 章で見たような比較的新しいビル認証システムが新たに生まれた知識だと考えたかもしれない。ヘルシービルディング運動は比較的新しいので、WELLやFitwelなどといったプロモーターを通じてそのような運動があることを知った人も多いことだろう。しかし、ヘルシービルディング界の歴史ははるかに古い。したがって、本当の先駆者——最初の知識生成者——を知っておくことが重要だ。1900年代の初期に「健康なワーカー」の研究をしていた人たちがいて、彼らの仕事が受け継がれて1960年代から1970年代にかけて室内空気の研究が始まった。

　現在のヘルシービルディング研究者は以前活躍した知の巨人の肩に乗っかっているのである。彼らはアイザック・ニュートンやマリー・

キュリーほど有名ではないが、同じぐらい後世に名を残すべき人々だ。巨人のなかの巨人が「ハーバードのファーストレディ」ことアリス・ハミルトンだ。ハミルトンはハーバード大学のすべての分野をひっくるめて、初めて学部を任された女性で、（のちに「産業医学」と呼ばれる）ワーカーの健康の分野の発展に力を尽くし、1943年には『Exploring the Dangerous Trades（危険な職業の探索）』という自伝も書いている［注3］。ハミルトンは産業革命時の労働環境を研究したのだが、彼女の関心、方法、発見は、彼女が教授職に就いてから 100 年たった今も色あせない。

　20 世紀の大半において、ワーカーの健康を扱う研究は工業の現場における臨床医学のみに注目していたのだが、それが変わったのが1970年代になって環境運動が始まったころだ。環境運動は環境保護庁と職業安全衛生管理局の設立により一気に前進した。職業安全衛生管理局は、アメリカでワーカーの保護を法的に強化する最初の大きな試みだった。同局は暴露限度の制定の際、産業および製造環境に注目したが、それがきっかけになってワーカーの健康に焦点を当てた他の研究や組織が誕生した。

　そのころ、一部の学者が研究の重点を外の汚染から室内環境へと移した。私たちに最初にオフィスや他の環境におけるサーマルヘルスの目標値を提示したのが、尊敬に値するオレ・ファンガーだ（その目標値は今も使われている）。ジョーの師匠であるジャック・スペングラー、スウェーデンのカロリンスカ研究所とデンマーク工科大学のヤン・サンデル、米国環境保護庁のランス・ウォレス、ローレンス・バークレー国立研究所のビル・フィスクなども、室内環境に関心を向けるようになった。彼らが、副流煙や家庭製品から生じる揮発性有機化合物（VOC）が有害であることを、鉛への低用量暴露が子供の知能に影響することを、家のカビやラドンが、あるいは換気せずに火を燃やすことが危険であることを、私たちに教えてくれた。この時代、悪い空

気やシックビルディングの危険さに関する研究が始まっただけでなく、優れた建築手法の利点なども調査されるようになった。特に関心が高まったのが、新鮮な空気を増やすことで、どれほどシックビルディング症候群を抑えることができるか、空気清浄機が室内の粒子濃度をどれほど効果的に除去できるか、という点だった。

　彼ら〝室内空気〟の巨人たちが扉を開けてくれたので、他にも数多くの研究者が建物内の空気の研究を始めるようになった。デューク大学のヘザー・ステイプルトンのような現代の研究者は「室内空気質入門」レベルをすでに通過し、室内環境でこれまであまり意識されてこなかった化学物質——建築材料、ラグ、カーテン、椅子、マットレスなどから音もなく漏れ出て、ひそかに私たちのホルモン系や身体機能を損なう物質——の話もするようになった。一方、コロンビア大学のフレデリカ・ペレラやカリフォルニア大学サンフランシスコ校のトレーシー・ウッドラフなどは室内における子供と女性の健康に注目している。学術界や業界に属する他の者は新しいツールを用いて、建物内の表面（およびそこにいる人の肌）で生じる反応を調査している。「室内化学」と呼ばれる分野だ［注4］。最近では、メタゲノミクスの斬新なツールを用いて私たちの身のまわりにいる生物の役割を調べる学者も増えてきて、「建築環境における細菌叢」という分野が誕生した。

　ナノレベルのサイズに目を向けると、ハーバード大学のフィリップ・デモクリトーが建物内で利用される製品の表面や内部で使われているナノ素材の研究をしている。ナノ素材の使用は情報の開示義務がないので、追跡するのが難しい。そのため、ナノ粒子が人の健康にどれほど影響するのかまだよくわかっていない。しかし、デモクリトーのラボで研究するディルプリート・シンによると、特定のナノ加工製品を廃棄したり焼却したりすると、有毒な多環芳香族炭化水素を発散するようだ［注5］。フランスと中国の研究者の共同研究は、二酸化チタンのナノ粒子を含む建物用光触媒性塗料が室内にホルムアルデヒド

を発散する恐れがある事実を発見した［注6］。ナノ技術は有益である可能性もあって、例えばデモクリトーは人工水ナノ構造を用いた「自然に着想を得た抗菌剤」の研究をしている［注7］。この分野は発展が早い。ここで紹介したのは知識生成者のごく一部であり、彼らの成果は 5 年後、10 年後のヘルシービルディング戦略に活かされているだろう。

　公衆衛生への関心が高まりつつあるなか、経済の世界はビジネスの利益を増やすために人の力を活かす方法を考えつづけてきた。ハーバード・ビジネス・スクールのジェームズ・ヘスケット、アール・サッサー、レオナルド・シュレジンガーは「サービス・プロフィット・チェーン（サービスと利益の連鎖）」という考え方を提唱している。このマネジメント法は、サービス産業における従業員の満足度と顧客の満足度、従業員の忠誠と顧客の忠誠、そしてもちろん顧客の忠誠と利益のあいだに強固なつながりを確立した［注8］。おかげで私たちは、人間を操作可能な機械の歯車とみなすフレデリック・ウィンズロー・テイラーの製造工程実験の時代を離れて、フェリックス・バーバー、ライナー・ストラック、ジョン・ドーアの提唱する「ピープルビジネス」や「重要なことを測定する」経済へと前進することができたのである。

アーリーアダプター

　健康学とビジネスサイエンスの初期の先駆者たちが、シックビルディングの問題に対する関心を呼び覚まし、情報を集めて新しい科学基盤を築いた。科学的な証拠が集まるにつれ、アーリーアダプターの一部がヘルシービルディング戦略を立てはじめた。それがヘルシービルディング認証システムの前身だ。グリーンビルディングという概念そのものを建設業界のほとんど誰も知らなかった1990年半ばに、デビッド・W・オールが設計したオーバリン大学のアダム・ジョセフ・ルイス環境研究センターのような建物がグリーンビルディング戦略を

採用しはじめた。グリーンビルディング運動に携わっていた彼らアーリーアダプターがおよそ10年後に始まる〝グリーンで、しかも健康〟な建物への扉を開いたのである。初期のヘルシービルディング運動に大いに影響を与えた建物として、ニューヨークのブライアント・パークにあるバンク・オブ・アメリカ・タワーを挙げることができる。ダスト・オーガニゼーションが所有し、COOKFOXアーキテクツが設計した物件だ。設計の際に特に重点を置いたのが新鮮な空気を増やすこと、日光をできるだけ活かすこと、そしておそらく最も特筆すべきは、バイオフィリックデザインを正式に建築に取り入れることだった。重要なのは、デザインチームはオープン時だけに健康なビルを設計するのではなく、その後も健康を維持するための計測や検査をする方法を探し求めたことだ。バンク・オブ・アメリカ・タワーは二酸化炭素濃度などの健康成果指標（HPI）を各フロアでリアルタイムに監視している（彼らはまだHPIという言葉を使っていないが……きっとそのうち使うようになるだろう！）。

　同じころ、ヨーロッパでもヘルシービルディングが採用されはじめている。例えばノーマン・フォスターは、ロンドンのスイス・リー・ビル（愛情を込めてキュウリ（ガーキン）と呼ばれることが多い）を介して建物の呼吸に関する仕事を続けた。2004年に完成した同ビルには建物の肺として機能するアトリウムがあり、外壁に設置したパネルから入った新鮮な空気が全館に届けられる。フォスターは建物を呼吸する生物とみなしつづけている。彼の最新作にあたるブルームバーグのロンドン本社では「鰭（フィン）を鰓として使った」と話している。おかげでその建物は（1階で始まる空気の渦によって）呼吸するだけでなく、騒音を減らすフィルターとしても機能する。また、天井も生きている。250万枚もの花弁構造のなかを冷たいあるいは温かい水が流れ、音響や気温を調節している。

　技術とヘルシービルディングの融合を示す斬新な例として、アムス

テルダムで2015年にオープンしたエッジ・ビルも紹介したい。ブルームバーグが「世界で最もスマートなビル」と呼んだ建物だ［注9］。開発者であるOVGリアルエステートは「デジタルシーリング」を創造した。天井に何千ものセンサーを埋め込み、光や気温などの要素を超微細に測り、対処できるようにしたのである。PLPアーキテクツが設計したエッジ・ビルはスマートビルディングとヘルシービルディングの初期の融合例だと言える。

　健康な材料を初期に採用したケースは身近なところに見つけることができる。ホプキンス・アーキテクツとブルーナー／コットが改装を手がけたハーバード大学スミスキャンパス・センターと、ウィリアム・ローン・アソシエイツが新たに建てたハーバード・ビジネス・スクールのクラーマン・ホールは、どちらも2018年にオープンにいたり、使用製品や建築材料を慎重に選んで、第7章で紹介した難燃剤、フォーエバー・ケミカル、抗菌剤などといった一連の有害物質を排除したことを特徴にしている。ハーバード大学は、同大学持続可能性対策室の最高責任者であるヘザー・ヘンリクセン指揮の下、サプライヤーと協力しながら（むしろサプライヤーに強制して）サプライチェーンを見直し、有毒な化学物質を含まない製品を調達するようになった。それらサプライヤーの一部は最初こそ難色を示したが、最後は解決策を見つけ出した。この2つのプロジェクトで得られた最も大切な発見は、健康な材料を使っても出費が増えることも、工期が延びることも、製品の性能が劣ることもなかった、という点だろう。繰り返すが、〝出費を増やさず、工期を延ばさず、製品の性能を犠牲にせずに〟健康な室内環境を実現できるのである。これでもまだ建物を健康にしない理由があるだろうか？

　普及曲線の最初の部分ではだいたいいつもそうであるように、アーリーアダプターは他の者たちが気づく前に、科学にもとづいて行動し、それを勝利の方程式とみなす。フォスター・アンド・パートナーズ（ノー

マン・フォスターの会社)、オーバリン大学、COOKFOXアーキテクツ、OVGリアルエステート、そしてハーバード大学はアーリーアダプターとして活動し、自らと市場をより健康な建物の未来へと推し進めた。それらは確かにエリート組織だ。しかし、彼らが境界を押し広げ、リソースに投資し、最善の方法を明らかにしてくれるおかげで、他の者も簡単に同じことができるようになるのである。

競争上の優位──ユーザーの好みを先読みする業界

　今、私たちは普及曲線のどのあたりにいるのだろうか？　アーリーアダプターたちが準備を整えてくれたおかげで、グローバルなポートフォリオを有するフォーチュン 500 企業もゲームに参加できるようになった。普及曲線のこの段階はシンガポールからサンフランシスコまで、多数の主要市場ですでに始まっているが、ここではニューヨーク市の商業用不動産市場から議論を広げていくことにしよう。

　ニューヨークでは、誰が最も健康な建物を手に入れるかを巡って、競い合いが始まっているようだ。すでに紹介したように、425 パークアベニューではデビッド・レヴィンソンとL&Lが健康のために決断を下し、私たちはケーススタディとしてその建物の健康面を調べたのだった［注10］。そこからたった数ブロックしか離れていない場所では、JPモルガン・チェースが同社にふさわしい壮大なビジョンを表明して、新本社ビルを建てている。同銀行の業務執行取締役にして、建設計画のキーマンであるアレック・サルティコフはこう言う。「従業員はわれわれにとって最も重要な資産である。彼らは最高の才能と技術をもっている。だからわれわれには最高のビルが必要だ」［注11］

　サルティコフと彼のチームは科学を吟味し、自ら分析を行った結果として、現状の建物の規格は人々から最高のパフォーマンスを引き出すようにはできていないという結論にいたった。最終的にサルティコフは、JPモルガン・チェースの新本社を特別なものにするというア

イデアはビジネスとして優れていると同時に、会社の哲学とも一致していると考えた。「従業員が最高のパフォーマンスを発揮できる環境をつくれば、クライアントにも、株主にも貢献できる」と彼は言う。「これら 3 つの要素を最大化する環境をつくることで、競争を優位に進められる。建物と人を 1 度きりの投資とみなしてはいけない。どちらも〝一流のやり方で一流のビジネスを〟を目指したJPモルガン・チェース創業者のビジョンにふさわしい体系的かつ哲学的なアプローチに欠かせないもの。だから次は、一流の建物をつくる」

ファイザー社はニューヨーク本社をニューヨークのハドソンヤードに移転し、その際、ヘルシービルディング認証を取得することにした。ティッシュマン・スパイヤー社は全ポートフォリオにFitwel認証を得るつもりだと発表している。その他にも、同じような動きを示す大企業は少なくない。競争はすでに始まっている。なぜそれが競争なのかというと、不動産業界の賢いプレーヤーたちが、かつてデビッド・レヴィンソンが 425 パークアベニューでしたのと同じ問いについて考えるようになったからだ。「もし、競合相手たちが建物を健康なものにしているとき、自分だけがそれをしなければ、テナントや家賃はどうなるだろうか？」と。

この競争はニューヨークだけが舞台ではない。カリフォルニア州のクパチーノに新本社を建てたアップルのケースを見てみよう。 425 パークアベニューと同様、ノーマン・フォスターがデザインした新本社では、ある会社の技術を応用してリアルタイムで空気の質を監視することになっている。各部屋にチューブを通して中央監視室に空気を集め、数秒に 1 回その空気を〝チェックする〟のである。全館の二酸化炭素をリアルタイムで計測できるようになるだろう。

施設管理やユーザー体験（UX）の分野でサービスを展開している主要な事業主の動向を眺めると、大きな変革が起こりつつある証拠が数多く見つかる。JLLは「健康で生産的な職場」キャンペーンと、第

3 章で紹介した 3‐30‐300 のルールを展開している。CBREは健康なオフィスを研究する部門を設立し、ロサンゼルス本社にWELL認証を得た。そのような主要企業は、ボストン・プロパティーズやキルロイ・リアルティなど、まだまだ挙げることができる。

　ヘルシービルディングを巡る競争に参加しているのは、オーナー企業や施設管理会社だけではない。全世界に大量のポートフォリオを抱える大手企業が軒並みヘルシービルディングに関心を示したことで、建設サプライヤーやテクノロジー企業も同じ方向に進みはじめた。例えば、キヤリア社。おもにエアコン装置で著名な建築用テクノロジーのサプライヤー大手だ。第 10 章で述べたように、キヤリア社は最近移転した自社ビルを自ら設計し、建て、インテリジェントビルディング・センターと名付けた。建物を訪れた見込み客が、隠れたビルシステムがどのように働いているのか発見できるように、特別な設計が施されている。大切なのは、この特殊なショールームはチラーをはじめとした機械システムの性能を示すだけでなく、そのようなビル用のテクノロジーが〝人の健康とパフォーマンス〟を促進するという点を強調するためにつくられている、という点だ。

　ビュー社も健康に重点を置くビル用製品のメーカーだ。ビュー社は機能性ガラスを製造している。時間、日、季節などで変わる光の強さに応じて色調を自動的に変える窓ガラスのことだ。それによりエネルギーをかなり節約できる（運用コストで 20 パーセントの減）。ここで興味深いのは同社の幹部たちによる会社の位置づけだ。同社はウェブサイトで、ダイナミックガラスの第 1 の効果として「健康と生産性」への影響を挙げているのだ。加えて、健康戦略主任という新たな役職も設け、公衆衛生のエキスパートとして知られるピアズ・マクノートンにその席を任せた。なぜ健康に重点を置くのか？　マクノートンはこう答えている。「ビュー社で、私たちは建築環境において、健康こそが第 1 の動機づけであることに気づいた」［注12］。バラバラに見

ると、JLLとキヤリアとビューの例はどれも取るに足らないことのように思えるかもしれないが、建物内での健康への動きは市場全体を揺るがす大変革なのである。

　新しいテクノロジーの台頭により、ヘルシービルディングの9つの基礎のすべてを監視あるいは実現できるようになった。フィリップスやライティング・サイエンス・グループの健康に特化した照明機器はもはや明るさやルクスといった言葉を用いず、それらが人の概日リズムや健康にどれだけ有益かを説明する。アクリマ（Aclima）やアウェア（Awair）、ヤンジ（Yanzi）など、センサーを扱うスタートアップ（新規事業会社）が生まれて、オフィスや家庭の空気質をリアルタイムで記録する監視システムを販売しはじめた。そのうえで、ビル用製品の大手メーカー、例えばヴェラックスやビューなどが自社の天窓やダイナミックガラスにセンサーを組み込むことで、〝スマートビルディング〟テクノロジーへの移行を後押ししているのだ。建物の安全・安心を守ることを目的としたエヴォルヴ（Evolv）のようなスタートアップも現れた。エヴォルヴはセキュリティのチェックポイントを改善するために、高速スクリーニング技術と従業員認識システムを組み合わせたのだ。そうすることで、速度と効率（セキュアフロー）を上げながら、同時にそれに関する負担やストレスを減らすことに成功したのである。

　そこに加えて、数多くの企業がエネルギーの革新に携わっている。例えばグローバルプレイヤーのシュナイダーエレクトリックがエネルギー効率、マイクログリッド・ソリューション、デジタルビルディング、モニタリング、あるいは最適化を本格的に強化している（シュナイダーエレクトリックは、かつてはエネルギーサービスの企業として知られていたが、今ではヘルシービルディング分野にも参入し、リアルタイムで空間の使用や室内環境の質を監視および報告する「ワークスペース・アドバイザー」のようなスマートビルディング向けのデジタルサービスを展開している）。そのようなエネルギー改革の動きには

フェーズ・チェンジ・エナジー・ソリューションズ（Phase Change Energy Solutions）などのスタートアップも加わっている。同社は「相変化物質」と呼ばれる物質がもつ熱吸収あるいは潜熱蓄熱効果を利用して、エネルギー効率が極めて高い断熱材を生産している。そのような製品はエネルギーを節約すると同時に、健康にも有益なのである。また、省エネかつ体にいい製品に対する需要は急成長を始めている。

空気をよりよくきれいにする方法を開発している会社もある。そこには、小型空気清浄機分野で、「ヘルスケア会社」としてすでに名をはせた大企業のダイソン（ダイソンをヘルスケア会社と呼ぶ理由はすでに述べたし、後でもう1度説明する予定だ）だけでなく、既存のダクト網に設置することでVOCや二酸化炭素などの化学物質を除去できるシステムを開発したエンヴェリッド（EnVerid）のようなスタートアップも含まれる。

投資家たちもゲームに参加しはじめた。2018年、JLLはヘルシービルディング技術に投資するために1億ドルのファンドを導入した。ソフトバンクは1000億ドル規模のビジョンファンドを設立し、いわゆる「プロップテック」——不動産の売買と管理に重点を置く技術と企業——に狙いを定めた。最近では、ハーバード大学の同僚たちが数十億ドル規模の年金基金であるPGGMと提携して、「健康企業」に投資する方法を模索している。そのような会話で欠かせない話題がヘルシービルディングだ。

ここでいくつかの企業を紹介したのは宣伝目的ではなく、それらが市場が発展し、イノベーションが行われ、急速に普及している事実を示す好例であるからだ。特定の企業を名指ししたのは、私たちが彼らについてよく知っていたからに過ぎない。私たちは数多くの組織に属するたくさんの幹部たちと会ってきた。そのうえで、正しいことをやっている、正しい道を進んでいると思える企業を、ここで紹介したのである（もちろん、「それをやってはダメだ」と思えるケースにもたく

さん出合ってきたが、それらについて書くのは別の本の役割だろう）。

　本書で紹介した人々と会社のすべて——知識生成者、アーリーアダプター、主要市場のプレーヤー——が、ヘルシービルディング認証システムの誕生への道を切り開いてくれた。今、アーリーアダプターと主要市場のプレーヤーは、彼らが投資家、テナント、あるいは従業員のためにやってきたことを自ら検証するための方法を求めている。それに応じて生まれたのがWELL建築規準であり、Fitwel、あるいはRESETなのだ。今後も、同じようなものが誕生するだろう。私たちと手を組んで、ヘルシービルディングをつくるためのガイドとしてヘルシービルディングの9つの基礎を採用した開発者もいる。

　すべてのサインがヘルシービルディング市場が今後成長を続けることを示している。その動きに勢いがつきつつあることは明らかだ。では、この動きはいくつかの大事業だけで終わりを迎えるのだろうか？

　それとも、新たな〝日常〟へと発展するのだろうか？

業界構成——長い尾をもつ大きな分野

　全世界の〝建築環境〟資産の価値の大きさを把握するのは難しい。70億を超える人口を抱えるこの惑星では、多くの家族にとって自分の持ち家が最大の資産だ。投資および取引可能な資産クラスとしての不動産だけでも、数兆ドルの価値を有する。それらに、学校、裁判所、病院、工場などが加われば、まったくもって巨大な業界のできあがりだ。グローバルな不動産コンサルタントとして知られるサヴィルズによると、米ドルに換算して 260 兆ドルを超える規模になる ［注13］。世界の富の大半は、不動産の形で保有されているのだ。

　富の分配は？

　不動産の世界で、アメリカ最大の上場済み不動産所有者はサイモン・プロパティ・グループで、その時価総額はおよそ 500 億ドルに

のぼる。10番目のエクイティ・レジデンシャルの時価総額は約240億ドル、第100位のアカディア・リアルティ・トラストが24億ドル強だ。上位200位までを合計すると時価総額は1兆ドルを超えるが、最大の会社の時価総額はその5パーセントほどに過ぎない［注14］。つまり、大型プレーヤーの数が少ない一方で、とても長い尾があって、末端は数件のアパートや店舗数の少ない小型のショッピングセンターしか所有していない弱小投資家につながっているのである。

　同時に、銀行や住宅ローン会社のような資本提供者の業界も同じような広がり方をしている。最大の会社からトップ100へ、そして次の1000社へのカーブはほとんど同じ形だ。ナンバー1のキャリバー・ホーム・ローンズは2017年、439億ドル分の取引を行った。第10位のプライムレンディングは145億ドルだ。第75位のホームオーナーズ・ファイナンシャル・グループにまで順位を下げると、数字が14億ドルにまで小さくなる。ここでも市場は巨大でありながら、大型のプレーヤーは数が少なく、代わりにたくさんの小型プレーヤーが長い尾をなしているのである［注15］。

　富の広がりを知ることが重要な理由は？
　大都市で活動し、最も高級なテナントを抱え、最高額のバランスシートをもち、最長のリース契約を求める——そして最も人気の高い知識労働者を囲い込む——最大級の地主は、競争の手段として自分を最先端に位置づけることにも、自分が最先端にいると人々にアピールすることにも関心をもち、それをするだけの力もある。だが、脆弱な市場、競争の弱い労働市場、あるいは資本支出に見合わない家賃しか回収できない市場では、彼らのリソースや契約、あるいは関心は急激に小さくなる。今日では古びた小さな街にあるオフィスビルでさえエレベーターとエアコンを備えているのが当たり前になったように、イノベーションは最終的には必ず広まるのではあるが、自動的にそうな

るわけではない。不動産業界で最新のアイデアを真っ先に取り入れるのは、国際企業をテナントに数える大都市の〝A級ビル〟であり、その利点が小都市の〝B級〟あるいは〝C級〟ビルの小規模テナントに伝わるまでには、かなりの時間がかかることもある。もちろん、私たちは本書を通じて、人々の健康と幸福にとってとても重要なヘルシービルディングの考え方の拡散が加速することを望んでいる。

　そうなれば、建築家から請負業者、あるいはヘルシービルディングの専門家にいたるまで、数多くのサービス事業にとって新たな機会が生じるだろう。すべてを自前でやり遂げる能力をもっているのは最大級の企業のみであり、他のほとんどの施設はアウトソーシングに頼ることになる。その相手は、JLL、CBRE、あるいはウィーワーク（WeWork）のような国際的巨大企業の場合もあるし、テラピン・ブライト・グリーン、エンバイロンメンタル・ヘルス＆エンジニアリング、またはKGSビルディングスのように特殊な知識をもつローカルな中小企業の場合もあるだろう。これらの会社は、エネルギー、持続可能性、そして……健康にフォーカスすることで差別化を図っている。

クロックスピード──普及のサイクル時間

　少し生物学の話をしよう。小さな昆虫のなかには寿命が 1 日しかないものがいる。ネズミやモグラのようは小型の哺乳類は数カ月から数年しか生きられない。人間や象は 90 年から 100 年生きることもある。クジラや亀のなかには 1 世紀以上生きる種も存在する。ショウジョウバエのように繁殖力の強い生き物では、数日や数週間で世代が入れ替わるので、あっという間に進化が起こることもある。それに比べれば、人間（やクジラ）の進化ははるかに遅い。

　それと同じことが産業界にも言える。新しいSNSアプリはわずか数週間や数カ月で消えていったり、他のアプリに吸収されたりすること

がある。インテルのCore i9 のような新型CPUは 5 年ほど販売される。車の場合、ブレーキキャリパーやブレーキシューは数十年変わらず用いられる。触媒コンバーター（排ガス浄化装置）が開発されたとき、米国ではすぐに装着が義務づけられたにもかかわらず、一般での普及率が 90 パーセントに届くまでおよそ 20 年もかかった。どうしてだろうか？　自動車の耐用年数は 10 年から 20 年もあるからだ。だから、ほぼすべての車両に行き渡るまで 20 年以上かかるのである。

　注目を浴びた著書『サプライチェーン・デザイン』のなかで、MITのチャールズ・ファインがこの現象を取り上げ、企業が社内システムと連携しながら、さらに重要なこととして、顧客やサプライチェーン（本書で言えば、建築家、請負業者、建築製品メーカー）と連携しながら、タイムサイクルを加速させて新しい技術をより早く採用し、競争をより優位にするための方法を説明している［注16］。

　なぜこんな話をしているのだろうか？　建物は亀よりも寿命が長いからだ。読者のなかにも、築 50 年以上の住宅やオフィスで本書を読んでいる人もいるに違いない。おそらくあなたは、100 年を超えたりしない限り建物の年齢など気にする必要もないと思っているのではないだろうか。例えばボストンでは、2050年の建物面積の 85 パーセントが、現在すでに存在する建物で占められていると予想されている［注17］。実際、建築技術の進歩が普及するまでのサイクルはとても長い。したがって、アメリカのように経済成長が緩やかな国では、本書で紹介した考えが一般に普及するまでかなりの時間がかかるに違いない。

　その一方で、住宅、オフィス、病院、学校の大半は、定期的に大がかりな修繕が行われ、ときには建物の外殻にまで改修が及ぶこともある。大規模な改修が行われるときは、建物を明け渡す必要があり、どのみち混乱が生じるのだから、持続可能性やエネルギー効率に有益な変化を加え、あなたのビルを真の意味で、数字で表せるほど健康なものに変える絶好のチャンスだと言える。そのような機会はめったに訪

れないのだから、逃すべきではない。本書が多くの人に読まれれば、チャンスを逃す人も減るだろう。

　世界に目を向けると、新築機会がいくらでも見つかる。アメリカだけなら、毎年およそ 1.2 兆ドルの新規建設が行われている（国内総生産額 19 兆ドルのおよそ 6 パーセント）[注18]。しかし全世界では、コンストラクション・インテリジェント・センターの調べによると、毎年およそ 12.7 兆ドル分の新しい工事が行われている [注19]。既存の建物の数も多いが、それよりも新築機会のほうが圧倒的なのだから、今すぐ正しく建てる道を選ぶべきだろう。

　不動産業界や金融業界と同じで、建設業界も大きくゆがんでいる。西洋諸国で最大の建設会社はフランスのヴァンシで、2017年の売上高は 460 億ドル【監修注：営業利益はこの 10 ％程度】——この数字は業界全体の売上高の 1 パーセントにも満たない [注20]。市場リーダーのシェアが 1 パーセントに満たない業界は他にほとんど存在しない。つまり、健康を旗印にした賢明で戦略に富むリーダーになれる機会はどこにでもあるのである。企業はリーダーシップを発揮できるのだ。

これからの話——センサー、意識、コミュニケーション、分析

　ここまで、現在すでに存在する技術に焦点を当て、オフィスで計測できる室内空気質や他の健康面に意識を向け、投資を大幅に増やすことを主張してきた。しかし、世界は変化している。ビルのオーナー、住宅所有者、ワーカー、投資家の未来はどうなるのだろうか？
　次のシナリオを想像してみよう。
　ニーナとデビッドはもうすぐ赤ん坊のサムが生まれてくるのを楽しみにしていた。 2 人は大都市で新しいアパートメントを探していた。大都市なので空気が悪く、毎日のように大気汚染の警報が出ていたが、

2 人は「ヘルシービルディングの 9 つの基礎」を読んだので、外気の汚染が室内での汚染を引き起こすことを知っていた。サムのために最適な場所を見つけたいと願っていたので、2 人はオンラインでリアルタイムの室内空気質傾向——この時代当たり前の、都市のいたるところに設置された監視装置から送られてくる詳細なデータ——を調べ、フィットビット、アリババ、ダイソン、ジロー、チェース・コンソーシアムなどがまとめた予測統計をチェックした。どの建物のどのアパートメントが主要病原と、デビッドが幼少時代に悩まされたアレルギーを引き起こす汚染物質の点で最も高く評価されているか、知りたかったのだ。

そのような情報で武装して、2 人はアパートの家主との交渉に臨んだ——完璧な車両データをもって中古車を買いに行くような話だ。立地や交通機関へのアクセスも気にはかけていたが、2 人とも従来のオフィスで仕事をしていたわけではないので、さほど重要視はしなかった。内見したのは 2 件。 1 件目が比較的質素な新築のスターナイトビルで、開発者はいわゆる室内空気質に力を入れていて、LEEDとWELLとFitwelの認証を受けていると豪語していた。もう 1 件は少し古いワーウィックビル。天井が高くて、再生可能な木材を多用しているのが特徴だ。

最終的に、2 人は家賃が高いほうのスターナイトビルに決めた。自分たちで計算してみたところ、そこなら家主が先行投資していたおかげでエネルギーの消費量が少なく、長期的には安上がりで済むと考えられたからだ。さらに重要なことに、スターナイトビルのほうがよく眠れて、サムもきれいな空気を吸えると考えられた。モーニングスターの分析データにもとづけば、スターナイトビルのほうが空気ははるかにきれいだったし、ソーシャルメディアでもポジティブな経験談を見つけることができた。 2 人は想像した。数年後には、きれいな空気と水のおかげで、サムは他の同年代の若者よりも脳の発育や認知機能の

発達が優れ、大学入試で秀でた成績を収めているだろう。選べる立場にあったニーナとデビッドは幸運だ。他の若い両親たちは、スターナイトのようなアパートメントに住んできれいな空気に余分な家賃を払うだけの余裕がないのだから。

未来はすぐそこに

この未来像を大げさだと考え、ニーナとデビッドのことを心配性が過ぎると思う人もいるに違いない。それなら、グーグルがトロントのサイドウォーク・ラボで今まさにやろうとしていることを考えてみよう。同社は、かつてない地域的な規模で都市のパフォーマンスに関するデータをつくり、デジタル化し、一般化しようとしている。彼らが監視し、測定し、報告するデータには大気汚染データも含まれる。また、サンフランシスコでは、グーグルはアクリマと手を組んで、グーグル・ストリートビューの撮影車の屋根に大気汚染センサーを設置した［注21］。撮影車がいつものように街を走ると、グーグル・マップの画像と情報が更新されるだけでなく、大気汚染データも集まるのである。おかげで住人は、歴史上初めて大気汚染の様子を街のブロックごとに知ることができるようになった。この取り組みでわかったことは？　街のなかでも、場所によって汚染度合いが大きく異なるという事実だ。このような微地域的な監視は他の都市でも行われはじめている。道路脇の街灯の1本1本に、すべてのグーグル・ストリートビューの撮影車に、ウーバーやリフトなどの車に、UPSの配送トラックに、大気汚染モニターが設置される未来は想像に難くないのだ。ニーナとデビッドも、クリック1つでそのような大気汚染データを手に入れることができるようになるだろう。

〝室内〟の環境という点に関しては、ヤンジやアウェアなどの企業がすでにサービスを始めている。それを利用すれば、大きなビル

の各デスクに、自宅の各部屋に、1日で空気質モニターを設置し、すぐに室内環境のリアルタイムデータを見ることができるようになる。ジョーのチームは、建物と認知機能の関連をテーマにした研究の一環として、6つの国の建物で同じような監視ネットワークを構築した。数多くの消費者向け製品にすでに空気センサーが組み込まれていて、室内の環境データを集めている。それらの製品を通じて、現在すでに何百万もの世帯で環境データが集められていて、そのすべてがオープンデータ方式のクラウドアプリで共有および解析できる状態にあるのだ。これは始まりに過ぎない。そのうち壁にサーモスタットがあるのと同じぐらい頻繁に、オフィスやマンションで大気汚染センサーを目にする時代が来るだろう（よく考えてみたら、サーモスタットも一種の空気質センサーに他ならない）。

　誰もが簡単に、あらゆる場所で計測された大気質データを手に入れることができる時代がまもなくやってくると、私たちは確信している。しかしあなたは、そのように簡単にデータが手に入るようになっても、消費者はそれをもとに決断を下したりしないと考えて、ニーナとデビッドの話は信用に値しないと思ったかもしれない。そこで、架空の住宅選びの話から現実の不動産の話へ目を向けることにしよう。

才能とテナンシー

　最近、私たちは「フォーチュン500」に含まれるある企業の幹部から電話を受け取った（それが誰かを明かすことはできない）。その人物は、会社がもつ世界の不動産ポートフォリオを管理し、同時に、同社の新キャンパスの開発にも携わっていた。私たちに電話をしてきたのは、彼が今まで1度も経験したことのない出来事に遭遇したからだ。会社の人事部の幹部が電話をかけてきて、グリーンビルディングとヘルシービルディングについてあれこれと質問してきたのである。

人事幹部が特に知りたがったのは、新本社が〝ヘルシービルディング〟になるのかどうか、という点だった。なぜそんなことを？　人事幹部によると、会社は今、最高の人材を引き抜こうとしているさなかで、その候補者が職に就いた場合どんな建物で仕事をすることになるのか尋ねてきたのだった。最高の人材が建物について知りたがったのだ！　2017年に当時ユナイテッド・テクノロジーズの最高サステナビリティ責任者だったジョン・マンディックが発表した記事「Are You Interviewing Your Building?（あなたは建物をインタビューしていますか？）」が現実になったような話だ［注22］。

　この例のようなヘルシービルディングに対する〝ボトムアップ〟型の需要は、おもに次の 3 つの理由から、今後ますます増えるものと思われる。第 1 に、ソーシャルメディアによって後押しされる形で、あらゆるものに対して透明性が求められるようになりつつあるから。仕事を探している人に限らず、家を買う人も、従業員も、信用格付け機関も、ただ評判の高いレストランや腕のいい配管工を探しているだけの人も、情報を共有するのが当たり前になっている。仕事に関するそのような情報の共有が盛んになりつつあることは、Glassdoorのようなウェブサイトが人気を集めていることからもわかる。そのサイトでは、人々が匿名で自分たちの働いている会社の上司、社風、給料などについて投稿している。そして最近、建物に関する投稿が増えているのだ。最近の投稿例をいくつか紹介しよう。

- **「くさい」** ──「毎日ゴミのにおいがしている……夏になると大変なので、仕事と換気システムのためにもっとお金を使ってもらいたい」［注23］
- **「下水のにおいがする建物」** ──「そう、冗談ならよかったんだけど、この建物は毎朝 7 時から 9 時まで下水のようなにおいがするんだ。会社が従業員のことを考えていないっていう印象がまた強くなっ

たよ」[注24]

- **「それなりにいい部分はあるけど、うるさいオープンオフィス」**──
  「天井に防音処置がされていないから、上の階から騒音が聞こえてく
  る。営業部やカスタマーサービスのみんなも、デスク間に防音が施さ
  れていない場所で電話に応答しているよ。もう何年も前から上司や施
  設管理部に文句を言っているけど、何も変わらない」[注25]
- **「危険で未熟な職場」**──「職場は汚くて、製品がそこら中に散らばっ
  ている。非常口や非常用機器への道もふさがれている」[注26]
- **「人々はすばらしいけど、オフィスは寒すぎ」**──「オフィスは寒す
  ぎる──寒すぎて仕事にならないこともしょっちゅう」[注27]
- **「すばらしい指導者、みすぼらしい照明」**──「私たちが仕事をして
  いた建物はとにかく窓が少なくて、グレーのカーペットが敷き詰めら
  れていて、照明が薄暗かった。ラッキーなことに、移転する計画があ
  るんだって。私はもう辞めたけどね！」[注28]

　あなたはまだ気づいていないかもしれないが、従業員たちはもう建
物をインタビューしはじめているのである。

　世間ではすでに、音楽、政治、旅行、投資信託などに関する膨大な
量の情報が共有されている。アパートメントや一戸建て、オフィス、
学校、病院や政府系建物の空気の質に関するクラウドデータや評価プ
ラットフォームが現れない理由があるだろうか？　かつては企業だけ
が情報を保持し、評価を左右することができたが、その力は今や大衆
の手に渡り、企業に戻ってくることはない。

　第2に、自らが健康ビジネスに属していることに気づき、健康業
者としてマーケティングする会社が増えたから。その証拠に、アマゾ
ンとバークシャー・ハサウェイとJPモルガン・チェースは新たにヘ
ルスケアベンチャーを立ち上げ、ハーバード大学教授のアトゥール・
ガワンデに指揮を任せた。アップルのCEOであるティム・クックは

2019年に、結局のところ iPhone ではなく、ヘルスケア革命がアップル社の遺産になるだろうと述べている。つまり、今の世の中、どの会社もある程度は、文字通りの意味でヘルスケア会社なのである。

　健康とヘルスケア事業はアメリカ経済の 3 分の 1 を占める。したがって、上記のような会社が健康関連の事業へ積極的に参戦しようとするのも不思議な話ではない。メディアの多くも健康問題に目を向けはじめた。『ニューヨーク・タイムズ』のようなマスメディア、フェイスブックやユーチューブやレディット（Reddit）のようなソーシャルメディア、オプラやCNNなどの放送メディアに頼ることもできるし、グーグルなどの検索・分類アルゴリズムを利用して、WebMD、メイヨー・クリニック、あるいは『ニューイングランド・ジャーナル・オブ・メディシン』などのウェブサイトを閲覧して、食事や呼吸あるいは注射などを通じて私たちの体に入り込む物質の情報をたくさん知ることもできる。そのような大量の情報を前にして、消費者が健康な生き方に考えを巡らせるのは当然のことで、健康意識が建物にも向けられるようになるのは時間の問題なのである。それがどれほどの規模になるかを想像するために、次のように考えてみよう。ヘルスケアはアメリカ経済の 3 分の 1 を、建設業が 10 パーセントを占める。私たちは両分野にまたがるヘルシービルディング運動を通じて、アメリカ経済のほぼ半分にインパクトを与えようとしているのである

　3 つ目の理由として、センサーや分析技術、あるいはビッグデータの台頭を挙げることができる。それらを使って情報を客観的に検証すれば、あなたが買おうとしているビルが健康かどうかがわかるのだ。ニーナとデビッドとサムの例のようなシナリオはセンサーがユビキタスである（どこにでもある）ことを前提としている。そして、センサーは実際にユビキタスになりつつある。少し前まで、建物があなたにリアルタイムで伝えることができたのは気温と湿度ぐらいだった。しかもそれらでさえ、あなたが自分で計器に目を向ける必要があった。含

鉛塗料、カビの胞子、アスベストの粒子、ホルムアルデヒドなどの有無を調べるには、空気質の専門家や認定インダストリアル・ハイジニストが採取した空気のサンプルをラボで数日から数週間かけて分析する必要があった。それが今では、ネストやエコビーやキヤリアのサーモスタットが、あなたの自宅の各部屋別の気温と湿度の履歴を教えてくれるし、ヤンジやアウェアが二酸化炭素や一酸化炭素、さらには微粒子などの計測を始めている。加えて、ダイソンやハネウェルの室内用空気清浄機は空気をきれいにするだけではなく、環境を検知し、異常時には対応もする。データを表示したり、スマートフォンなど指定したデバイスに送信したりすることもできる。アパートメントやオフィスの家主が建物内で集めたデータをすべてまとめて、匿名化し、建物内で稼働しているモノのインターネット（IoT）から送られてくるデータにリアルタイムでフィードバックして空気の流れや空気清浄のレベルを最適に調節すると想像してみよう。ビッグデータと解析学には、何万、何百万件もの室内空間の情報を処理する力がある。ビル管理システム分野の大手が、すでにこの方向に向かっている。それも、かなりのスピードで。

　センサーは空間にだけ設置されるものではない。FitbitやApple Watchも、心拍数や呼吸数などを監視できるし、ウェアラブル機器のなかには血糖値などを測る機能をもつものもある（個人の健康状態を計測するという約束は、アップルをヘルスケア業界の風雲児にするという同社CEOのティム・クックのビジョンにつながっている）。あなたのデバイスがビルと情報を交換して、あなたの空間と気分のあいだの因果関係を突き止め、そしてさらに重要なことに、デバイスがビルの機械システムと交信して、自動的に対処策を講じるのである。そんな個人情報の共有は誰も受け入れない？　じつはもう始まっていて、例えばStravaというアプリを通じて、アスリートたちがエクササイズ中の最大酸素摂取量（VO$_2$ max）などの情報を共有しているし、

Pelotonのような接続型のエクササイズ機器を使えば、あなたも毎分の回転数や心拍数を記録し、フィットネスデータやパフォーマンス数値を共有できるのだ。

　他の分野でも、情報の収集をおもな業務にしているサードパーティ企業が数多く存在している。例えば、あなたが 401(k) や IRA（個人退職年金）などの金融商品を利用しているなら、モーニングスターやリッパーのようなサービスに頼っているのではないだろうか。そのような金融分析事業は投資の方向性や傾向を知るために数え切れないほどのデータポイントを調べる。そうやって人間の（あるいは機械の）マネジャーの判断力を測るのだ。グリーンビルディングのインデックスもすでに存在している。例えば、GRESBは不動産ポートフォリオ上の持続可能性に関する自己申告データを集め、投資家に提供している。同社はその持続可能性に関するレポートに健康モジュールも追加した。市場が健康に目を向けはじめたと判断したからだ。第 10 章ですでに紹介したジオフィは、気候変動により深刻化しつつある自然災害などといった不動産リスクに関する、すでに一般公開されている情報を集めている。そのようなデータは投資市場でも利用されている。モーニングスターのレーティングやカーファックスの中古車詳細情報のような仕組みがオフィスや学校にも利用されるようになるという考えは、突拍子もない話ではないのだ。そんな時代はもう目の前に迫っている。

　年金基金、寄付基金、保険会社、ソブリン（政府系）ファンドなどの大規模資本プールは、負債や株式への投資の際、次の 2 点を基準に判断を下す。予想される利益率と、その利益を実現する際のリスクや不確実性だ。賃借人やマンション購入者が寄りつかない建物には、当然の結果として低い家賃や入居率の低さなどといった不確実性がともなう。情報に精通したテナントや購入者がデータを見て、自分や家族に対する空気や水の長期的な影響を考慮して、客観的により優れて

いると判断できる物件へと流れていくからだ。投資家たちも、そのことに気づくだろう。

　空気の質を測る能力は、そして空気の質が間違いなく健康を左右するという知識は、人々が物件を選ぶときに立地や景観、美観や費用などよりも重視されることになるのだろうか？　今はまだそうなっていない。でもいつか、そうなる日が間違いなくやってくるだろう。つながり管理されたスマートな室内空間の未来は必ずやってくる。センサー、オープンデータ、モバイルプラットフォーム、アプリ、解析技術、ソーシャルメディアなどを駆使して判断する〝インフォームドショッパー〟の台頭が、私たちがヘルシービルディングの普及曲線の坂を登る推進力となるに違いない。個人は、そして個人を雇用する企業は、政府や規制当局などよりも早くベストプラクティスを推し進めることになる。それにより、オフィス、アパートメント、あるいは公共建築物における家主や貸し手や売り手のなかで、先駆者や、あるいは遅参者の立場が明確になっていくだろう。

ヘルシービルディングの未来

　本書の目的は、より健康な建物への移行を強め、加速するためのビジョンを示すことにあった。次は……あなたの番だ。急速な人口増加と急速な都市化が衝突した今、かけがえのない人の健康とこの惑星が危機にさらされている。しかし私たちには全世界の広大な面積におよぶ建物の設計や運用をつかさどる力が、そして責任がある。それを通じて、世界の何十億もの人々の健康を守ることができるのである。

　本書で紹介したヘルシービルディング戦略は 1 パーセントの人々に健康をもたらすためのものではない。大都市のアーリーアダプターが、ヘルシービルディング戦略は予算や時間を犠牲にすることなく実装が可能で、ビジネスにも利益をもたらすことを証明する大切な役割

を担う。では、それら初期のヘルシービルディングはただの虚栄心の現れなのだろうか？　それとも、新しい〝ビジネススタンダード〟を意識した動きなのだろうか？　この運動が成功するかどうかは、ヘルシービルディング戦略がどれほどの広がりを見せるかにかかっている。ヘルシービルディング戦略の本質が、郊外に、小型のビルに、博物館や公民館に、全世界の人口密集都市やその周辺に、どれほど深く、そして早く広がっていくかが問題だ。ヘルシービルディングを絶対に正しく広めなければならない。それが地球に住む人類の生活の改善につながるのだから。

　本書を読んでいるあなたは、建築業界およびヘルシービルディングの未来に強い影響力をもつインフルエンサーに違いない。人の健康を第一に考えて、あなたが率先して、学校、病院、劇場、レストラン、小売店舗、教会、あらゆるサイズの不動産において人々のための快適な室内空間をつくっていくことになる。あなたが地主なら、建物管理者、建築家、デザイナーなら、あるいは建築請負業者、企業幹部、持続可能性の専門家、科学者、投資家、施設管理人なら、また室内で生活や仕事をしているのなら、自分自身や仕事仲間や家族が健康な生活を送れる可能性を最大にすることができる。

　あなたは今、健康学と建築学が急速に発展している時代に生きている。さまざまな室内条件における人の知的生産性の観察が行われ、どこにでも設置できて、空気の質を目に見える形で表示する個人用の空気質センサーが開発されている時代だ。つまり、あなたは今すぐ行動することができる。

　本書を通じて、私たちは室内環境に秘められた強大な力を利用してパフォーマンスと生産性を高める方法を示した。あなたは、あなたの組織にヘルシービルディングを採用するよう説得するのに必要な情報のすべてを手に入れた。建築学は建物が健康に影響すると言っているのか？　言っている。財政的に見て、ヘルシービルディングは健全な

ビジネスなのか？　そのとおりだ。健康パフォーマンスを測り、追跡するツールは？　ある。私たちはグローバルな規模でヘルシービルディングへの力が作用し、技術面で明るい未来への条件が完全に整いつつあることを示した。これまでの歴史で前例のない瞬間だ。健康学と建築学、そして経営学を融合させることで、私たちは建物のポテンシャルを解き放ち、経済価値と健康を向上させられる。実際のところ、単純な方程式だ。ヘルシービルディング戦略はヘルシーピープル戦略であり、それゆえヘルシービジネス戦略でもあるのだ。うさんくさく聞こえるかもしれないが、それが最終的にはヘルシープラネットにつながるのである。この未来に、あなたはどうかかわるのだろうか？

結論
建物、ビジネス、健康、富

私たちに必要なのは、科学的な研究に裏付けされた、新しい世代の人道的なデザインアイデアだ。

——ノーマン・フォスター

　人々の多くは、もはや〝それほど体に悪くない〟建物で働くだけでは満足しなくなった。従業員たちは自分を〝もっと健康に〟してくれる環境を求めはじめたのだ。そのためには、〝許容できる〟室内空気質（現状の換気規格）の域を超えて、人の健康とパフォーマンスにとって最適な空間を目指さなければならない。そして、そのような空間は手の届くところにある。

　私たちは本書を書くとき、建物が人の健康とビジネスに及ぼすさまざまな影響を、わかりやすい言葉で伝えることを目指した。たとえあなたが他のすべてを忘れたとしても、本書の冒頭で示した「なぜ 90 パーセントを無視するのか？」という問いだけは、忘れないでほしい。

　私たち人類は屋内種になった。生涯の 90 パーセントを室内で過ごしている。同時に、多くの国では屋外の大気汚染を包括的に規制する方策を敷いているにもかかわらず、室内の環境に対しては同じようなことがまったく行われていない。すでに示したように、屋外大気汚染への暴露の大部分は室内で起こっているのに、規制されていないのだ。【監修注：前述の通り、わが国では建築物衛生法等において室内環境基準が定められている。】しかも、屋外より室内のほうが汚染物質の濃度が高い場合もある。それなのに、私たちは室内のそれを〝汚染〟とみなそうとしない。実際には汚染とみなすべきだろう。しかし、変化の兆

319

しが現れた。『ザ・ニューヨーカー』は2019年の記事で「室内スモッグ」という言葉を用いて問題を提起した。従来の意味の屋外汚染と室内の世界を結びつける力強い言葉だ〔注1〕。

　私たちは、ヘルシービルディング戦略はビジネス戦略としても優れていることを明らかにした。〝知識労働者〟が中心になる 21 世紀のビジネスにおいて、人件費が単一項目として損益計算で最も大きな部分を占めることになる。 2 番目がオフィスの賃貸料だろう。両方を合わせれば会社のコストの 90 パーセントにもなる。私たちは従業員が健康と生産性と創造性を向上できる環境は、換気やフィルターや建築材料を節約してエネルギーコストや運用コストを削減するよりも、結果として会社により大きな収益増をもたらすと主張した。

　また、本書を協力して執筆することにした背景には、ビジネスを超えるもっと大きな力も動機として作用していた。もちろん、私たちはあなたのビジネスが成功することを望んでいる……同時に、あなたが人口増加や都市化といった全世界的な変化の文脈のなかにヘルシービルディングを位置づけることも。世界は大きな変化に直面している。2050年までに人口が今よりも 20 億人も増え、その大半が都市で生活することを望む。したがって、建物が持続可能な開発の一翼を担わざるをえないのだ。建物は寿命が長く、何十年、場合によっては何世紀も、私たちの命に影響しつづける。私たちの今の決断が、今とそして未来の人々と地球の健康を左右するのである。環境問題に関しては、科学者から明るい知らせが届くことはめったにない。しかし、この意味で建物は珍しくいい知らせをもたらしてくれる。個人の利益と社会の利益がまったく対立しないからだ。自分のビジネスで利益を上げながら、社会の人々全体にも利益をもたらすことができるのである。

　私たちの考えでは、全世界の人々を健康にする最も簡単な方法は、人々が生き、働き、学び、遊び、祈り、癒やしを得る膨大な室内空間を、よりよく設計、運用、そして維持することだ。この考え方を実践

に移すために必要なのは、これが「全員に恩恵をもたらす」シナリオである事実を示すことだろう。自分の利益のためにやる行動を通じて、他の人にも同じことをするように促すのだ。そうやって、健康な建物が少しずつ増えていけば、私たちは時と場所に関係なく、建物を使うすべての人々の健康を向上することができるのである。

すべての人のためのヘルシービルディング

まえがきで、本書を参考にすべき人として、事業主、従業員、ビルの投資家とオーナーと開発者、そして私たちすべて（社会）の4つのグループを挙げた。ヘルシービルディングは人、ビジネス、社会、そして市場という4つの領域のパフォーマンスに影響すると考えた場合、関係する者全員に利益がもたらされることになる。これこそが、ヘルシービルディング運動の絶対的な美点だと言える。利益が個人から事業へ、事業から地域へ、地域から経済へと広がっていく。そこでおさらいとして、本書で学んできたことを上記の4つのパフォーマンス領域に分けて、ヘルシービルディングがすべての人に利益をもたらすことを再度確認しよう。

人のパフォーマンス──最善を尽くすチャンス

まずは、ヘルシービルディングはそこで働いたり生活したりしている人々に有益であるという明らかな事実から始めよう。本書の始め、私たちは建物にもっと多くの新鮮な空気を取り込んで効果的に清浄化すれば健康にポジティブに作用するという、科学的に見て絶対に正しい事実に注目した。念のため繰り返すと、外気の換気量を高めるとシックビルディング症候群も、感染症も、欠勤日数も減る。最近行われたオフィス環境に関する厳格な二重盲検試験によると、換気量を

増やすことで、人の認知機能を直接高めることもできる。具体的に言うと、室内空気質をよくすれば、知識労働者の意志決定能力が高まる。これは理屈などではないことを、私たちは確かな証拠をもって示した。

　次に、私たちは「他に何がヘルシービルディングを構成するのか？」という問いに対して答えを示した。それが人の室内における健康に寄与するすべての要素——換気、空気質、サーマルヘルス、水質、湿気、ほこりと害虫、照明と景観、騒音、安心と安全——に関する 40 年の研究の集大成であるヘルシービルディングの 9 つの基礎だ。これをもって、あなたは健康な建物を建てるのに不可欠な科学的根拠のすべてを手に入れたことになる。

　第 7 章では健康な建築材料の世界に足を踏み入れた。どんなに設計の優れた建物でも、私たちが買ってそこに持ち込む劣悪な製品によって台無しになることがある（ステロイドを使うボディビルダーのたとえ話を思い出そう）。製品のなかには、じわりじわりと健康を損なう化学物質を多く含むものがある。それらは香料入りの表面洗浄剤から立ち上って直接目を刺激してくる揮発性有機化合物などとは違って、ゆっくりと心と体をむしばむので気づきにくい。そのような準揮発性化合物はゆっくりと製品から発散されて人の体に入り込み、ひそかにホルモン伝達系を混乱に陥れる。

　第 8 章と第 9 章では以上のような健康作用が科学的に証明されているだけでなく、健康成果指標（HPI）を用いて実際に計測や追跡ができることを示した。その際、HPIを用いた測定の枠組みとして 4 つの領域を示し、パフォーマンスを認定する手段としての各認証システムについて論じ（さらにヘルシービルディング認証に欠かせないと思える要素を挙げ）、建物をリアルタイムで管理するのに（そして個人の環境の健康度合いを測るのに）役立つ斬新なセンサー技術について話した。このあたりの内容は、学術研究の成果を現実世界での行動に結びつけるために、極めて重要になる。抽象的な科学論議を 1 日中

続けることだってできるが、実際に計測や追跡ができない限り、建物の健康パフォーマンスが多くの企業にビジネス戦略として取り入れられることはないだろう。

　あなたはヘルシービルディングを設計し、運用し、維持し、管理するためのツールを手に入れた。ヘルシービルディング戦略に従えば、あなたとあなたの従業員の健康を害することのない建物ではなく、実際に避難所として健康を促進する建物を建てられるようになる。この意味で、最初の勝者はその建物にいる人々だ。それだけでもヘルシービルディングに前向きになる人はいるだろうが、すべての地主に、テナントに、投資家に行動を促し、普及曲線の坂道を駆け上る気にさせるにはまだ不十分だろう。では、次はどうすればいい？

ビジネスのパフォーマンス──人のために尽くすことで自分にも利益が

　室内環境の健康学は数十年前から成果を上げてきたが、それが実用されてきたとは言いがたい。しかし、新しい技術が台頭し、室内環境が人の認知能力や集中力あるいは生産性に影響することが明らかになって、事情が変わった。なぜか？　ヘルシービルディング運動は事業主にも有益であることがわかったからだ。この調査結果が大きな転機になると、私たちは確信している。追加費用を1つひとつ数えるのではなく、適切で厳密な健康対策が利益につながるのである。つまり、換気の電気代を節約するのではなく、よりよい空気のために少しばかり出費を増やすことで生産性が高まり、病欠日数が減り、離職率が下がり、結果として純利益が増えることがわかったのだ。最近まで、業界は建物がそこで働く人々にどれほどの影響を与えているのか、測る術をもたなかった。しかし、今はそれができるようになった。

　繰り返すが、理論ではなく、実際に証拠があるのだ。第4章を思

い出してみよう。そこでは換気量を増やすことで生じるコストを調べた。ヘルス・アンド・ウェルス社という架空のコンサルティング会社の財務表を用いて、実際に換気量を上げることでどれ程のコスト増につながるか確認した。しかし、その段階では利点を考慮に入れていない単純な分析に過ぎない。欠勤日数の減少と従業員のパフォーマンスの向上（「給与効果」と「生産性の向上」）から得られる利点を計算に含めると、会社の純利益が 10.7 パーセント増えることがわかった。それに比べれば、換気量の改善費用など微々たるものだ。換気量を増やすだけで、この数字になる。従業員は呼吸を続けるだけ！ 新たな技術を学ぶ必要もないし、数年におよぶ新規プログラムを展開する必要もない。職場の文化に変化も加えずに、ただそこにいるだけで業績が上がるのである。

　それだけではない。私たちはモデルケースを通じて、ビルのオーナーはテナントに対して、建物の改善を理由に家賃の増額を求めることもできると証明した。私たちの例では、10 パーセントというかなりの増額を計算に含めた。この点はオーナーとテナント間の利害の対立を引き起こす恐れがあるので、慎重にならざるをえない。これまでヘルシービルディング戦略が広まらなかった理由でもある。テナントだけが得をするのなら、オーナーは換気量の改善などに追加費用を支払う気になるだろうか？ この問いに対する私たちの答えはこうだ。オーナーは追加費用を支払ったうえで、建物の改善を理由に正当な形で家賃を上げればいいのである。ヘルシービルディング戦略の採用でもたらされる経済的利益は、家賃の増加分を支払っても余りあるほど大きいのだから。従業員と事業主と、ビルのオーナーの 3 者にとってウィン・ウィン・ウィンの関係だ。

　建物が人々の健康を左右すること、そして今私たちは建物への投資は会社への投資であると客観的な数字を用いて証明できるようになったこと、この点こそが本書のいちばん伝えたかったことだと言える。

ヘルシービルディングは人のパフォーマンスを高める。人のパフォーマンスが高まると、ビジネスのパフォーマンスも高まるのである。

社会のパフォーマンス──建物の環境・社会・ガバナンス（ESG）

　本書ではページの大半を使って最初の 2 つの要素──人とビジネスのパフォーマンス──に注目してきた。加えて、第 10 章と第 11 章を使って生まれたばかりのヘルシービルディング運動をもっと速く、そしてもっと広く普及させるのに欠かせない要素として「社会のパフォーマンス」と「市場のパフォーマンス」という新しいアイデアも披露した。

　第 11 章では建物の影響は 4 枚の壁を越えて広がり、社会のパフォーマンスまでも高める力があると論じた。これは壮大な話だ。何しろ、ヘルシービルディングは個人に有益という話から、〝建物の外にいる近隣の人々〟にも有益という話に拡大するのだから。持続可能性、環境衛生、公衆衛生などという大きな話題の中心にヘルシービルディングがある。

　地球の気候は変わりつつある。その直接の原因は、大気に放出されつづける温室効果ガスだ。不動産業界では気候の変動をきっかけとして、不確実性、リスク、資金調達、レジリエンスなどといった重要な問題が生じた。架空のビルのオーナーであるメアリーと銀行幹部のナンシーの話を思い出してみよう。洪水マップが改訂されたことで、メアリーの不動産は 100 年に 1 度のリスクから 20 年に 1 度のリスクに再評価され、ローン契約に抵触することになった。それにより、現在アメリカ中そして世界中で発生している、重要で難しい問題がメアリーに突きつけられた。メアリーは異常気象に抵抗するためにビルを〝強く〟すべきだろうか？　銀行は差し押さえるべきだろうか、再融

資すべきだろうか？　再融資するなら、どんな条件を付ける？　この
ような問題は地域レベルを超えて機関投資家たちの頭も悩ませている。
財務リスクを正しく見積もってよりよい意志決定をするために、卓越
した投資家たちはすでに機械学習技術と地理情報システム（GIS）を
用いて、不動産データを大気データ、気候予測、人口統計情報に重ね
合わせている。

　建物・エネルギー・健康・気候・レジリエンスの文脈で考えた場合、
建物は問題の原因の 1 つである。しかしその一方で、ヘルシービル
ディング戦略は問題の解決策の 1 つでもあるのだ。化石燃料の燃焼
が大部分を占める私たちのエネルギーシステムは二酸化炭素などの温
室効果ガスを放出している。この状況を打破するためにありとあらゆ
る努力が行われているなか、エネルギーの生産面における対策（再生
可能エネルギーの強化）だけでなく、需要サイドにおける対策にも力
を入れなければならないのは明白だろう。その切り札が建物だ。建物
は全世界のエネルギーの 40 パーセントを消費し、温室効果ガスの 3
分の 1（化石燃料由来のエネルギーは全エネルギーの 80 パーセント
×建物が消費するエネルギー 40 パーセント）を放出している。

　エネルギーの消費量が少ないヘルシービルディング戦略は、放出す
る温室効果ガスが少ないので、健康にも有益だ。化石燃料の消費で発
生する大気汚染物質が減るので、近隣コミュニティ全体が直接的に健
康になる。建物が使うエネルギーの量が減れば、$PM_{2.5}$ のような健康
を害する汚染物質も少なくなる。人のパフォーマンスとビジネスのパ
フォーマンスと同じで、社会のパフォーマンスがもたらすメリットも
数値化することができる。そしてその数字は驚くほど大きい。アメリ
カの場合、エネルギーが 1 ドル節約されるごとに、健康と環境のコ
ベネフィットとして平均で 0.59 ドルの恩恵が生じる。発展途上国で
は、エネルギーを 1 ドル節約するごとに健康と気候の面で 10 ドル近
くの額を節約できるのだ［注2］。今後、再生可能エネルギーが増えて

クリーンなエネルギーが供給されるようになっても、建物の責任がなくなるわけではない。数年前から、建物の内部における化石燃料の消費やコンクリートや鉄鋼の製造で生じる炭素が厳しく監視されるようになった。建物の社会的なパフォーマンスに関する議論はまだ始まったばかりだ。

省エネなど、定量化が可能な対外的対策もヘルシービルディングの特徴とみなすことで、不動産業界の事業利益を公共の利益と結びつけることができる。言い換えれば、私たちにはヘルシービルディングが建物を使う人々や建物の所有者だけでなく、他のすべての人々、つまり社会全体に利益をもたらすと証明することができるのである。

この点はなぜ重要なのだろうか？　政府や自治体がヘルシービルディングのビジネスに参入する理由になるからだ。しかし、健康面のコベネフィットは政府だけの関心事ではない。不動産の開発者、オーナー、あるいは投資家にも大切なことだ。「環境・社会・ガバナンス（ESG）」への投資に対する関心が高まるにつれ、不動産の開発者やオーナーや投資家にもESGのSに関する問いが投げかけられるようになった。「あなたの不動産の社会パフォーマンスは何だ？」と。過去、その問いに数値で答えるのは難しかった。しかし、今ではそれができるのである。

市場のパフォーマンス——消費者の利益

得をする人々のリストを締めくくるのはオーナー、開発者、そして投資家だ。情報通の消費者が増え、ヘルシービルディングに対する需要が育てば、彼らも勝者の仲間入りを果たす。手始めとして、ヘルシービルディングの投資家がなぜ勝者になれるのか、そしてそれがどうしてヘルシービルディング運動の拡大につながるのかを見てみよう。デビッド・レヴィンソンとL&Lホールディングの例では、彼らが425

パークアベニューのタワーに最高額の賃貸料を要求できることを証明したとき、その不動産の価値が高まり、同時に彼らの主要投資家であるトウキュウ・ランド（東急不動産US社）の投資の価値も高まったのである。では、トウキュウ・ランドは次の投資のときに何に注目するだろうか？　おそらく今後はヘルシービルディングだけに投資するようになるだろう。なぜなら、ヘルシービルディングには高い競争力があり、利益につながる投資戦略であることが明らかになったからだ。

　では、レヴィンソンのビルが高い家賃を要求しているのを見たライバルたちはどう思うだろうか？　毎月のように、10億ドル規模の新しいビルがマンハッタンに建てられ、開発されていくだろう。他の者たちはそれを見て、自らのビルの設計に反映させるに違いない。需要がそこにあることに、彼らも気づくのである。例えばアマゾンのような大企業が新社屋の建設を発表し、コンペを実施するとき、開発者や投資家やオーナーは「世界のアマゾンの関心を私のビルに向けさせるには、どうすればいいだろう？」と考えるのだ。

　そんなとき、ニューヨーク以外の市場では何が起こるだろうか？　同じように、ヘルシービルディングに注目する。シアトル、ボストン、ロンドン、香港、上海、そしてバンコクにいたるまで、ヘルシービルディングの新規開発が計画されている。

　投資家や開発者は、おそらく今日の競争よりも将来の競争を重視する。レヴィンソンの考えでは、425パークアベニューでヘルシービルディングの要素を追求することは、ビルの未来を確保することに他ならなかった。もし今日ヘルシービルディングをつくらなければ、今は他よりも高い家賃を払っているテナントも、ハドソンヤードやウォール街あたりにあって、知識労働者の健康と生産性を高めることを数値として証明したビルに引っ越していくだろう。まさに質のよい室内環境を巡る争奪戦であり、しかもそのような争いが起こるのはすばらしいことなのだ。

しかし、そのようなヘルシービルディングへのトップダウン式のアプローチよりも、その次に起こることのほうが重要だ。第 11 章で紹介した知識豊富な消費者の台頭である。データの遍在と個人情報の際限のない共有がヘルシービルディングを求める声、つまりボトムアップ圧力を生む。建物にセンサーが設置されているだけでなく、ワーカー自身が自らセンサーを携帯するようになった。かつてないほど小さく安く高性能で、つながっているセンサーを。その影響で、不動産業界の大物たちもビジネスに対する考え方を改めはじめている。年収 25 億ドルを誇る不動産投資会社であるボストン・プロパティーズのボストン地区取締役副社長ブライアン・クープが、私たちに次のような話をしてくれた。クープが言うには、彼の会社が管理するいくつかのビルで、部屋に安価なリアルタイム空気センサーを持ち込んで、それで得たデータを管理者に見せてきたワーカーがすでに何人かいたそうだ。彼らは管理者だけでなく、同じ部署で働く同僚たちにもデータを見せた。つまり、今では井戸端会議の話のネタとして環境データが交換されているのである。ワーカーの不安が続いたので、その部門は実質 1 週間ほど仕事を中断して、問題の解決に力を尽くす必要があった。

　クープはそのような変化を、「買主のリスク負担」から「売主のリスク負担」への移り変わりだとみなしている。そして、そのような移り変わりはあらゆる業界で起こっている。例えば、車を買うつもりでショールームを訪れる人が、ディーラーよりもはるかに市場価格に詳しかったりする。ディーラーが奥の部屋で上司に向かって「私が誰よりも高く売って見せますよ」などと言っていた時代はとっくの昔に終わったのだ。今では、ディーラーが上司と相談するために席を外しているあいだに、顧客はスマートフォンを取りだして、半径 100 キロ以内にあるすべてのショールームの自動車価格を比較する時代だ。ディーラーが戻ってきたときには、顧客のほうが多くの情報をもっている。保険のプログレッシブ社はこの傾向にすぐさま対応し、自社の

ウェブサイトにすべての競合会社の価格も表示すると宣伝した。顧客が自ら数多くのウェブサイトを閲覧して価格を比較していたことに気づいたからだ。そこで同社は顧客の負担を減らすために、ウェブサイトで自社の価格を他社の価格と並べて表示したのである。

　同じようなことが不動産業界でも起こりつつあり、先見の明のあるリーダーたちはもう準備を始めている。プログレッシブと同じように、ボストン・プロパティーズのクープも、考え方の変化に対応しながら自社を前面に押し出す方法を検討している。彼の戦略は他の誰よりも〝先に〟、空気の質などヘルシービルディングに欠かせない要素について発言すること。そうすることで、見込み客が他のビルを見に行ったとしても、そのオーナーが空気の質について何も話さなければ、クープが勝つ可能性が高くなる。「健康なビルにいたいと思わない者はいないだろうし、そのためになら誰もが少し余分に支払うに違いない」と彼は言う。

　ボトムアップ圧力の最後の1つはイェルプやトリップアドバイザーなどでよく知られる企業や製品などの口コミ評価サイトからやってくる。潜在的な顧客はたった数回クリックするだけで、あなたのレストランやリゾートホテルのサービス、体験、印象などについてあなたよりもたくさんの情報を得ることができる。しかも、写真付きで。大げさな宣伝文句と隅々まで加工された写真で不動産やレストランを宣伝できた時代はもう終わったのだ。

　口コミ型のアプローチはすでに不動産業界でも始まっていて、Glassdoorのようなウェブサイトがその証拠だ。今のところ、Glassdoorに投稿されるコメントのほとんどは、給料、役職、経営スタイルなどで占められているが、第11章で示したように、建物の話題を共有するワーカーの数も増えてきている。読者の多くも驚いたのではないだろうか。公衆衛生の専門家として、ジョーは癌の集団発生や集団感染の調査に携わってきたが、少し前まではそのような現象が

表沙汰になることはめったになくて、ニュースなどで取り上げられることもなかった。人目に触れなかったのである。しかし、ある建物のなかで癌が次々と発生していると従業員がGlassdoorのようなサイトに投稿したらどうなるだろう？　もし、有能な人材が仕事を探していて、あなたの会社に関するネガティブな投稿を読んだら、その人物はあなたのもとで働こうと思うだろうか？　オーナーがビルを売ろうとするとき、潜在的な買い手はビルに問題があることを知って立ち去るだろか？　それとも値引きを求めてくるだろうか？　つまり、性能の低いビルでは健康が脅かされる恐れがあるだけでなく、ブランドイメージが低くなる恐れもあるのだ。この意味で、ヘルシービルディングは会社のリスク管理対策でもあると言える。従業員だけでなく、ブランドイメージや評価、あるいは投資も守ってくれる。

　トップ企業はこの原則にもとづいて行動を開始した。ウィーワーク社の施設管理のグローバル責任者モーレーン・エーレンバーグによると、現代の雇用主のほとんどは、前向きで健康でやる気のある労働力を求め、有能な人材を呼び寄せつなぎ止めたいと願っているそうだ。そのうえで、エーレンバーグは私たちが本書で示した「雇用主の願いを実現するための鍵は〝建物〟である」という考えに同意する。彼女が「スマートな職場」と言うとき、テクノロジーを活用して、快適さ、使いやすさ、アクセスのしやすさを確保し、〝従業員の生産性を高める〟ために空間をよりよい形で運用することを意味している。

　そこで終わりではない。エーレンバーグにとって、それは「環境と健康と幸福のために力を尽くし、人々に〝彼らが大好きなことをする〟ための支援に注力することを意味している。……よりよい未来のために」[注3]

　要するに、室内の空気の質は優れたビジネス対象であると同時に、健康な労働環境をつくることは、人類のよりよい未来のための義務なのだ、とエーレンバーグは言っているのである。こうして、〝人のパ

フォーマンスがビジネスのパフォーマンスに直結し、ビジネスのパフォーマンスが社会のパフォーマンスと出合い、社会のパフォーマンスが市場のパフォーマンスに結びつく〟のである。

これからどうすればいい?

本書は大都市における不動産をおもな対象としてきた。しかしここでの教訓は、ニューヨークにはじまりシンガポールやラゴスまで、そして住宅の購入、あるいは裁判所、病院、空港などの種類にかかわらず、あらゆる決断の場面で活かすことができる。個人も、売り手も、貸し手も、オーナーも決断を下す。その際のおもな行動はいくつかのステップに分けることができる。

・換気は重要でありながら、安価で実現できる。ファンを回して新鮮な空気を取り入れて、それをフィルターにかけよう。

・ヘルシービルディングには 9 つの基礎がある。基本的なことから始めて、少しずつ進んでいこう。

・健康な環境を客観的に計測し、設備投資を少し増やして、ワーカーの健康を大幅に高めよう。健康の改善は検証が可能だ。重要成果指標（KPI）として最も重要なのは健康成果指標（HPI）である。

・建物の外への影響も無視できない。今後、ESGに関する議論のなかで、ヘルシービルディングが中心的な位置を占めるようになるだろう。

・顧客やテナントが、あらゆる空間の性能についてすべての情報を握っていて、その情報を使う術も心得ている——そんな未来に備えておこう。リアルタイムセンサー、集積データ、ベンチマーク、ソーシャルメディア、予測分析学などの影響で、人々の多くが〝建物を直接診断〟するようになり、市場で大きな勢力になるだろう。

・人の健康とパフォーマンスを費用便益分析に含め、建物に関する意志

決定の際に考慮に入れることを忘れてはならない。あなたがそうしないと、最高の人材や彼らの上げる利益が逃げていき、別の場所でパフォーマンスや生産性の向上による〝価値を生む〟ことになるだろう。

手を結ぼう

本書での分析を通じて、私たちはこれまでヘルシービルディング戦略を採用しない理由として挙げられてきた主張の多くを、証拠を挙げて覆した。独り勝ちの恐れ、利害の分断、初期コスト、認証費用、エネルギー費用、健康とパフォーマンスの科学的証拠などだ。それらは採用の妨げにはならないと、私たちは断固として主張してきた。ヘルシービルディング運動を普及させるには、他の多くのケースでもそうであるように、賢明なリーダーが欠かせない。出費よりもはるかに大きな見返りがあると理解できるリーダーが。建物に関する今日の決断が、明日の自分と自分の会社の成功を決定づけると理解するリーダーが求められている。

わずか数年前、ジョンはハーバード・ビジネス・スクールのケーススタディとして「Design Creates Fortune: 2000 Tower Oaks Boulevard（デザインが富をつくる：2000タワー・オークス・ブルバード）」というタイトルの論文を書き、そのなかでベーダ風デザインを通じて室内環境の質と従業員の健康とパフォーマンスを高めた場合の経済効果について調べた［注4］。経済利益をスプレッドシートの形でモデル化するのは簡単だったが、それを証明することは、当時はまだとても難しかった。当時のみならず今もまだはっきりとした答えが見つかっていないのは、建物のパフォーマンスとその利点を、健康学を用いてどう客観的に定量化すべきか、という問題だ。

ほんの数年前、ジョーと彼のチームはCOGFxスタディを行い、室内環境の改善がもたらす健康利益について調べ、その経済効果につい

ても初期分析を行った。健康上の利点があることは明らかだったが、ヘルシービルディング戦略の経済的パフォーマンスをビジネス科学を用いてどう客観的に定量化すべきか、という問題については、当時のみならず今もまだはっきりとした答えが見つかっていない。

　これら答えの見つかっていない2つの問題が、私たちが本書を通じて協力するきっかけになった。2人とも、自分の分野内で答えもないままあくせくするのにうんざりしていたのだ。ジョーにとっては、ヘルシービルディングの経済パフォーマンスが、ジョンにとっては、建物内の健康パフォーマンスが漠然としていた。だから、本書で手を結んで、ビジネスの世界と健康の世界のあいだに橋を渡したのである。私たちの今の望みは、あなたもいっしょに手を結んで、本書で紹介した新しいツールと技術を用いながら、より健康な建物とより健康な人々の、より能率の高いワーカーとより多い収益の、そしてよりレジリエンスの強い都市とコミュニティの未来に進んでいくことだ。

－ － － － － 監修付図 － － － － －

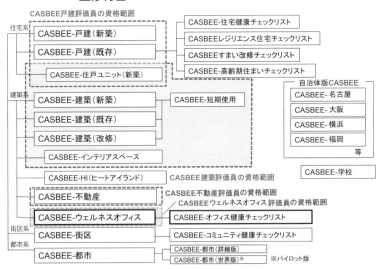

付図　CASBEEファミリーの構成（出典：一般財団法人 建築環境・省エネルギー機構 資料より）

謝辞

ジョーからひとこと

　15 年前、妻のメアリーがあるポスターを見つけて、ハーバード大学公衆衛生学部が研究アシスタントを募集していることを知った。それが私と公衆衛生の分野の出合いだった。だから、他の誰よりも先にポスターを見つけてくれたメアリーに、加えて私に公衆衛生の分野で最初の仕事を与えてくれた、アンジー・クラドック、スティーブ・ゴートメーカー、マーレン・フラガラ、ロビン・ドドソン、デビー・ベネットに感謝を伝えたい。

　ボストン大学で大学院生活を始めたばかりのころ、指導教官であるマイク・マクリーンが私に博士号をとる気がないか尋ねてきた。その瞬間、私はマイクのもとで彼の最初の博士課程学生になることを心に決めたのだった。私はマイクから、若い学生を指導する方法を学んだ。いまだに困ったときには「マイクならこんなとき私にどうアドバイスするだろうか」と考えるのが癖になっている。マイクの他にも、私の情熱に火をつけてくれた偉大な教授陣——トム・ウェブスター、ウェンディ・ヘイガー＝バーネイズ、ティム・へーレン、ロバータ・ホワイト、ディック・クラップ——にも感謝している。ありがとう。

　私の職業生活はジャック・マッカーシーとジャック・スペングラーという 2 人のジャックに導かれた。私はエンバイロンメンタル・ヘルス＆エンジニアリング（EH&E）社で、ジャック・マッカーシーの指導のもと、教室で学んだことを実際に応用する方法を学んだのだった。プレッシャーの下でも優れた科学者およびコミュニケーターであ

るにはどうすればいいか、という私の人生にとってかけがえのない教訓を得ることができた。EH&Eの一員として暮らした5年間で出会ったすべての人をここで紹介するわけにはいかないので、ごく一部を挙げるにとどめるが、デビッド・マッキントッシュ、ジム・スチュワート、タケオ・ミネギシ、マット・フラガラ、キャスリーン・ブラウン、ウィル・ウェイド、ブライアン・ベーカー、そして世界最高のエンジニアであるジェリー・ルードウィグに特に感謝したい。いつも私を助けてくれてありがとう。

　EH&Eにいたころ、私はハーバード大学の唯一無二の存在であるジャック・スペングラーと仕事をするというこの上ない幸運にも恵まれた。私がまだEH&Eにいたころから共同で研究を始め、友情を育んでいった。ジャックは本当に先見の明をもっている。1970年代からありとあらゆる環境健康運動の最前線に立ってきた彼の言うことを、私はひとことも聞き逃さずにすべて吸収した。過去15年間、ジャックこそが私を導く見えない手であったのに、彼は1度も見返りを求めなかった。彼のスピリットはすばらしい。自分の考えを人々に惜しみなく分け与え、どんなときも比類ない情熱をもってつねに前に進む。一生かけても、彼にすべての借りを返すことはできないだろう。

　ハーバードの教員になったとき、私は大学の外にいる多くの人から、学問の世界では団結など期待できず、協力ではなくて競争に明け暮れることになると警告されたが、現実はその逆だった。私はディーン・ミシェル・ウィリアムズをはじめとした教職員のサポートと指導と励ましに感謝している。ラス・ハウザー、デビッド・クリスティアニ、フランシーヌ・ラーデン、エルシー・サンダーランド、フランチェスカ・ドミニチ、ブレント・コウル、ダイアン・ゴールド、ペトロス・コウトラキス、ダグ・ドッカリー、ハワード・コー、アーロン・バーンスタイン、アシシ・ジナ、ジュリエット・カイエム、ナオミ・オレスケス、みんなありがとう。〝ジュニア〟教員のタマラ・ジェームズ＝トッド、

ジン＝アー・パク、ゲリー・アダムキーウィズ、ジェイミー・ハート、カン・ルー、クリス・サロシーク、ザック・ナーゲル、シュルティ・マハリンガイアー、カルメン・メッサーリアン、ベルナルド・レモス、すばらしい仲間でいてくれてありがとう。事務員の皆さん、舞台裏での魔法のような仕事をありがとう。特に感謝を伝えたいのは、ヘルシービルディング運動で私たちをいつもサポートしてくれるアマンダ・スピッカードとサラ・ブランストレーター、技術開発局のジェン・ライスとグラント・ジンマーマン、ハーバードでの研究を実践に活かす協力をしてくれるヘザー・ヘンリクセンと持続可能性対策室だ。

　私のヘルシービルディングチームにも感謝を述べたい。信頼できる共同ディレクター（で今はビュー社）のピアズ・マクノートンとホセ・ジレルモ・セデノ・ローラン、そして私の博士課程学生であるアナ・ヤング、エミリー・ジョーンズ、エリカ・エイトランド。ポスドク、博士課程学生、研究員、管理職員で構成される特別なチームだ。ハーバードでの最初の日、私は自分にこう問いかけた。「私たちの研究は世界にどんなインパクトを与えるだろうか？」。私はこの言葉をヘルシービルディング研究室のホワイトボードに書き、チームの研究の道しるべとした。優れた学者や人々とチームとして仕事ができた私は幸運だったと言える。

　ヘルシービルディング運動のパイオニアたちにも感謝したい。彼らの何人かとは直接いっしょに仕事をしたこともあり、他の人々は研究を通じて私に影響を与えた。国立衛生研究所の前所長であるリンダ・バーンバウム、さらにはリッチ・コルシ、エレーン・フーバル、フレデリカ・ペレラ、トレーシー・ウッドラフ、チャーリー・ウェクスラー、ビル・ナザロフ、カール・グスタフ＝ボーンハグ、ビル・フィスクなどだ。また、ヘルシービルディング研究で次世代を担うスターたちからも大いに刺激を受けた。シェリー・ミラー、マリナ・ヴァンス、ジョン・レヴィー、ブレント・スティーブンス、パウエル・ワルゴキ、マ

イケル・ワーリング、ガブリエル・ベコ、ウシャ・サティシュ、クリストフ・ラインハート、ヘザー・ステープルトンなどである。ワーカーの健康に最初に注目した知の巨人であり、ハーバードで最初の女性教員でもあったアリス・ハミルトンにも感謝している。彼女が切り開いた分野で仕事ができることは、控えめに言っても、恐れ多く感じる。

本書で何度か言ったように、真空のなかで研究しても何の役にも立たない。だからこそ、ビジネス界の人々の協力を得ることができて、とても誇らしいし、本当にありがいと思う。メアリー・ミルモー、ジョン・マンディック、コリ・リカルデ、アシュリー・バリー、カレン・キットリッジ、アレック・サルティコフ、ルーシー・サトン、コレーン・ファム、モーレーン・エーレンバーグ、ブライアン・クープ、JLLチーム、ボブ・フォックス、サルノとヤネスとイザ・ロギンのダースト一家、デビッド・レビンソン・シャミ・ワイスマン、ロビン・バス、ベン・マイアーズ、ジェラルド・チャン、ノーマン・フォスターをビジネス界の協力者として挙げることができる。

突然メールを送りつけたにもかかわらず、ランチ会合の招待に応じてくれた共同執筆者のジョン・マコンバー。力を（今もなお）貸してくれてありがとう。君とともに本書を書いたり書き直したりすることで、私は以前なら想像もできなかったぐらい、自分の考えをはっきりとさせることができた。君と手を組んで本当によかった。

個人的には、私はいつも応援してくれるとても楽しい大家族に恵まれている。私に生き方を教えてくれた両親に、5人の（配偶者も含めれば10人の）きょうだいに、15人の姪と甥に、30人以上のいとことおばとおじに、義理の家族のマーガレットとビルとアンに感謝している。彼らが私の成長と教育と今のキャリアの力強い柱になってくれた。

最後に、最も大切な存在である妻のメアリーと3人の子供たち――コルビーとチェルシーとランドン――を忘れるわけにはいかない。私は仕事が大好きだが、私にとって最も重要な仕事は夫および父親で

あることだ。君たちが、私が仕事をする目的であり、私の人生を幸せで満たしてくれる。

　メアリー、15年前にハーバード大学医学大学院のホールで求人のポスターを見つけてくれて、その他にも、いつも私を正しい方向へ導いてくれてありがとう。君は公衆衛生の話をする私にいつも我慢強く耳を傾けてくれた。君が「私も修士号がもらえるほど公衆衛生学に詳しくなったわ」と言うとき、まったくもってそのとおりだと思う。いつも私を笑顔にしてくれて、私を支えてくれて、本当にありがとう。

　心から感謝している……

　これからもよろしく！

ジョンからひとこと

　ジョー、本書、そして高度なシステムとその入居者たちに最適な結果をもたらすための金融と環境のモデル化に出合うまでの私の道のりは、3つの期間に分けることができる。

　ダートマス大学とハーバードビジネススクールの学生だった私は、ジョン・ケメニーから確率論とコンピュータを使ったモデリングを、ダナ・ミードウズから動的システム分析と複合システムを、ブルース・グリーンワルドから経営経済学を学んだ。それらさまざまな考え方が共鳴し合い、私にとっては今も重要なままだ。

　建築業でキャリアを積んでいたころの私は数多くの指導者に囲まれていたが、つねに私を支えてくれたのは私のきょうだいにして共同投資家でもあるジョージ・マコンバーとグレース・バードだ。また、私には30年前から不動産業界にもパートナーがいる。ピーター・ノードブロムと彼の亡き父であるロッドがノースウェストパークなどでヘルシービルディングをモデル化し、建物の入居者の幸福のために独創的な考えを実現してきた。先見の明がある地主が実際にどう考え、どう投資すべきかを教えてくれたことに、感謝している。

MITのフレッド・モーヴェンザデーの1988年のひらめきをきっかけに、私は教壇に立つことになった。教える内容や場所は変わったが、私は今も教壇に立ちつづけている。これからリーダーになり、世界にポジティブな変化をもたらそうとする学生たちを支援できるのは、本当にありがたいことだ。ジョーと同じで、ハーバードにやってきたばかりのころの私は、まわりから受け入れられるかどうか不安だったが、ありがたいことに、私は快く迎え入れられ、ハーバード・ビジネス・スクールのビジネスと環境イニシアチブならびに同大環境センターと特に親しくなることができた。アーサー・シーゲル、レベッカ・ヘンダーソン、フォレスト・ラインハード、マイク・トフルが私の仲間であり、同僚であり、共同教授陣であり、チアーリーダー（応援団）であり、必要なときには私の過ちを正してもくれた。学部長のニティン・ノーリアは世界を悩ます大問題の解決を促すためにビジネスの道を照らし、私たちにその道を歩む手段をくれた。

今は亡き父、ジョージ・マコンバーならこう言っただろう。「どうすれば人類のボールを前に転がすことができるだろうか？」。本書がボールを転がす力になることを、私は望んでいる。妻のクリスティンは、起業、転職、教職などを繰り返す私を絶え間なくサポートしてくれた。私が教育プロジェクトで遠出するときも快く送り出してくれたし、戻ってきた私を温かく迎え入れてくれた。

母、アンディ・マコンバーにも最大限の感謝を伝えたい。彼女は私が学問の道に進むのを応援し、私がやりたいことをやる自由をくれた。私を尊重し、信頼しくれただけでなく、多くを与えられた者には多くが求められるという考え方を授けてもくれた。本当にありがとう。

ジョーとジョンから

私たちに著者という新しい肩書きを得る機会をくれたハーバード大学出版局の皆さんに、心から感謝している。優れた編集者のジョイ・

ド・メニルとジェフ・ディーンが私たちを巧みに導き、文章をすばらしい形に編集してくれた。初校を読んでコメントと洞察を返してくれた3人の匿名査読者にもお礼を伝えたい。ハーバード大学学生のシドニー・ロビンソンにも感謝している。私たちは彼女に参考文献をまとめてもらうつもりだったのだが、彼女は原稿を隅々まで読み、誤りを訂正してくれたのだ。最後になったが、ビジネスと健康の橋渡しをしようとする私たちをサポートしてくれたハーバード大学T・H・チャン公衆衛生大学院のイノベーション基金にも感謝している。

ジョセフ・G・アレン

ジョン・D・マコンバー

監修あとがき

　「健康」ブームと言われて久しい。ちまたには「健康商品」があふ
れかえっている。どれが良いのか、どれが自分に合うのか、正解を見
つけるのは至難である。ここに弱みに付け込む商機があり、ここぞと
ばかりに誘惑の手が伸びている。耳学問で増えた知識は、かえって正
しい選択の邪魔をする。本当に確かな道しるべが求められる。

　最近の住まいや学校、建築についても同様であるが、建築物の「健
康」についてはやや遅れ気味で推移してきた。まだまだ、それが、わ
れわれの身体や命に係るという認識は乏しい。もちろん、1990年代半
ばから顕在化したシックハウス問題は、社会に、またわれわれの暮ら
しや住まいの選択に大きなインパクトを与えるできごとであった。こ
れを受けて、2003年には建築基準法にシックハウス規定が盛り込まれ
施行されたが、これは建築行政における極めて大きな転換点になった
と考える。規制そのものが、「命を守る」建築から「健康を守る」建
築へと拡張し進化したという意味において。

　とはいえ、そのめざすところの健康は「消極的な健康」、つまり病
気にならない、寿命が縮まない、という水準である。健康を損なう原
因物質を取り除く、もし出てきてしまったら換気で希釈する。一方で、
本文中にも紹介されているが、WHO（世界保健機構）の健康の定義
は「病気や虚弱でないだけでなく、肉体的、精神的、社会的に幸福な
状態である」（平成26年版厚生労働白書）とされ、極めて高い目標で
ある。100年近い生涯の中で、これを実現できる時間がどれほどある
だろうか。

　私が『健康快適住宅宣言』（1991年、ケイブン出版刊）のまとめ役

を務めた時、ここでは、健康・快適を阻害する要因を明確にし、それをなくすことを目標とした。そして、WHOの定義は高邁すぎて目標になりえないと宣言したことを思い出す。この本の目標の一部は、幸いシックハウス規制となって実現した。それから30年を経過した今、風向きは変わろうとしている。WHOの定義も、現実の目標になりえるかと思われる。なぜなら、ＷＨＯ自身が「到達しうる最高基準の健康を享有することは、人種、宗教、政治的信念又は経済的若しくは社会的条件の差別なしに万人の有する基本的権利の一つである」（平成26年版厚生労働白書）と述べているのだから。基本的人権の一つである健康を目指さないという選択はない。まだまだ遠い目標ではあっても。

　さて、現実に立ち返って、住まいや建築における健康への取り組みはどうだろう。病気にならない、けがをしないだけでなく、居ながらにして健康が維持・増進できる、仕事の能率が上がる（利益が増える）、学習がはかどる（成績が上がる）、そんな空間ができれば多少はＷＨＯの健康定義に近づけるであろう。

　実は、本書『ヘルシービルディング』のねらいはここにある。

　ここまで読んでこられた方にはお分かりだろう。化学物質のいたずらといたちごっこのお話、そして知らず知らずのうちに能率が上がる秘密、さらにはそれが大幅な利益を生むという錬金術のような魔法。これが決して絵空事ではなく、今すぐにでも取り組めるのだから。それを本書は丁寧に具体的に説得力ある数値とストーリーで、これでもかこれでもかと迫ってくる。まるで推理小説を読んでいるかのようにスリルある展開が楽しめたことと思う。

　でも、日本とはちょっと違うよね、と思ったあなた。確かに違うところもあるが、本質に相違はない。もちろん、多少普及カーブの中での位置が異なるし、業界の慣習ややり方にも違いはあるだろう。それでも目指すべき方向は同じ、大いに共感できる。それは、真剣にオフィ

スの明日を考えているあなたにもわかることだろう。

ここで少し日本の状況をおさらいしておこう。

シックハウス規制の実施、室内空気汚染源となる有害物質の濃度指針値設定、建築基準法や建築物衛生法における室内基準とその実態の報告の義務化（特定建築物）などを、すでに監修注で示した。

しかし、これは健康の表層的な一面で、本書にもある通り、隠れた化学物質への関心はまだ希薄で規制はほとんど行われていないのが実状である。いたちごっこも続き、アレルギーに苦しむ子供たちの増加を思うと、地道な取り組みが不可欠であることを強く感じる。

一方で、ＥＳＧ投資を含めて、新たなオフィスの在り方への関心の高まりも否定できない。2018年3月には、国土交通省が設置した「ESG投資の普及促進に向けた勉強会」から「ESG投資の普及促進に向けた認証制度のあり方について」が示され、新たなオフィス認証システムの必要性と具体の方向性が提示された。これを受けてCASBEE-ウェルネスオフィスが2019年7月に作成され、同年度後半から認証システムも稼働している。これはWELL建築規格（The Well Building Standard）に相当する。

一部の不動産・建築関係者にはその重要性が認識されるようになっているものの、まだまだ普及曲線でいうならばカーブが立ち上がり始めたばかりの状況であろう。したがって、健康にすること、ウェルネスを追求することが、会社（ワーカー含む）にも社会にも、そして所有者（投資者）にも、大きな利益の源泉になることへの認識は乏しい。

そんな時に本書が刊行されるのは、極めて時宜を得ている。これによってわが国の関係者をはじめ多くの方々に健康の意義と効果の認識が加速されることを期待したいし、きっとそうなると信じる。

わが国でも、健康性向上のエビデンスの蓄積が進んでいるし、それがもたらす経済効果の試算もみられる。しかしながら、その広がりは

医療費の削減程度にとどまっていて、経営上のメリットにまで踏み込んだ試算。提案には至っていない。ここにまさに本書の真骨頂があると考える。スーパークリエイティブを惹きつけ、その彼らに最高の環境を提供することで大幅な収益増がもたらされる。これはオフィス革命にとどまらない、オーナーや投資家にとっても千載一遇の不動産革命を導く書として極めて意義深い。

　もし、時間がないということであれば（ここまでたどり着かれた方は全編を読破されているかと思うが……）、結論から読むのをお勧めする。それだけでおよそのことは理解できるであろう。そして、多分、結論を読んだら興味がわいて、一つや二つは他の章も読みたくなるに違いない。そうやっていつの間にか読了である。

　科学書、経済・経営書、建築書としての専門性を併せ持ちながら、読み物としての内容・構成にも優れた本である。飽きさせずに惹きづりこんでいく、その手腕にも驚く。著者がいずれも現場を踏んだ実践者であることの強みであろう。

　わが国でも、近い将来、この本が求めているヘルシービルディングの世界が実現するに違いない。それに乗り遅れることがないように、いや、先駆者（アーリーアダプター）としての皆さんの奮闘を期待したい。社会を変えるのは、この本を読んだあなたたちだ！！　そして、ウィン、ウィン、ウィンの世界に浸れる日が一日も早く訪れんことを……。

2021 年 7 月

坊垣和明

原注

第1章 あなたが私たちの話を聞くべき理由

1. L. Iyer, J. D. Macomber, and N. Arora, "Dharavi: Developing Asia's Largest Slum (A)," Harvard Business School Case 710-004, July 2009, https://www.hbs.edu/faculty/Pages/item.aspx?num=37599.

2. The Twenty-Second Conference of the Parties to the UN Framework Convention on Climate Change.

3. S. Ro, "Here's What the $294 Trillion Market of Global Financial Assets Looks Like," Business Insider, February 11, 2015, https://www.businessinsider.com/global-financial-assets-2015-2; US Department of the Treasury, "Daily Treasury Yield Curve Rates," Resource Center, accessed October 2, 2019, https://www.treasury.gov/resource-center/data-chart-center/interest-rates/Pages/TextView.aspx ?data=yield.

4. Centers for Disease Control and Prevention, "*Legionella* (Legionnaires' Disease and Pontiac Fever)," November 26, 2018, https://www.cdc.gov/legionella/about/history.html.

5. A. Mavridou et al., "Prevalence Study of Legionella spp Contamination in Greek Hospitals," *International Journal of Environmental Health Research* 18 (2008): 295-304; J. E. Stout et al., "Role of Environmental Surveillance in Determining the Risk of Hospital-Acquired Legionellosis: A National Surveillance Study with

Clinical Correlations," *Infection Control and Hospital Epidemiology* 28 (2007): 818-824; J. L. Kool et al., "Hospital Characteristics Associated with Colonization of Water Systems by Legionella and Risk of Nosocomial Legionnaires' Disease: A Cohort Study of 15 hospitals," *Infection Control & Hospital Epidemiology* 20, no. 12 (1999): 798-805.

6. World Health Organization, "Legionellosis," February 16, 2018, http://www.who.int/news-room/fact-sheets/detail/legionellosis.

7. World Health Organization, *Health Effects of Particulate Matter* (Copenhagen, 2013), http://www.euro.who.int/__data/assets/pdf_file/0006/189051/Health-effects-of-particulate-matter-final-Eng.pdf.

8. Q. Di et al., "Air Pollution and Mortality in the Medicare Population," *New England Journal of Medicine* 376, no. 26 (2017): 2513-2522.

9. I. Kloog et al., "Acute and Chronic Effects of Particles on Hospital Admissions in New-England," *PLoS One* 7, no. 4 (2012): e34664.

10. V. Strauss, "Education Secretary Betsy DeVos Stumbles during Pointed '60 Minutes' Interview," *Washington Post*, March 12, 2018.

11. *Schools for Health: Foundations for Student Success* (Boston: Healthy Buildings Program, Harvard T. H. Chan School of Public Health, 2018), https://schools.forhealth.org.

12. David A. Coley, Rupert Greeves, and Brian K. Saxby, "The Effect of Low Ventilation Rates on the Cognitive Function of a Primary School Class," *International Journal of Ventilation* 6, no. 2 (2007): 107-112.

13. Oluyemi Toyinbo et al., "Modeling Associations between Principals' Reported Indoor Environmental Quality and Students' Self-Reported Respiratory Health Outcomes Using GLMM and ZIP Models," *International Journal of Environmental Research and Public Health*

13, no. 4 (2016): 385.

14. Ulla Haverinen-Shaughnessy and Richard J. Shaughnessy, "Effects of Classroom Ventilation Rate and Temperature on Students' Test Scores," *PLoS One* 10, no. 8 (2015): e0136165.

15. Jisung Park, "Hot Temperature and High Stakes Exams: Evidence from New York City Public Schools" (working paper, Harvard University, 2018), https://scholar.harvard.edu/files/jisungpark/files/paper_nyc_aejep.pdf.

16. Michael S. Mott et al., "Illuminating the Effects of Dynamic Lighting on Student Learning," *SAGE Open* 2, no. 2 (2012).

17. William J. Sheehan et al., "Association between Allergen Exposure in Inner-City Schools and Asthma Morbidity among Students," *Journal of American Medical Association Pediatrics* 171, no. 1 (2017): 31-38.

第2章 世界と建物と人間を変える世界規模の大変化

1. United Nations Department of Economic and Social Affairs, Population Division, *World Population Prospects 2019: Highlights*, ST / ESA / SER.A / 423 (New York: United Nations, 2019).

2. United Nations Department of Economic and Social Affairs, "2018 Revision of World Urbanization Prospects," May 16, 2018, https://www.un.org/development/desa/publications/2018-revision-of-world-urbanization-prospects.html.

3. McKinsey Global Institute, *India's Urban Awakening: Building Inclusive Cities, Sustaining Economic Growth*, April 2010.

4. Rachel Carson, *Silent Spring* (Boston: Houghton Mifflin, 1962).

5. E. O. Wilson, *Half-Earth: Our Planet's Fight for Life* (New York:

Liveright, 2016).

6. Joseph G. Allen er al., *Building for Health: The Nexus of Green Buildings, Global Health, and the UN. Sustainable Development Goals* (Boston: Healthy Buildings Program, Harvard T. H. Chan School of Public Health, October 2017).

7. Environmental Protection Agency, *Advancing Sustainable Materials Management: 2015 Fact Sheet* (Washington, DC, July 2018), https://www.epa.gov/sites /production/files/2018-07/documents/2015_smm_msw_factsheet_07242018_fnl_508_002.pdf.

8. World Bank, "Fossil Fuel Energy Consumption (% of Total)," 2015, https://data.worldbank.org/indicator/EG.USE.COMM.FO.ZS.

9. John Holdren, speech at Harvard University Center for the Environment, March 21, 2017.

10. World Health Organization, "Constitution of WHO: Principles," accessed December 2018, https://www.who.int/about/mission/en/.

11. Aaron Antonovsky, "The Salutogenic Model as a Theory to Guide Health Promotion," *Health Promotion International* 11, no. 1 (1996): 11-18.

12. I. Papnicolas, L. R. Woskie, and A. K. Jha, "Health Care Spending in the United States and Other High-Income Countries," *Journal of the American Medical Association* 319, no. 10 (2018): 1024-1039.

13. National Business Group on Health, "Large U.S. Employers Project Health Care Benefit Costs to Surpass $14,000 per Employee in 2018, National Business Group on Health Survey Finds," press release, August 8, 2017, https://www.businessgrouphealth.org/news/nbgh-news/press-releases/press-release-details/?ID=334; A. W. Mathews, "Employer-Provided Health Insurance Approaches $20,000 a Year,"

Wall Street Journal, October 4, 2018.

14. John A. Quelch and Emily C. Boudreau, *Building a Culture of Health: A New Imperative for Business* (Cham, Switzerland: Springer International, 2016).

15. Eric Schmidt and Jonathan Rosenberg, *How Google Works* (New York: Grand Central, 2014).

16. Google, "Smelling the Carpet: Making Buildings Healthier, Along with the People in Them," accessed May 18, 2019, https://sustainability.google/projects/smelling-the-carpet/.

17. Correspondence with Kate Brandt, June 20, 2019.

18. H. Jung, "Modeling CO_2 Concentrations in Vehicle Cabin" (SAE Technical Paper 2013-01-1497, 2013), https://doi.org/10.4271/2013-01-1497.

19. *Merriam-Webster*, s.v. "sick building syndrome," accessed October 3, 2019, https://www.merriam-webster.com/dictionary/sick%20building%20syndrome.

20. Correspondence with Greg O'Brien, June 19, 2019.

21. Gianpiero Petriglieri, Susan J. Ashford, and Amy Wrzesniewski, "Thriving in the Gig Economy," *Harvard Business Review*, April 11, 2018, https://hbr.org/2018/03/thriving-in-the-gig-economy.

22. J. Manyika et al., "Independent Work: Choice, Necessity, and the Gig Economy," McKinsey and Company, October 2016, https://www.mckinsey.com/featured-insights/employment-and-growth/independent-work-choice-necessity-and-the-gig-economy.

23. US Occupational Safety and Health Administration, "Protecting Temporary Workers," accessed August 25, 2019, https://www.osha.gov/temp_workers/.

24. Ethan S. Bernstein and Stephen Turban, "The Impact of the

'Open' Workspace on Human Collaboration," *Philosophical Transactions of the Royal Society* B 373, no. 1753 (2018), https://royalsocietypublishing.org/doi/10.1098/rstb.2017.0239.

25. Correspondence with Greg O'Brien, June 19, 2019.

26. John D. Macomber and Griffin James, "Design Creates Fortune: 2000 Tower Oaks Boulevard," Harvard Business School Case 210-070, March 2010, 9.

27. Correspondence with Rebecca Boll, November 11, 2019.

28. R. G. Eccles and S. Klimenko, "The Investor Revolution," *Harvard Business Review*, May-June 2019, https://hbr.org/2019/05/the-investor-revolution.

29. Larry Fink, "2018 Letter to CEOs: A Sense of Purpose," BlackRock, accessed October 3, 2019, https://www.blackrock.com/corporate/investor-relations/2018-larry-fink-ceo-letter.

30. David Gelles and David Yaffe-Bellany, "Shareholder Value Is No Longer Everything, Top C.E.O.s Say," *New York Times*, August 18, 2019.

31. Marc Benioff, "We Need a New Capitalism," *New York Times*, October 14, 2019.

第3章 なぜ 90パーセントを無視するのか?

1. N. E. Klepeis et al., "The National Human Activity Pattern Survey (NHAPS): A Resource for Assessing Exposure to Environmental Pollutants," *Journal of Exposure Science and Environmental Epidemiology* 11, no. 3 (2001): 231.

2. Velux, "The Disturbing Facts about the Indoor Generation," accessed October 3, 2019, https://www.veluxusa.com/

indoorgeneration.

3. Tweet from Richard Corsi, @CorsIAQ, January 24, 2014.

4. Environmental Protection Agency, "NAAQS Table," accessed October 3, 2019, https://www.epa.gov/criteria-air-pollutants/naaqs-table.

5. Chinese Ministry of Environmental Protection and General Administration of Quality Supervision, Inspection, and Quarantine of the People's Republic of China, *Ambient Air Quality Standards*, GB 3095-2012 (Beijing, 2012). Priemus and E. Schutte-Postma, "Notes on the Particulate Matter Standards in the European Union and the Netherlands," *International Journal of Environmental Research and Public Health* 6, no. 3 (2009): 1155-1173; Japanese Ministry of the Environment, "Environmental Quality Standards in Japan—Air Quality," accessed August 26, 2019, https://www.env.go.jp/en/air/aq/aq.html.

6. Occupational Safety and Health Administration, "Permissible Exposure Limits—Annotated Tables," accessed October 3, 2019, https://www.osha.gov/dsg/annotated-pels/index.html.

7. Jones Lang LaSalle Incorporated, "A Surprising Way to Cut Real Estate Costs," September 25, 2016, http://www.us.jll.com/united-states/en-us/services/corporates/consulting/reduce-real-estate-costs.

8. Building Owners and Managers Association International, "BOMA International's Office and Industrial Benchmarking Report Released," September 18, 2018, https://www.boma.org/BOMA/Research-Resources/3-BOMA-Spaces/Newsroom/PR91818.aspx.

9. US Bureau of Labor Statistics, "Occupational Employment Statistics: May 2018 State Occupational Employment and Wage Estimates—

Massachusetts," last modified April 9, 2019, https://www.bls.gov/oes/current/oes_ma.htm.

10. R. W. Allen et al., "Modeling the Residential Infiltration of Outdoor PM$_{2.5}$ in the Multi-ethnic Study of Atherosclerosis and Air Pollution (MESA Air)," *Environmental Health Perspectives* 120, no. 6 (2012): 824-830.

11. C. Chen and B. Zhao, "Review of Relationship between Indoor and Outdoor Particles: I/O Ratio, Infiltration Factor and Penetration Factor," *Atmospheric Environment* 45 (2011): 275-288.

12. Environmental Protection Agency, "*Exposure Factors Handbook* 2011 edition," EPA/600IR-09I052F, https://cfpub.epa.gov/ncea/efp/recordisplay.cfm?deid=236252.

13. Lance A. Wallace, *Project Summary: The Total Exposure Assessment Methodology (TEAM) Study,* EPA/600/S6-87/002 (Washington, DC: US Environmental Protection Agency, September 1987).

14. Rachel Weiner, "Lumber Liquidators to Pay $33 Million for Misleading Investors about Formaldehyde in Laminate Flooring," *Washington Post,* March 12, 2019.

15. R. E. Dodson et al., "Impact of Attached Garages on Indoor Residential BTEX Concentrations," in *HB 2006: Healthy Buildings: Creating a Healthy Indoor Environment for People, Proceedings*, vol. 1, *Indoor Air Quality (IAQ), Building Related Diseases and Human Response*, ed. E. de Oliveira Fernandes, M. Gameiro da Silva, and J. Rosado Pinto (Porto, Portugal: Universidade do Porto, 2006), 217.

16. US Environmental Protection Agency, "Idle-Free Schools Toolkit for a Healthy School Environment," accessed August 25, 2019, https://www.epa.gov/schools/idle-free-schools-toolkit-healthy-school-environment; P. H. Ryan et al., "The Impact of an Anti-

idling Campaign on Outdoor Air Quality at Four Urban Schools," *Environmental Science: Processes and Impacts* 15, no. 11 (2013): 2030-2037.

17. N. Twilley, "Home Smog," *The New Yorker*, April 8, 2019.

18. A. W. Nørgaard et al., "Ozone-Initiated VOC and Particle Emissions from a Cleaning Agent and an Air Freshener: Risk Assessment of Acute Airway Effects," *Environment International* 68 (2014): 209-218.

19. D. K. Farmer et al., "Overview of HOMEChem: House Observations of Microbial and Environmental Chemistry," *Environmental Science: Processes and Impacts* 21, no. 8 (2019): 1280-1300.

20. C. J. Weschler et al., "Transdermal Uptake of Diethyl Phthalate and Di(n-butyl) Phthalate Directly from Air: Experimental Verification," *Environmental Health Perspectives* 123, no. 10 (2015): 928-934; G. Bekö et al., "Dermal Uptake of Nicotine from Air and Clothing: Experimental Verification," Indoor Air 28, no. 2 (2018): 247-257; G. C. Morrison et al., "Role of Clothing in Both Accelerating and Impeding Dermal Absorption of Airborne SVOCs," *Journal of Exposure Science and Environmental Epidemiology* 26, no. 1 (2016): 113.

21. Environmental Protection Agency, "*Exposure Factors Handbook* 2011 Edition," *EPA/600/R-09/052F*, https://cfpub.epa.gov/ncea/efp/recordisplay.cfm?deid=236252.

22. D. L. Bohac et al., "Secondhand Smoke Transfer and Reductions by Air Sealing and Ventilation in Multiunit Buildings: PFT and Nicotine Verification," *Indoor Air 21*, no. 1 (2011): 36-44.

23. K. Murphy, "What's Lurking in Your Countertop?," *New York Times*, July 24, 2008.

24. J. Allen et al., "Assessing Exposure to Granite Countertops," *Journal of Exposure Science and Environmental Epidemiology* 20 (2010): 263-280; J. Allen et al., "Predicted Indoor Radon Concentrations from a Monte Carlo Simulation of 1,000,000 Granite Countertop Purchases," *Journal of Radiological Protection* 33 (2013): 151-162.

25. John Mandyck and Joseph Allen, "The Nexus of Green Buildings, Global Health, and the U.N. Sustainable Development Goals," at the Distinguished Sustainability Lecture Series, Jaipur, India, October 4, 2017.

第4章 建物を働かせる方法

1. B. Franklin and W. T. Franklin, *Memoirs of the Life and Writings of Benjamin Franklin* (London: Colburn, 1809), 3.

2. J. Allen er al., "Associations of Cognitive Function Scores with Carbon Dioxide, Ventilation, and Volatile Organic Compound Exposures in Office Workers: A Controlled Exposure Study of Green and Conventional Office Environments," *Environmental Health Perspectives* 124, no. 6 (2016): 805-812.

3. J. Allen, "Research: Stale Office Air Is Making You Less Productive," *Harvard Business Review*, March 21, 2017, https://hbr.org/2017/03/research-stale-office-air-is-making-you-less-productive.

4. J. F. Brundage et al., "Building-Associated Risk of Febrile Acute Respiratory Diseases in Army Trainees," *Journal of American Medical Association* 259, no. 14 (1988): 2108-2112; P. J. Drinka et al., "Report of an Outbreak: Nursing Home Architecture and Influenza-A Attack Rates," *Journal of the American Geriatrics Society* 44, no. 8 (1996): 910-913; C. W. Hoge et al., "An Epidemic of

Pneumococcal Disease in an Overcrowded, Inadequately Ventilated Jail," *New England Journal of Medicine* 331, no. 10 (1994): 643-648; L. D. Knibbs et al., "Room Ventilation and the Risk of Airborne Infection Transmission in 3 Health Care Settings within a Large Teaching Hospital," *American Journal of Infection Control* 39, no. 10 (2011): 866-872; D. K. Milton, P. M. Glencross, and M. D. Walters, "Risk of Sick Leave Associated with Outdoor Air Supply Rate, Humidification, and Occupant Complaints," *Indoor Air* 10, no. 4 (2000): 212-221; O. A. Seppanen and W. J. Fisk, "Summary of Human Responses to Ventilation," *Indoor Air* 14, suppl. 7 (2004): 102-118; P. Wargocki and D. P. Wyon, "The Effects of Moderately Raised Classroom Temperatures and Classroom Ventilation Rate on the Performance of Schoolwork by Children (RP-1257)," *HVAC&R Research* 13, no. 2 (2007): 193-220.

5. ASHRAE, "The Standards for Ventilation and Indoor Air Quality," accessed October 4, 2019, https://www.ashrae.org/technical-resources/bookstore/standards-62-1-62-2.

6. S. E. Womble et al., "Developing Baseline Information on Buildings and Indoor Air Quality (BASE '94): Part I—Study Design, Building Selection, and Building Descriptions" (presentation, Healthy Buildings '95, September 11-14, 1995), https://www.researchgate.net/publication/237729515_Developing_Baseline_Information_on_Buildings_and_Indoor_Air_Quality_BASE_'94_Part_I_Study_Design_Building_Selection_and_Building_Descriptions.

7. W. J. Fisk, "The Ventilation Problem in Schools: Literature Review," *Indoor Air* 27, no. 6 (2017): 1039-1051.

8. M. J. Mendell et al., "Association of Classroom Ventilation with Reduced Illness Absence: A Prospective Study in California

Elementary Schools," *Indoor Air* 23, no. 6 (2013): 515-528.

9 . R. L. Corsi et al., "Carbon Dioxide Levels and Dynamics in Elementary Schools: Results of the TESIAS Study," *Proceedings of Indoor Air* 2 (2002): 74-79.

10. X. Cao et al., "The On-Board Carbon Dioxide Concentrations and Ventilation Performance in Passenger Cabins of US Domestic Flights," *Indoor and Built Environment* 28, no. 6 (2018).

11. J. G. Allen et al., "Airplane Pilot Flight Performance on 21 Maneuvers in a Flight Simulator under Varying Carbon Dioxide Concentrations," *Journal of Exposure Science and Environmental Epidemiology* 29, no. 4 (2019): 457-468.

12. D. K. Milton et al., "A Study of Indoor Carbon Dioxide Levels and Sick Leave among Office Workers," *Environmental Health* 1 (2002): article 3.

13. P. Wargocki et al., "The Effects of Outdoor Air Supply Rate in an Office on Perceived Air Quality, Sick Building Syndrome (SBS) Symptoms and Productivity," *Indoor Air* 10, no. 4 (2000): 222-236; B. W. Olesen, "Indoor Environment Health-Comfort and Productivity," 2005, http://perfectproblems.com/testashrae/Olesen-Health-comfort-productivity.pdf; W. J. Fisk, "Health and Productivity Gains from Better Indoor Environments and Their Relationship with Building Energy Efficiency," *Annual Review of Energy and the Environment* 25 (2000): 537-566.

14. P. MacNaughton et al., "Economic, Environmental and Health Implications of Enhanced Ventilation in Office Buildings," *International Journal of Environmental Research and Public Health* 12, no. 11 (2015): 14709-14722.

第5章 価値の創造と収穫

1. Market Research Hub, "Global Construction Outlook 2021," April 30, 2017, https://www.marketresearchhub.com/report/global-construction-outlook-2021-report.html.

2. Federal Reserve Bank of St. Louis, "Average Sales Price of Houses Sold for the United States," August 23, 2018, https://fred.stlouisfed.org/series/ASPUS.

3. "Median Age of Maturing U.S. Housing Stock is 37," *Realtor Magazine*, August 13, 2018, https://magazine.realtor/daily-news/2018/08/13/median-age-of -maturing-us-housing-stock-is-37; N. Zhao, "Half of US Homes Built before 1980," Eye on Housing, National Association of Home Builders, August 1, 2018, http://eyeonhousing.org/2018/08/half-of-us-homes-built-before-1980/.

4. L. Zullo, "Tenant Energy Performance Optimization Case Study: Li & Fung USA, Empire State Building," NRDC, April 19, 2013, https://www.nrdc.org/resources/tenant-energy-performance-optimization-case-study-li-fung-usa-empire -state-building.

5. Harvard University, "Green Revolving Fund," accessed October 4, 2019, https://green.harvard.edu/programs/green-revolving-fund.

6. P. MacNaughton et al., "Economic, Environmental and Health Implications of Enhanced Ventilation in Office Buildings," *International Journal of Environmental Research and Public Health* 12, no. 11 (2015): 14709-14722.

7. M. Hamilton et al., "Perceptions in the U.S. Building Industry of the Benefits and Costs of Improving *Indoor Air* Quality," Indoor Air 26, no. 2 (2016): 318-330.

第6章 ヘルシービルディングの9つの基礎

1. Piers MacNaughton et al., "The Impact of Working in a Green Certified Building on Cognitive Function and Health," *Building and Environment* 114 (2017): 178-186.

2. P. MacNaughton et al., "Economic, Environmental and Health Implications of Enhanced Ventilation in Office Buildings," *International Journal of Environmental Research and Public Health* 12, no. 11 (2015): 14709-14722.

3. B. Stephens, T. Brennan, and L. Harriman, "Selecting Ventilation Air Filters to Reduce $PM_{2.5}$ of Outdoor Origin," *ASHRAE Journal*, September 2016, 12-20.

4. J. G. Laurent et al., "Reduced Cognitive Function during a Heat Wave among Residents of Non-air-conditioned Buildings: An Observational Study of Young Adults in the Summer of 2016," *PLOS Medicine* 15, no. 7 (2018): e1002605.

5. O. Seppänen, W. J. Fisk, and Q. H. Lei, "Effect of Temperature on Task Performance in Office Environment" (paper, Ernest Orlando Lawrence Berkeley National Laboratory, Berkeley, July 2006), http://eta-publications.lbl.gov/sites/default/files/lbnl-60946.pdf.

6. Tyler Hoyt et al., "CBE Thermal Comfort Tool," Center for the Built Environment, University of California, Berkeley, 2017, http://comfort.cbe.berkeley.edu/.

7. B. Kingma and W. van Marken Lichtenbelt, "Energy Consumption in Buildings and Female Thermal Demand," *Nature Climate Change* 5, no. 12 (2015): 1054.

8. A. Lydgate, "Is Your Thermostat Sexist?," *New Yorker*, August 3, 2015.

9. S. Karjalainen, "Thermal Comfort and Gender: A Literature Review," *Indoor Air* 22, no. 2 (2012): 96-109.

10. Y. Zhai et al., "Human Comfort and Perceived Air Quality in Warm and Humid Environments with Ceiling Fans," *Building and Environment* 90 (2015): 178-185.

11. Joseph Allen and Jose Guillermo Cedeno Laurent, "Want Air Conditioning and a Healthier Planet? Here's One Step We Can Take Today," *The Hill*, July 30, 2018, https://thehill.com/blogs/congress-blog/energy-environment/399549 -want-air-conditioning-and-a-healthier-planet-heres-one.

12. Lawrence Berkeley National Laboratory, "Thermal Stress and Deaths during Heat Waves," accessed May 13, 2019, https://iaqscience.lbl.gov/cc-thermal.

13. Environmental Protection Agency, "National Primary Drinking Water Regulations," March 22, 2018, https://www.epa.gov/ground-water-and-drinking-water/national-primary-drinking-water-regulations.

14. ASHRAE, *Legionellosis: Risk Management for Building Water Systems*, ANSI/ASHRAE Standard 188-2018, 2018, https://www.ashrae.org/technical-resources/bookstore/ansi-ashrae-standard-188-2018-legionellosis-risk-management-for-building-water-systems.

15. D. L. Ryan, "High Lead Levels Found at Hundreds of Massachusetts Schools," *Boston Globe*, May 2, 2017.

16. Environmental Protection Agency, *Optimal Corrosion Control Treatment Evaluation Technical Recommendations for Primacy Agencies and Public Water Systems*, March 2016, https://www.epa.gov/sites/production/files/2019-07/documents/occtmarch2016updated.pdf.

17. J. Allen et al., *The 9 Foundations of a Healthy Building* (Boston: Harvard T. H. Chan School of Public Health, 2017), 21, https://forhealth.org/9_Foundations_of_a_Healthy_Building. February_2017.pdf.

18. D. Licina et al., "Clothing-Mediated Exposure to Chemicals and Particles," *Environmental Science and Technology* 53, no. 10 (2019): 5559-5575.

19. Environmental Protection Agency, "Update for Chapter 5 of the Exposure Factors Handbook: Soil and Dust Ingestion," September 2017, http://ofmpub.epa.gov/eims/eimscomm.getfile?p_download_id=532518.

20. P. J. Lioy, Dust: *The Inside Story of Its Role in the September 11th Aftermath*, foreword by T. H. Kean (Lanham, MD: Rowman and Littlefield, 2011).

21. Occupational Safety and Health Administration, "OSHA Factsheet: Laboratory Safety Noise," accessed October 7, 2019, https://www.osha.gov/Publications/laboratory/OSHAfactsheet-laboratory-safety-noise.pdf; "Chapter 39: Noise Hazard Assessment and Control," accessed October 7, 2019, http://www2.lbl.gov/ehs/pub3000/CH39.html.

22. D. Owen, "Is Noise Pollution the Next Public Health Crisis?," *New Yorker*, May 6, 2019.

23. S. Pujol et al., "Association between Ambient Noise Exposure and School Performance of Children Living in An Urban Area: A Cross-Sectional Population-Based Study," *Journal of Urban Health* 91, no. 2 (2013): 256-271.

24. A. W. Correia et al., "Residential Exposure to Aircraft Noise and Hospital Admissions for Cardiovascular Diseases: Multi-airport

Retrospective Study," *British Medical Journal* 347 (2013): f5561.

25. S. Ganesan et al., "The Impact of Shift Work on Sleep, Alertness and Performance in Healthcare Workers," *Scientific Reports* 9, no. 1 (2019): 4635; S. M. James et al., "Shift Work: Disrupted Circadian Rhythms and Sleep—Implications for Health and Well-Being," *Current Sleep Medicine Reports* 3, no. 2 (2017): 104-112.

26. IARC Working Group on the Evaluation of Carcinogenic Risk to Humans, *Painting, Firefighting, and Shiftwork*, IARC Monographs on the Evaluation of Carcinogenic Risks to Humans 98 (Lyon: International Agency for Research on Cancer Press, 2010).

27. O. Keis et al., "Influence of Blue-Enriched Classroom Lighting on Students' Cognitive Performance," *Trends in Neuroscience and Education* 3, nos. 3-4 (2014): 86-92; B. M. T. Shamsul et al., "Effects of Light's Colour Temperatures on Visual Comfort Level, Task Performances, and Alertness among Students," *American Journal of Public Health Research* 1, no. 7 (2013): 159-165.

28. L. M. James, "Blue-Enriched White Light in the Workplace Improves Self-Reported Alertness, Performance and Sleep Quality," *Scandinavian Journal of Work, Environment and Health* 34, no. 4 (2008): 297.

29. E. O. Wilson, *Biophilia* (Cambridge, MA: Harvard University Press, 1984).

30. R. Ulrich, "View through a Window May Influence Recovery from Surgery," *Science* 224, no. 4647 (1984): 420-421.

31. J. Yin et al., "Physiological and Cognitive Performance of Exposure to Biophilic Indoor Environment," *Building and Environment* 132 (2018): 255-262.

32. J. Yin et al., "Effects of Biophilic Interventions in Office on Stress

Reaction and Cognitive Function: A Randomized Crossover Study in Virtual Reality," *Indoor Air,* published ahead of print, August 16, 2019, https://doi.org/10.llll/ina.12593.

33. J. Yin et al., "Restorative Effects of Biophilic Indoor Environment: A Between-Subjects Experiment in Virtual Reality," *Environment International* (2020).

34. J. Allen et al., *9 Foundations,* 23

35. Juliette Kayyem, conversation with authors, May 2019.

36. B. J. Allen and R. Loyear, *Enterprise Security Risk Management: Concepts and Applications* (Brooksfield, CT: Rothstein, 2017).

37. W. J. Fisk, D. Black, and G. Brunner, "Benefits and Costs of Improved IEQ in US Offices," *Indoor Air* 21, no. 5 (2011): 357-367.

第7章 世界規模の化学実験

1. R. Ruiz, "Industrial Chemicals Lurking in Your Bloodstream," Forbes, July 11, 2012, https://www.forbes.com/2010/01/21/ toxic-chemicals-bpa-lifestyle -health-endocrine-disruptors. html#7679e596bb91.

2. R. Harrington, "The EPA Has Only Banned These 9 Chemicals— Out of Thousands," Business Insider, February 10, 2016, https:// www.businessinsider.com/epa-only-restricts-9-chemicals-2016-2.

3. ABC News, "Schwarzenegger Has No Regrets about Steroid Use," February 25, 2005, https://abcnews.go.com/ThisWeek/Health/ story?id=532456&page=1.

4. C. Potera, "Reproductive Toxicology: Study Associates PFOS and PFOA with Impaired Fertility," *Environmental Health Perspectives* 117, no. 4 (2009): A148; C. C. Carignan et al., "Urinary

Concentrations of Organophosphate Flame Retardant Metabolites and Pregnancy Outcomes among Women Undergoing *In Vitro Fertilization*," *Environmental Health Perspectives* 125, no 8. (2017): 087018.

5. Environmental Protection Agency, "Summary of the Toxic Substances Control Act," September 19, 2018, https://www.epa.gov/laws-regulations/summary-toxic-substances-control-act.

6. Rachel Carson, *Silent Spring* (Boston: Houghton Mifflin, 1962).

7. L. N. Vandenberg et al., "Low Dose Effects of Bisphenol A: An Integrated Review of In Vitro, Laboratory Animal, and Epidemiology Studies," *Endocrine Disruptors* 1, no. 1 (2013): e26490.

8. J. R. Rochester and A. L. Bolden, "Bisphenol S and F: A Systematic Review and Comparison of the Hormonal Activity of Bisphenol A Substitutes," *Environmental Health Perspectives* 123, no. 7 (2015): 648.

9. J. Allen, "Stop Playing Whack-a-Mole with Hazardous Chemicals," *Washington Post*, December 15, 2016.

10. Silent Spring Institute, "The Detox Me Action Kit by Silent Spring Institute," accessed October 7, 2019, https://silentspring.org/detoxmeactionkit/.

11. N. Kristof, "What Poisons Are in Your Body?," *New York Times*, February 23, 2018.

12. A. M. Calafat et al., "Polyfluoroalkyl Chemicals in the U.S. Population: Data from the National Health and Nutrition Examination Survey (NHANES) 2003-2004 and Comparisons with NHANES 1999-2000," *Environmental Health Perspectives* 115, no. 11 (2007): 1596-1602.

13. J. Allen, "These Toxic Chemicals Are Everywhere—Even in Your

Body. And They Won't Ever Go Away," *Washington Post*, January 2, 2018.

14. V. Barry, A. Winquist, and K. Steenland, "Perfluorooctanoic Acid (PFOA) Exposures and Incident Cancers among Adults Living Near a Chemical Plant," *Environmental Health Perspectives* 121, nos. 11-12 (2013): 1313-1318.

15. C8 Science Panel, "The Science Panel Website," accessed August 16, 2019, http://www.c8sciencepanel.org/.

16. P. Grandjean et al., "Serum Vaccine Antibody Concentrations in Children Exposed to Perfluorinated Compounds," *Journal of the American Medical Association* 307, no. 4 (2012): 391-397.

17. G. Liu et al., "Perfluoroalkyl Substances and Changes in Body Weight and Resting Metabolic Rate in Response to Weight-Loss Diets: A Prospective Study," *PLoS Medicine* 15, no. 2 (2018): e1002502.

18. Science Daily, "Unsafe Levels of Toxic Chemicals Found in Drinking Water for Six Million Americans," August 10, 2016, https://www.sciencedaily.com/releases/2016/08/160809121418.htm.

19. C. Lyons, *Stain-Resistant, Nonstick, Waterproof, and Lethal: The Hidden Dangers of C8* (Westport, CT: Praeger, 2007).

20. S. DeVane, "State Investigates Rising GenX Levels at Chemours Plant," *Fayetteville Observer*, January 18, 2019.

21. A. Blum et al., "Children Absorb Tris-BP Flame Retardant from Sleepwear: Urine Contains the Mutagenic Metabolite, 2, 3-Dibromopropanol," *Science* 201, no. 4360 (1978): 1020-1023.

22. Michigan Department of Public Health, "PBBs in Michigan—Frequently Asked Questions, 2011 Update," https://www.michigan.gov/documents/mdch_PBB_FAQ_92051_7.pdf.

23. Emory Rollins School of Public Health, Michigan PBB Registry, "Research," accessed August 24, 2019, http://pbbregistry.emory.edu/Research/index.html.

24. F. J. Di Carlo, J. Seifter, and V. J. DeCarlo, "Assessment of the Hazards of Polybrominated Biphenyls," *Environmental Health Perspectives* 23 (1978): 351.

25. K. Norén and D. Meironyté, "Certain Organochlorine and Organobromine Contaminants in Swedish Human Milk in Perspective of Past 20-30 Years," *Chemosphere* 40, nos. 9-11 (2000): 1111-1123.

26. Tom Webster, presentation at Boston University School of Public Health, 2006.

27. J. G. Allen et al., "Critical Factors in Assessing Exposure to PBDEs via House Dust: *Environment International* 34, no. 8 (2008): 1085-1091; J. G. Allen et al., "Exposure to Flame Retardant Chemicals on Commercial Airplanes," *Environmental Health* 12, no. 1 (2013): 17; S. Harrad and S. Hunter, "Concentrations of Polybrominated Diphenyl Ethers in Air and Soil on a Rural-Urban Transect across a Major UK Conurbation," *Environmental Science and Technology* 40, no. 15 (2006): 4548-4553; R. J. Letcher et al., "Bioaccumulation and Biotransformation of Brominated and Chlorinated Contaminants and Their Metabolites in Ringed Seals (*Pusa hispida*) and Polar Bears (*Ursus maritimus*) from East Greenland," *Environment International* 35, no. 8 (2009): 1118-1124; M. A. McKinney et al., "Flame Retardants and Legacy Contaminants in Polar Bears from Alaska, Canada, East Greenland and Svalbard, 2005-2008," *Environment International* 37, no. 2 (2011): 365-374; S. Hermanussen et al., "Flame Retardants (PBDEs) in Marine Turtles, Dugongs and Seafood from

Queensland, Australia," *Marine Pollution Bulletin* 57, nos. 6-12 (2008): 409-418.

28. T. J. Woodruff, A. R. Zota, and J. M. Schwartz, "Environmental Chemicals in Pregnant Women in the United States: NHANES 2003-2004," *Environmental Health Perspectives* 119, no. 6 (2011): 878-885; K. Inoue et al., "Levels and Concentration Ratios of Polychlorinated Biphenyls and Polybrominated Diphenyl Ethers in Serum and Breast Milk in Japanese Mothers," *Environmental Health Perspectives* 114, no. 8 (2006): 1179-1185; S. Harrad and L. Porter, "Concentrations of Polybrominated Diphenyl Ethers in Blood Serum from New Zealand," *Chemosphere* 66, no. 10 (2007): 2019-2023; L. Zhu, B. Ma, and R. A. Hites, "Brominated Flame Retardants in Serum from the General Population in Northern China," *Environmental Science and Technology* 43, no. 18 (2009): 6963-6968.

29. H. Viberg, "Exposure to Polybrominated Diphenyl Ethers 203 and 206 during the Neonatal Brain Growth Spurt Affects Proteins Important for Normal Neurodevelopment in Mice," *Toxicological Sciences* 109, no. 2 (2009): 306-311; L. H. Tseng et al., "Developmental Exposure to Decabromodiphenyl Ether (PBDE 209): Effects on Thyroid Hormone and Hepatic Enzyme Activity in Male Mouse Offspring," *Chemosphere* 70, no. 4 (2008): 640-647; T. E. Stoker et al., "In Vivo and In Vitro Anti-androgenic Effects of DE-71, a Commercial Polybrominated Diphenyl Ether (PBDE) Mixture," *Toxicology and Applied Pharmacology* 207, no. 1 (2005): 78-88; L. H. Tseng et al., "Postnatal Exposure of the Male Mouse to 2, 2', 3, 3', 4, 4', 5, 5', 6, 6'-Decabrominated Diphenyl Ether: Decreased Epididymal Sperm Functions without Alterations in DNA Content and Histology in Testis," *Toxicology* 224, nos. 1-2 (2006): 33-43.

30. J. B. Herbstman et al., "Prenatal Exposure to PBDEs and Neurodevelopment," *Environmental Health Perspectives* 118, no. 5 (2010): 712-719; J. D. Meeker et al., "Polybrominated Diphenyl Ether (PBDE) Concentrations in House Dust Are Related to Hormone Levels in Men," *Science of the Total Environment* 407, no. 10 (2009): 3425-3429; K. M. Main et al., "Flame Retardants in Placenta and Breast Milk and Cryptorchidism in Newborn Boys," *Environmental Health Perspectives* 115, no. 10 (2007): 1519-1526.

31. J. G. Allen et al., "PBDE Flame Retardants," 60.

32. T. Hamers et al., "Biotransformation of Brominated Flame Retardants into Potentially Endocrine-Disrupting Metabolites, with Special Attention to 2,2',4,4'-Tetrabromodiphenyl Ether (BDE-47)," *Molecular Nutrition and Food Research* 52, no. 2 (2008): 284-498.

33. C. M. Butt and H. M. Stapleton, "Inhibition of Thyroid Hormone Sulfotransferase Activity by Brominated Flame Retardants and Halogenated Phenolics," *Chemical Research in Toxicology* 26, no. 11 (2013): 1692-1702.

34. H. M. Stapleton et al., "Identification of Flame Retardants in Polyurethane Foam Collected from Baby Products," *Environmental Science and Technology* 45, no. 12 (2011): 5323-5331.

35. California Environmental Protection Agency, "Evidence on the Carcinogenicity of Tris (l,3-Dichloro-2-Propyl Phosphate)," July 2011, https://oehha.ca.gov/media/downloads/proposition-65/chemicals/tdcpp070811.pdf.

36. Carignan et al., "Urinary Concentrations," 087018.

37. P. Callahan and S. Roe, "Playing with Fire," *Chicago Tribune*, May 2012, http://media.apps.chicagotribune.com/flames/index.html.

38. J. G. Allen et al., "Linking PBDEs in House Dust to Consumer

Products Using X-Ray Fluorescence," *Environmental Science and Technology* 42, no. 11 (2008): 4222-4228.

39. D. Michaels, *Doubt Is Their Product: How Industry's Assault on Science Threatens Your Health* (Oxford: Oxford University Press, 2008); Naomi Oreskes and Erik M. Conway, *Merchants of Doubt: How a Handful of Scientists Obscured the Truth on Issues from Tobacco Smoke to Global Warming* (New York: Bloomsbury, 2011).

40. R. Hauser and A. M. Calafat, "Phthalates and Human Health," *Occupational and Environmental Medicine* 62, no. 11 (2005): 806-818.

41. I. Colón et al., "Identification of Phthalate Esters in the Serum of Young Puerto Rican Girls with Premature Breast Development," *Environmental Health Perspectives* 108, no. 9 (2000): 895-900.

42. C. G. Bornehag et al., "The Association between Asthma and Allergic Symptoms in Children and Phthalates in House Dust: A Nested Case-Control Study," *Environmental Health Perspectives* 112, no. 14 (2004): 1393-1397.

43. A. S. Nair, "DuPont Settles Lawsuits over Leak of Chemical Used to Make Teflon," Reuters, February 13, 2017.

44. T. Kary, "3M Settles Minnesota Lawsuit for $850 Million," Bloomberg, February 20, 2018, https://www.bloomberg.com/news/articles/2018-02-20/3m-is-said-to-settle-minnesota-lawsuit-for-up-to-1-billion.

45. *Literature Review of Remediation Methods for PCBs in Buildings* (Needham, MA: Environmental Health and Engineering, 2012).

46. HomeAdvisor, "How Much Does It Cost to Remove Asbestos?," accessed October 7, 2019, https://www.homeadvisor.com/cost/environmental-safety/remove-asbestos/; *Literature Review of*

Remediation Methods.

47. C. Pellacani et al., "Synergistic Interactions between PBDEs and PCBs in Human Neuroblastoma Cells," *Environmental Toxicology* 29, no. 4 (2014): 418-427.

48. State of California, Environmental Protection Agency, "Chemicals Known to the State to Cause Cancer or Reproductive Toxicity," October 26, 2018, https://oehha.ca.gov/media/downloads/proposition-65/p651istl02618.pdf.

49. Perkins+Will, "Transparency," accessed August 26, 2019, https://transparency.perkinswill.com.

第8章 ヘルシービルディングの認証

1. U.S. Green Building Council, "LEED v4," accessed October 8, 2019, https://new.usgbc.org/leed-v4.

2. GRESB Infrastructure, *2016 Report* (Amsterdam: GRESB, 2016), https://gresb.com/wp-content/uploads/2017/07/2016_Infrastructure_Report.pdf.

3. U.S. Green Building Council, personal communication, November 5, 2019.

4. P. MacNaughton et al., "Energy Savings, Emission Reductions, and Health Co-benefits of the Green Building Movement," *Journal of Exposure Science and Environmental Epidemiology* 28, no. 4 (2018): 307-318.

5. PR Newswire, "Tishman Speyer Launches Global Tenant Health and Wellness Initiative with Fitwel" Certification of Its Portfolio," October 23, 2017, https://www.prnewswire.com/news-releases/tishman-speyer-launches-global-tenant-health-and-wellness-initiative-

with-fitwel-certification-of-its-portfolio-300541249.html.

6. Fitwel, "How Does the Fitwel Process Work?," accessed October 8, 2019, https: //fitwel.org/certification.

7. RESET homepage, accessed October 8, 2019, https://www.reset. build/.

8. WELL, "WELLv2 Pricing," https://www.wellcertified.com/ certification/v2/pricing.

9. Urban Land Institute, Center for Sustainability and Economic Performance, *The Business Case for Healthy Buildings: Insights from Early Adopters* (Washington, DC: Urban Land Institute, 2018), https://americas.uli.org/wp-content/uploads/sites/2/ULI-Documents/Business-Case-for-Healthy-Buildings-FINAL.pdf.

10. John Macomber, Emily Jones, and Joseph Allen, "A Tower for the People," Harvard Business School, 2020 (in press).

11. Interview of David Levinson, April 24, 2019.

12. Merlin Fulcher, "Foster Scoops Prize New York Tower," *Architects' Journal*, October 3, 2012, https://www.architectsjournal.co.uk/ home/foster-scoops-prize-new-york-tower/8636694.article.

13. David Levinson, interview with Joe and John, April 23, 2018.

14. David Levinson, interview with Joe and John, April 3, 2019.

15. J. Carreyrou, *Bad Blood: Secrets and Lies in a Silicon Valley Startup* (New York: Alfred A. Knopf, 2018).

第9章 KPI から HPIへ

1. F. Barber and R. Strack, "The Surprising Economics of a 'People Business,'" *Harvard Business Review*, June 2005, https://hbr. org/2005/06/the-surprising-economics-of-a-people-business.

2．J. Doerr, *Measure What Matters: How Google, Bono, and the Gates Foundation Rock the World with OKRs* (New York: Penguin, 2018).

3．Tyler J. VanderWeele and Miguel A. Hernan, "Results on Differential and Dependent Measurement Error of the Exposure and the Outcome Using Signed Directed Acyclic Graphs," *American Journal of Epidemiology* 175, no. 12 (2012): 1303-1310.

4．J. G. Allen et al., "Green Buildings and Health," *Current Environmental Health Reports* 2, no. 3 (2015): 250-258.

5．J. G. Laurent et al., "Influence of the Residential Environment on Undergraduate Students' Health," *Journal of Exposure Science and Environmental Epidemiology* (2019), https://www.nature.com/articles/s41370-019-0196-4.

6．J. G. Allen et al., "Elevated Corrosion Rates and Hydrogen Sulfide in Homes with 'Chinese Drywall,'" *Science of the Total Environment* 426 (2012): 113-119; Environmental Health & Engineering, *Final Report on an Indoor Environmental Quality Assessment of Residences Containing Chinese Drywall*, January 28, 2010, https://www.CPSC.gov.

7．R. Maddalena et al., *Small-Chamber Measurements of Chemical-Specific Emission Factors for Drywall*, Report LBNL-3986E (Berkeley: Lawrence Berkeley National Laboratory, June 2010).

8．R. Maddalena, *Effect of Environmental Factors on Sulfur Gas Emissions from Problem Drywall*, Report LBNL-5026E (Berkeley: Lawrence Berkeley National Laboratory, August 2011).

9．US Department of Health and Human Services, Agency for Toxic Substances and Disease Registry, *Health Consultation—Possible Health Implications from Exposure to Sulfur Gases Emitted from Chinese-Manufactured Drywall* (Atlanta: US Department of Health and Human Services, May 2, 2014).

10. Lawrence Berkeley National Lab, "Building Commissioning: A Golden Opportunity for Reducing Costs and Greenhouse Gas Emissions," 2009, http://cx.lbl.gov/2009-assessment.html.

11. L. M. Weatherly and J. A. Gosse, "Triclosan Exposure, Transformation, and Human Health Effects," *Journal of Toxicology and Environmental Health, Part B* 20, no. 8 (2017): 447-469.

12. Kaiser Permanente, "Banning Use of Antimicrobial Agents for Infection Control," December 11, 2015, https://about. kaiserpermanente.org/total-health/health-topics/kaiser-permanente-rejects-antimicrobials-for-infection-control.

13. J. P. Onnela, "Research Areas: Digital Phenotyping," Harvard T. H. Chan School of Public Health, July 26, 2017, https://www.hsph. harvard.edu/onnela-lab/research/.

第10章 4枚の壁の向こう

1. Energy Information Administration, "How Much Energy Is Consumed in U.S. Residential and Commercial Buildings?," May 3, 2018, https://www.eia.gov/tools/faqs/faq.php?id=86&t=1.

2. World Bank, "Fossil Fuel Energy Consumption (% of Total)," accessed October 9, 2019, https://data.worldbank.org/indicator/ EG.USE.COMM.FO.ZS.

3. D. W. Dockery et al., "An Association between Air Pollution and Mortality in Six US Cities," *New England Journal of Medicine* 329, no. 4 (1993): 1753-1759.

4. C. Liu et al., "Ambient Particulate Air Pollution and Daily Mortality in 652 Cities," *New England Journal of Medicine* 381, no. 8 (2019):

705-715.

5．Q. Di et al., "Air Pollution and Mortality in the Medicare Population," *New England Journal of Medicine* 376, no. 26 (2017): 2513-2522.

6．A. Zanobetti et al., "A National Case-Crossover Analysis of the Short-Term Effect of $PM_{2.5}$ on Hospitalizations and Mortality in Subjects with Diabetes and Neurological Disorders," *Environmental Health* 13, no. 1 (2014): 38.

7．R. Khalili et al., "Early-Life Exposure to $PM_{2.5}$ and Risk of Acute Asthma Clinical Encounters among Children in Massachusetts: A Case-Crossover Analysis," *Environmental Health* 17, no. 1 (2018): 20.

8．P. MacNaughton et al., "Impact of Particulate Matter Exposure and Surrounding 'Greenness' on Chronic Absenteeism in Massachusetts Public Schools," *International Journal of Environmental Research and Public Health* 14, no. 2 (2017): 207.

9．M. A. Kioumourtzoglou et al., "Long-Term $PM_{2.5}$ Exposure and Neurological Hospital Admissions in the Northeastern United States," *Environmental Health Perspectives* 124, no. 1 (2015): 23-29.

10. R. Raz et al., "Autism Spectrum Disorder and Particulate Matter Air Pollution before, during, and after Pregnancy: A Nested Case-Control Analysis within the Nurses' Health Study II Cohort," *Environmental Health Perspectives* 123, no. 3 (2014): 264-270.

11. J. J. Buonocore et al., "An Analysis of Costs and Health Co-Benefits for a US Power Plant Carbon Standard," *PLoS One* 11, no. 6 (2016): p.e0156308.

12. Harvard Healthy Buildings Program, "CoBE: Co-benefits of the Built Environment," 2019, http://cobe.forhealth.org/.

13. Di et al., "Air Pollution and Mortality."

14. P. MacNaughton et al., "Energy Savings, Emission Reductions, and Health Co-benefits of the Green Building Movement," *Journal of Exposure Science and Environmental Epidemiology* 28, no. 4 (2018): 307-318.

15. For Health, "The CogFx Study—Indoor Environmental Quality," accessed October 9, 2019, https://research.forhealth. org/2016/12/17/cogfx/.

16. Evan Mills, *Building Commissioning: A Golden Opportunity for Reducing Energy Costs and Greenhouse Gas Emissions* (Berkeley: Lawrence Berkeley National Laboratory, July 21, 2009), http:// cx.lbl.gov/documents/2009-assessment/lbnl-cx -cost-benefit.pdf.

17. Reuters, "Total of 79 Chinese Cities Trigger Air Pollution Alerts: Xinhua," December 1, 2018.

18. "Special Report: Global Warming of 1.5 Degrees C," The Intergovernmental Panel on Climate Change, https://www.ipcc.ch/ srl5/.

19. Ali Ayoub and Nils Kok, "Who Cares about Climate Risk?," GeoPhy, May 8, 2018, https://medium.com/geophy-hq/who-cares-about-climate-risk-ca68236f2e62.

20. J. D. Macomber, "Climate Change Is Going to Transform Where and How We Build," *Harvard Business Review*, October 16, 2019, https://hbr.org/2019/10/climate-change-is-going-to-transform-where-and-how-we-build.

21. Emma Foehringer Merchant, "NY Governor Wants Zero-Carbon Electricity by 2040," GTM, December 18, 2018, https://www. greentechmedia.com/articles/read/new-york-names-100-carbon-neutral-electricity-as-priority#gs.HnsNTS06.

22. Environmental Protection Agency, *Inventory of U.S. Greenhouse Gas*

Emissions and Sinks: 1990-2017, April 11, 2019.

23. Brian C. McDonald et al., "Volatile Chemical Products Emerging as Largest Petrochemical Source of Urban Organic Emissions," Science 359, no. 6377 (2018): 760-764.

24. E. O. Wilson, *Half-Earth: Our Planet's Fight for Life* (New York: Liveright, 2016).

第11章 ヘルシービルディングのこれから

1. Everett Rogers, *Diffusion of Innovations* (New York: Free Press, 1962).

2. Clayton M. Christensen, *The Innovator's Dilemma: When New Technologies Cause Great Firms to Fail* (Boston: Harvard Business School Press, 1997).

3. Alice Hamilton, *Exploring the Dangerous Trades* (Boston: Little, Brown and Company, 1943).

4. D. K. Farmer et al., "Overview of HOMEChem: House Observations of Microbial and Environmental Chemistry," *Environmental Science: Processes and Impacts* 21, no. 8 (2019): 1280-1300; H. Zhao, E. T. Gall, and B. Stephens, "Measuring the Building Envelope Penetration Factor for Ambient Nitrogen Oxides," *Environmental Science and Technology* 53, no. 16 (2019): 9695-9704.

5. D. Singh et al., "Nanofiller Presence Enhances Polycyclic Aromatic Hydrocarbon (PAH) Profile on Nanoparticles Released during Thermal Decomposition of Nano-Enabled Thermoplastics: Potential *Environmental Health* Implications," *Environmental Science and Technology* 51, no. 9 (2017): 5222-5232.

6. A. Gandolfo et al., "Unexpectedly High Levels of Organic

Compounds Released by Indoor Photocatalytic Paints," *Environmental Science and Technology* 52, no. 19 (2018): 11328-11337.

7. N. Vaze et al., "A Nano-Carrier Platform for the Targeted Delivery of Nature-Inspired Antimicrobials Using Engineered Water Nanostructures for Food Safety Applications," *Food Control* 96 (2019): 365-374.

8. James L. Heskett, W. Earl Sasser, and Leonard A. Schlesinger, *Service Profit Chain: How Leading Companies Link Profit and Growth to Loyalty, Satisfaction and Value* (New York: Free Press, 1997).

9. Tom Randall, "The Smartest Building in the World," Bloomberg, September 23, 2015, https://www.bloomberg.com/features/2015-the-edge-the-worlds-greenest-building/.

10. John Macomber, Emily Jones, and Joseph Allen, "A Tower for the People," Harvard Business School, 2020 (in press).

11. Alec Saltikoff, interview with Joe Allen, May 17, 2019.

12. Personal communication with Piers MacNaughton, July 17, 2019.

13. Yolanda Barnes, "8 Things to Know about Global Real Estate Value," Savills Impacts, https://www.savills.com/impacts/economic-trends/8-things-you-need-to -know-about-the-value-of-global-real-estate.html.

14. GFM Asset Management, "Top 200 US-Listed Real Estate Investment Trusts (REITs) by Market Cap as of 2017Q3," August 3, 2017, https://gfmasset.com/2017/08/top-200-us-listed-real-estate-investment-trusts-reits-by-market-cap-as-of-2017q3/.

15. Scotsman's Guide, "Top Overall Volume: Scotsman Guide's Top Mortgage Lenders 2017," accessed October 9, 2019, https://www.

scotsmanguide.com/Rankings/Top-Lenders-2017/Results/Top-Overall-Volume-New/.

16. Charles Fine, *Clockspeed: Winning Industry Control in the Age of Temporary Advantage* (New York: Basic Books, 2008).

17. Boston Green Ribbon Commission, *Carbon Free Boston: Summary Report 2019*, https://www.greenribboncommission.org/document/executive-summary-carbon-free-boston/.

18. T. Wang, "U.S. Construction Industry—Statistics & Facts," Statista, July 17, 2019, https://www.statista.com/topics/974/construction/.

19. Reuters, "Global Construction Market 2018; Expected to Drive a Galloping Growth to US$12.7 Trillion by 2022," August 23, 2018, https://www.reuters.com/brandfeatures/venture-capital/article?id=48295.

20. T. Wang, "Leading Construction Contractors Worldwide in 2017, Based on Revenue (in Billion U.S. Dollars)," Statista, last edited August 9, 2019, https://www.statista.com/statistics/279942/the-largest-construction-contractors-worldwide-based-on-total-revenue/.

21. Stephen Edelstein, "Google Street View Cars with Built-In Air-Quality Sensors Are Going Global," The Drive, September 12, 2018, http://www.thedrive.com/tech/23529/google-street-view-cars-with-air-quality-sensors-are-going -globally.

22. John Mandyck, "Are You Interviewing Your Building?," *Huffington Post*, February 8, 2017, https://www.huffingtonpost.com/john-mandyck/are-you-interviewing-your_b_14642324.html.

23. "Smells Bad," Glassdoor, May 1, 2016, https://www.glassdoor.com/Reviews/Employee-Review-rePLANET-RVW10457626.htm.

24. "SLP Building Smells like Sewage," Glassdoor, May 15, 2018, https://www.glassdoor.com/Reviews/Employee-Review-Honeywell-

RVW20588766.htm.

25. "Perks, but Noisy Open Office," Glassdoor, March 24, 2017, https://www.glassdoor.com/Reviews/Employee-Review-Square-RVW14337633.htm.

26. "Unsafe and Unprofessional Workplace," Glassdoor, October 1, 2017, https://www.glassdoor.com/Reviews/Wellco-Industries-Reviews-E1603538.htm.

27. "Great People but the Office Is Way Too Cold," Glassdoor, July 16, 2018, https://www.glassdoor.com/Reviews/Employee-Review-Local-Splash-RVW21504798.htm.

28. "Great Mentors, Bad Lighting," Glassdoor, August 5, 2015, https.//www.glassdoor.com/Reviews/Employee-Review-INL-RVW7468192.htm.

結論 建物、ビジネス、健康、富

1. N. Twilley, "Home Smog," *New Yorker*, April 8, 2019.

2. P. MacNaughton et al., "Energy Savings, Emission Reductions, and Health Co-benefits of the Green Building Movement," *Journal of Exposure Science and Environmental Epidemiology* 28, no. 4 (2018): 307.

3. Interview with Maureen Ehrenberg, February 11, 2019.

4. John D. Macomber and Griffin H. James, "Design Creates Fortune: 2000 Tower Oakes Boulevard," Harvard Business Publishing Education, case study, March 21, 2010, https://hbsp.harvard.edu/product/210070-PDF-ENG.

■著者紹介

ジョセフ・G・アレン（Joseph G. Allen）

　ハーバード大学T・H・チャン公衆衛生大学院、健康関連プログラムのディレクターで助教授も務める。シックビルディングの医学的調査員として著名で、基調講演を頻繁に行い、世界の大企業に「ヘルシービルディング戦略」について助言している。さまざまな仕事を『ワシントン・ポスト』『ナショナルジオグラフィック』『ニューヨーク・タイムズ』で紹介されている。

ジョン・D・マコンバー（John D. Macomber）

　ハーバード・ビジネス・スクールで、ファイナンス部門の上級講師を務める。執筆論文が『ハーバード・ビジネス・レビュー』『フォーブス』『ウォール・ストリート・ジャーナル・アジア』『ボストン・グローブ』に掲載された。アメリカのオフィスビル、インドの住宅、メキシコの水供給施設、アフリカの革新的なプロジェクトファイナンス、アジアにおける民間主導の新都市開発などのテーマを中心に30以上のインフラストラクチャ計画に関するケーススタディに携わった。

■監修者略歴

坊垣和明（ほうがき かずあき）

東京都市大学名誉教授。博士（工学）。1973年、北海道大学建築工学科卒業。2004年、独立行政法人建築研究所首席研究員。2009年、東京都市大学教授。日本建築学会『室内化学物質空気汚染調査研究委員会』副代表などを歴任。著書に、『民家のしくみ——環境と共生する技術と知恵』（学芸出版社）、『寿命を縮める家——安全で健康なわが家にする78の対策』（講談社、共著）他。

■訳者略歴

長谷川圭（はせがわ けい）

英語・ドイツ語翻訳者。高知大学卒。ドイツのイエナ大学でドイツ語と英語の文法理論を専攻し、1999年に修士号取得。訳書に『ポール・ゲティの大富豪になる方法』（パンローリング）、『まどわされない思考』（KADOKAWA）、『10倍リーダーシップ・プログラム』（ワニブックス）、『邪悪に墜ちたGAFA』（日経BP）などがある。

翻訳協力／株式会社リベル

2021年9月2日 初版第1刷発行

フェニックスシリーズ ⑫⑥

変化に適応するヘルシービルディング術
——最適空間が人を活性化させる

著　者	ジョセフ・G・アレン、ジョン・D・マコンバー
監修者	坊垣和明
訳　者	長谷川圭
発行者	後藤康徳
発行所	パンローリング株式会社
	〒160-0023　東京都新宿区西新宿7-9-18　6階
	TEL 03-5386-7391　FAX 03-5386-7393
	http://www.panrolling.com/
	E-mail　info@panrolling.com
装　丁	パンローリング装丁室
組　版	パンローリング制作室
印刷・製本	株式会社シナノ